国家社科基金
后期资助项目

中国企业社会责任的空间互动、影响因素与推进机制研究

潘孝珍 著

中国财经出版传媒集团
经济科学出版社
Economic Science Press
北京

国家社科基金后期资助项目
出版说明

　　后期资助项目是国家社科基金设立的一类重要项目,旨在鼓励广大社科研究者潜心治学,支持基础研究多出优秀成果。它是经过严格评审,从接近完成的科研成果中遴选立项的。为扩大后期资助项目的影响,更好地推动学术发展,促进成果转化,全国哲学社会科学工作办公室按照"统一设计、统一标识、统一版式、形成系列"的总体要求,组织出版国家社科基金后期资助项目成果。

全国哲学社会科学工作办公室

前　言

随着我国经济发展进入新时代,社会公众对于美好生活有了更多期待,企业社会责任也日益受到广泛关注。企业作为法人组织,是人类社会活动的重要参与主体,理应像自然人一样,作为社会公民的一分子,承担起对社会各方的责任和义务,将社会责任融入到自身长期发展战略中。但是,从现实情况来看,我国企业是否一开始就主动履行社会责任?在这个从"应然"到"实然"的转换过程中,是什么因素在推动企业积极履行社会责任?企业往往会经历投入期、成长期、成熟期、衰退期的生命周期,可以将企业视为拟人化的法人组织,处于不同生命周期的企业正如不同人生阶段的自然人一样,需求层次也会有着极大差异,这是企业履行社会责任的内在动因,也直接导致各阶段企业履行社会责任的侧重点各不相同。

我的学科背景是财政学,偏向于宏观经济领域,企业社会责任这一微观话题本不会进入我的研究视野。但经济学和管理学两大学科门类的研究方法是相通的,我从2017年开始为会计学院会计学硕士研究生讲授《计量经济学》和《会计研究方法(实证)》两门研究方法课程。在教学科研过程中,我开始思考能否寻找一个合适的研究主题,将宏观经济领域较为广泛使用的空间计量方法应用到微观企业领域,并于2018年在美国西顿大学访学期间,将研究主题确定为企业社会责任,从而有了基于上市公司研究样本的企业社会责任的空间互动效应研究。这项尝试性的研究成果于2019年发表于《证券市场导报》,并先后被人大复印资料《财务与会计导刊》全文转载、《新华文摘》论点摘编,取得了很好的学术反响,也为我深入研究企业社会责任这一微观话题打开了一扇明亮的窗户。

于是,如何进一步激发企业履行社会责任的内在动因,找出影响企业社会责任履行水平的关键因素,提出促进企业履行社会责任的推进机制,成为我持续关注并研究的重要课题。由于企业社会责任的内容体系庞杂,不同项目之间相去甚远,难以一而概之地将全部社会责任项目作为一个整体来展开论证。因此,本书尝试从股东责任、环境责任、纳税责任和公益责任四个方面，使用沪深 A 股上市公司为研究样本，应用计量研究方法详细论证它们各自的关键影响因素，并辅之以案例研究方法来进一步论证。

本书研究的一个亮点是，注重在中国现实情境下挖掘研究主题的中国特色。一般情况下，政府审计机关不对企业开展审计工作，但在我国社会主义市场经济条件下，审计署定期开展中央企业政府审计工作。基于该现实国情，本书将政府审计作为企业社会责任的影响因素纳入研究框架，论证政府审计在推动企业社会责任履行水平中的重要作用。此外，本书值得一提的一个创新点是，企业作为法人主体，其经营管理决策最终由管理层作出，管理层道德水平将是影响企业社会责任行为的关键因素。但一直以来，管理层道德作为个人隐性特质，鲜有文献将其纳入实证研究模型中。本书延续我在美国访学期间，与西顿大学唐红飞老师合作提出的利用企业在职消费数据构造管理层道德衡量指标的方法，实证分析管理层道德对企业慈善捐赠的影响效应，将个人隐性特质也纳入到企业社会责任的影响因素研究中。

本书是我主持的国家社科基金后期资助项目"中国企业社会责任的空间互动、影响因素与推进机制研究"（项目号：21FJYB034）的最终成果。该项目从 2018 年围绕企业社会责任主题展开初步研究，到提出整体框架、制订研究计划、拟订写作大纲，并带领研究团队精诚合作，历时五年而完成。项目具体分工是：第一章，潘孝珍、沈珍珠；第二、四、七、十一章，潘孝珍；第三章，潘孝珍、楼梦佳、赵熠辉；第五章，潘孝珍、傅超；第六章，潘孝珍、楼梦佳；第八章，潘孝珍、陈侨东；第九章，潘孝珍、朱妮娜；第十章，潘孝珍、谢玲玮、华琪翔；最后，由潘孝珍负责总纂定稿。此时，我所指导参与本项目研究的硕士研究生们都已经毕业，走上工作岗位，奔赴各自美好人生，本书的出版也是他（她）们曾经在杭电校园里勤学奋进的最好见证。感谢责任编辑白留杰女士在本书出版过程中付出的辛勤劳动。

本书写作过程中参考了大量国内外文献，虽已尽数列出，但仍难免存在疏漏之处，敬请海涵。由于本人学术水平、专业知识结构等方面的局限，书中难免会有纰漏、错误之处，恳请读者批评指正。

潘孝珍

2023 年 10 月于杭州金沙湖畔

目 录

第一章　导论 …………………………………………………………（ 1 ）

第二章　企业社会责任的基础理论分析 …………………………（ 23 ）
　　第一节　企业社会责任的产生与发展 ………………………（ 23 ）
　　第二节　企业社会责任的动因分析 …………………………（ 35 ）
　　第三节　企业社会责任的影响因素分析 ……………………（ 44 ）

第三章　中国企业社会责任披露与履行现状 ……………………（ 50 ）
　　第一节　中国企业社会责任披露规范 ………………………（ 50 ）
　　第二节　中国企业社会责任披露情况 ………………………（ 56 ）
　　第三节　中国企业社会责任履行现状 ………………………（ 69 ）

第四章　中国企业社会责任的空间互动效应 ……………………（ 75 ）
　　第一节　企业社会责任空间互动效应的理论分析 …………（ 75 ）
　　第二节　企业社会责任空间互动效应的研究设计 …………（ 78 ）
　　第三节　企业社会责任空间互动效应的实证结果 …………（ 81 ）
　　第四节　企业社会责任空间互动效应的研究结论 …………（ 90 ）

第五章　政府审计对企业社会责任的影响效应 …………………（ 92 ）
　　第一节　政府审计与企业社会责任的理论分析 ……………（ 92 ）
　　第二节　政府审计与企业社会责任的研究设计 ……………（ 98 ）
　　第三节　政府审计与企业社会责任的实证结果 ……………（101）
　　第四节　政府审计与企业社会责任的研究结论 ……………（115）

第六章　股东责任：外部压力与企业绩效 ………………………（117）
　　第一节　外部压力与企业绩效的理论分析 …………………（117）

第二节 外部压力与企业绩效的研究设计……………………（121）
第三节 外部压力与企业绩效的实证结果……………………（123）
第四节 外部压力与企业绩效的研究结论……………………（129）

第七章 环境责任：外部审计与重污染企业科技创新………（131）

第一节 外部审计与重污染企业科技创新的理论分析………（131）
第二节 外部审计与重污染企业科技创新的研究设计………（137）
第三节 外部审计促进重污染企业科技创新的实证结果……（139）
第四节 外部审计与重污染企业科技创新的研究结论………（149）

第八章 纳税责任：税收征管经历高管与企业避税……………（151）

第一节 税收征管经历高管与企业避税的理论分析…………（151）
第二节 税收征管经历高管与企业避税的研究设计…………（155）
第三节 税收征管经历高管与企业避税的实证结果…………（157）
第四节 税收征管经历高管与企业避税的研究结论…………（171）

第九章 公益责任：管理层道德与企业慈善捐赠………………（172）

第一节 管理层道德与企业慈善捐赠的理论分析……………（172）
第二节 管理层道德与企业慈善捐赠的研究设计……………（178）
第三节 管理层道德与企业慈善捐赠的实证结果……………（180）
第四节 管理层道德与企业慈善捐赠的研究结论……………（191）

第十章 中国企业社会责任的典型案例分析……………………（193）

第一节 环境责任：深圳能源环境保护与治理的案例分析……（193）
第二节 消费者责任：SZ 公司 PAT 车型 A 柱断裂事件的
　　　　案例分析……………………………………………（213）
第三节 公益责任：华润集团践行社会公益的案例分析……（224）

第十一章 中国企业社会责任的具体推进机制…………………（243）

第一节 建立中国特色企业社会责任评价体系………………（243）
第二节 完善企业社会责任制度保障…………………………（248）
第三节 优化企业社会责任政策支持体系……………………（254）

参考文献……………………………………………………………（261）

第一章 导　　论

一、研究背景

从 20 世纪 90 年代开始，企业社会责任越来越受到社会公众和政府部门的关注。2006 年 1 月 1 日开始实施的《公司法》修订案要求企业承担社会责任，2006 年 9 月 25 日深圳证券交易所发布《上市公司社会责任指引》，从制度设计层面对企业承担社会责任提出了更多要求。同年，国家电网发布了我国第一份社会责任报告。根据润灵环球统计，2010~2019 年发布社会责任报告的上市公司数量分别为 471 家、518 家、582 家、644 家、681 家、701 家、747 家、795 家、851 家和 945 家，呈逐年上升趋势。对企业而言，承担社会责任往往意味着增加成本开支，甚至有批评者认为，企业社会责任支出是对股东资金的不当使用。但是，世界各国政府采取大量措施推动本国企业承担社会责任，大多数企业也积极主动地承担社会责任，显然企业承担社会责任也将会给企业带来收益。社会责任表现优异的企业将会赢得更高的社会声誉，履行社会责任成为企业实现股东价值最大化目标的重要途径，并将成为企业参与市场竞争的重要优势。

与社会责任表现不佳的企业相比，社会责任表现优秀的企业更容易获得政府政策支持，更容易获得消费者信赖，也更容易获得资本市场青睐。尽管如此，仍有大量企业在社会责任表现上较为短视。例如，在 2014 年曾曝出，宁夏、内蒙古等地的企业通过暗设管道等方式，向位于省界交界处的腾格里沙漠大量排放污染物，导致该地区环境污染问题严重，周边空气恶臭不堪。经新闻媒体曝光后，相关企业和政府监管部门领导相继被处理，尽管污染物排放行为被遏制，但环境污染治理和生态恢复却面临极大困难。除了环境污染问题，我国企业还曾先后曝出地沟油、毒奶粉、问题疫苗等诸多危害社会公众生命健康的重大问题，这也使"人民日益增长的美好生活需要和不平衡不充分的发展之间的矛盾"变得更加突出。可见，我国有大量企业积极履行社会责任，在环境治理、慈善捐赠、劳动保护、社区公益等方面大有作为，但也有一些企业在履行社会责任方面无任何建树，甚至有的企业违背基本社会道德，无底线地侵犯社会公共利益。从总体情况来看，我国2019年发布社会责任报告的上市公司数量仅占全部A股上市公司的25%，有3/4的上市公司并无意愿向社会公众传递企业是否履行社会责任的信息。

由于我国有些企业的社会责任表现不佳，履行社会责任的企业数量也有待增加，使得我国企业履行社会责任水平的提升空间巨大，社会公众对于企业积极履行社会责任充满期待。改革开放以来，我国国内生产总值有了极大提升，例如，1997年党的十五大提出2010年国内生产总值比2000年翻一番，2002年党的十六大提出2020年国内生产总值比2000年翻两番，而这两个目标分别于2007年和2016年提前实现，表明我国经济增长不仅快，而且还远超预期，从而使得我国当前的经济总量与改革开放之初相比，已经不可同日而语。随着经济发展水平的提高，社会公众不再仅仅满足于解决温饱问题，更多地在于日益增长的美好生活需求。例如，由于经济的粗放型发展模式，我国企业的资源综合利用水平较低，污染物排放水平居高不下，在经济总量增长的同时也导致了严重的生态环境污染问题。随着居民生活水平的提高，越来越多的人在追求"清洁空气权"，例如，自2013年起以京津冀和长三角为代表的经济发达地区的主要城市开始暴发雾霾污染问题，此后雾霾污染治理长年成为新闻媒体和社会公众关注的焦点。在此过程中，社会公众对于企业积极承担社会责任有着迫切需求，重污染企业作为我国环境污染物排放主体，需要不断加大绿色技术创新水平，提升资源和能源的综合使用效率，降低环境污染物的排放水平。除了环境问题，社会公众对于衣食住行的需求层次也在不断提升，不再局限于吃饱穿暖的低层次需求，对于食品安全、疫苗安全、居住环境安全等需求不断提升。

在国际经济交往过程中，企业履行社会责任问题也越来越受到广泛的关注，甚至部分发达国家通过建立绿色贸易壁垒，将企业社会责任履行情况作为市场准入门槛。例如，欧盟在2013年出台了环境足迹产品指导目录（product environmental footprint, PEF），基于产品的生命周期评价方法，综合评价14种环境影响类型，在评估方法和标识认证上统一欧盟的绿色贸易政策。PEF要求对企业产品生产的各个环节进行评价，只有评价结果达到要求的产品才能进入欧盟市场。例如，禁用和限用纺织染料与纺织助剂25类2000多个品种，在对其他国家的纺织产品出口形成绿色贸易壁垒的同时，也提升了欧盟市场销售纺织品的环境友好程度，督促出口企业履行更多的环境保护责任。此外，欧盟市场对于消费者权益的保护极为严格，包括保护消费者生命安全与身体健康的权利、保护消费者的经济利益、保护消费者获取信息的权利、保护消费者获得救济的权利、保护消费者选举代表参与立法的权利等。欧盟不仅建立了关于一般商品的安全标准，还建立了包括食品与饮料、药品、化妆品、玩具、纺织品、汽车、旅游、不动产租赁等八类特殊商品的特殊保护。

因此，不管是从满足国内居民对于美好生活的期待，还是从破解国内企业走出国门开拓海外市场的市场准入限制来看，我国企业都面临着巨大的外部市场社会责任需求。但是，从企业供给侧的角度来分析，我国企业履行社会责任的意愿如何，具有怎样的空间分布特征，受到哪些因素影响，以及如何搭建有效推进我国企业积极履行社会责任的政策支持体系等，这些都是当前我国企业社会责任研究的焦点。

二、文献综述

（一）企业社会责任的基本内涵研究

1. 企业社会责任的定义。自谢尔登正式提出企业社会责任（corporate social responsibility）概念后，学术界和实务界掀起了关注企业社会责任的浪潮（Sheldon，1923）。企业社会责任最早的系统性定义认为，企业社会责任是"商人按照社会的目标和价值观制定政策、作出决策和采取行动的义务"（Bowen，1953），明确了承担社会责任的主体和具体执行人分别是企业和企业管理者，且企业履行社会责任遵循自愿原则。

（1）20世纪70年代，"企业社会回应"（corporate social responsiveness）一词的出现使企业社会责任发生概念性转变，从理念和伦理概念转变为行为导向的管理概念。穆雷提出了"社会责任"（social responsibility）、"社会响应"（social responsiveness）和"社会绩效"（social performance）三个概念，认为企业社会责任的关键是企业对社会的响应程度（Murray，1976）。卡罗尔认为企业社会责任是在特定时期内，社会对企业所寄托的关于经济、法律、伦理和自由裁决等方面的社会期望，企业承担社会责任是满足社会期望的过程，强调具体行动的落实和执行（Carroll，1979）。

（2）20世纪80年代，学者们的研究焦点开始转向关注"企业社会表现"（corporate social performance），并在此基础上对企业社会责任进行界定。瓦蒂克和科克伦认为企业社会责任表现是一个反映企业社会责任准则、社会回应过程和社会问题决策三者之间动态互动的过程（Wartick and Cochran，1985）。

(3) 20世纪90年代，引入利益相关者理论，使得企业社会责任的研究领域外延开始扩大。弗里曼和埃文认为企业是所有利益相关者之间的一系列多边契约，企业的存续与企业对各利益相关者承担责任的过程密不可分（Freeman and Evan，1990）。落实到具体的利益相关者，唐纳森和普雷斯顿提出企业社会责任包括企业对股东、雇员、消费者、政府和社区等利益相关者应负的责任（Donaldson and Preston，1995）；克拉克森认为企业社会责任履行状况应从企业、雇员、股东、供应商和公共利益相关方等进行评价（Clarkson，1995）。

(4) 21世纪初至今，企业公民理论、战略管理理论等众多交叉学科理论的融入，使企业社会责任概念的外延进一步扩大。企业公民理论认为，企业同自然人一样也是社会公民，享受权利的同时也应承担相应社会义务。按照该理论，学者们普遍认为企业社会责任即为企业作为社会公民所应当履行的义务。结合战略管理理论，波特和克雷默从战略角度，明确提出了"战略性企业社会责任"的理念，将其与企业特定活动及战略相联系（Porter and Kramer，2010）。总体而言，从不同理论视角出发，学者们对企业社会责任进行不同角度的定义，这也是迄今尚未形成清晰统一的企业社会责任概念的重要原因。

2. 企业社会责任的内容。关于企业社会责任内容，主要从综合责任和部分责任两个方面展开研究。第一类是综合责任，即将企业社会责任的内容与企业责任等同。按此观点，企业社会责任包括经济责任、法律责任和道德责任。例如，卡罗尔认为企业社会责任包括经济责任、法律责任、慈善责任等（Carroll，1979）。同样的，2016年全球报告倡议组织（GRI）也指出，企业社会责任涉及经济、环境、社会三个方面，其中社会方面涵盖劳务管理、人权、社会、产品责任等。

第二类是部分责任，即将企业社会责任的内容与企业经济责任相对立。按此观点，企业责任可以分为企业社会责任和企业经济责任，而企业社会责任包括法律责任和道德责任。例如，国际标准化组织（ISO）在2010年发布的《社会责任指南》（ISO 26000）中提到，企业社会责任包括劳动实践、人权、消费者问题、公平运营、组织治理、环境和社区发展等多个维度。买生等（2012）则认为，企业社会责任涉及社会责任、市场责任、环境责任和科学发展等四个方面责任。更为具体地，李正和向锐（2017）提出，企业社会责任应包含六大类、十七小类的内容：环境问题类（污染控制、环境恢复、节约能源、废旧原料回收、有利于环保的产品、其他环境披露）；员工问题类（员工的健康和安全、培训员工、员工的业绩考核、失业员工的安置、员工其他福利）；社区问题类（考虑企业所在社区的利益）；一般社会问题类（考虑弱势群体的利益、关注犯罪或公共安全或教育等、公益或其他捐赠）；消费者类（产品质量提高）；其他类（例如，考虑银行或债权人的利益）。

3. 企业社会责任的衡量方法。国内外常用的企业社会责任衡量方法主要有四种。

一是专业机构生成的数据。国外企业社会责任实证研究比较成熟，建立了专门评价企业社会责任的数据库，例如，美国的 KLD 指数等。随着我国企业社会责任研究的兴起，也建立了相应的专业数据库，例如，润灵环球的企业社会责任报告评级数据、和讯网的企业社会责任评分、中国社会科学院企业社会责任研究中心的企业社会责任发展指数等。

二是内容分析法。在研究企业社会责任问题时，通过对企业社会责任各方面内容打分，计算得出一个综合性指标，以此作为评价企业整体社会责任水平的衡量指标（Abbott and Monsen，1979；Lanis and Richardson，2012；王海妹等，2014；张兆国等，2013）。

三是问卷调查法。齐丽云和魏婷婷（2013）以企业社会责任评价指标体系为基础，设计了相应的调查问卷。郝秀清等（2011）采用结构方程模型，对问卷调查结果进行具体分析，得出企业社会责任水平的衡量指标。

四是单一指数法。例如，声誉指数法（Moskowitz，1972）、企业社会贡献值法（陈玉清和马丽丽，2005；陈智和徐广成，2011）、"有毒物体排放量"污染指数（Griffin and Mahon，1997）等。

（二）支持企业承担社会责任的理论研究

1. 基于利益相关者理论的研究。利益相关者理论中含有大量的企业社会责任基本思想，被视为探索企业社会责任领域相关问题"最为密切"的理论武器（Wood and Jones，1995）。在现代企业中，除了股东和管理层之间具有委托代理关系外，包括债权人、客户、员工、供应商等在内的其他利益相关者之间也存在委托代理关系（Hill and Gareth，2007）。由于引起这类代理冲突最主要原因是信息不对称，根据张兆国等（2012）的研究，企业履行社会责任具有信号传递作用，能在一定程度上缓解利益相关者之间的信息不对称。企业通过承担社会责任，能取得利益相关者信任，从而与利益相关者保持良好的长期合作关系，成为企业获取竞争优势、实现可持续发展的基本模式（Jones，2010）。

利益相关者理论认为，企业是所有利益相关者之间形成的"一组契约"。因此，张兆国等（2012）把企业履行社会责任视为一种交易实现机制，企业通过承担社会责任可以维护各利益相关者之间的契约关系，使企业保持长期良好运行。企业承担社会责任能够在较大程度上提高交易的数量、质量和效率（Sanchez，1999）。

2. 基于企业公民理论的研究。企业公民理论认为，企业扮演着社会公民的角色，其生存和发展离不开社会这一大环境，企业在享受法律赋予权利的同时，也必须履行对社会的相应义务，众多学者将其理解为承担企业社会责任的义务。卡罗尔提出企业要成为满足社会期望的良好公民，就应当积极履行一系列社会责任（Carroll，1979）。企业公民本身即为企业对社会环境做出的特殊投资，其目的是建立社会声誉资本（Warhurst，2001；Waddock，2000）。

3. 基于战略管理理论的研究。根据战略管理理论，企业履行社会责任行为有利于战略制定和执行，有利于企业的长远发展。安德鲁斯指出企业应该通过制定社会责任战略实现长远利益（Andrews，1971）。眭文娟等（2012）总结认为，企业社会责任可以被视为一种战略决策，同时受到内外部环境的影响，且与之协同演进。从战略特征来看，如果企业能够制定承担社会责任的相应战略，并且该战略能够抵御竞争者的学习和模仿，那么该战略决策就可以为企业带来超额回报（Reinhardt，1999；Mcwilliams et al.，2002）。结合战略管理理论和资源依赖理论，企业社会责任能够提升企业动态能力，实现企业与外部环境动态变化的良好匹配（Teece et al.，1997）。事实上，从战略层面考虑，企业与社会是相互依存的，应找到企业经营活动与社会责任的交融点，将履行社会责任融入自身战略框架中，最终实现互利共赢（Porter and Kramer，2006）。

（三）反对企业承担社会责任的理论研究

1. 基于"股东至上"理论的研究。与利益相关者理论相反，"股东至上"理论认为企业应该坚持股东利益最大化原则，尽可能地为股东创造价值。弗里德曼认为，为股东赚钱是企业应该承担的唯一的社会责任，其他的社会问题留给政治家解决（Friedman，1970）。从这一视角出发，企业在股东财富最大化目标下，建立的一系列治理机制都是为股东服务，但却不一定必须对整个社会有利。张兆国等（2012）指出，按照"股东至上"逻辑形成的企业治理模式，难以维护除股东外的其他利益相关者权益，也很难激励企业履行社会责任。

2. 基于委托代理理论的研究。公司制企业中最主要的委托代理关系是股东和管理者之间的关系。作为代理人，管理者有接受股东委托负责公司日常经营的义务；作为"理性经济人"，管理者有为自身谋取利益的动机。而无论是哪种角色，管理者都无法成为可靠的企业社会责任承担者和执行者。弗里德曼提出企业的所有者是股东，管理者作为雇员应该为股东服务，并以增加股东财富为目标进行公司管理和治理，企业承担社会责任的后果是管理者依赖制度漏洞获取私利，并不能维护股东、员工、客户等利益相关者的利益（Friedman，1962）。

（四）企业社会责任的内部影响因素研究

企业社会责任的内部影响因素有很多，可以从制度层面的企业文化、组织层面的公司治理和个体层面的高管特征三个方面进行归纳总结，对不同层面影响因素的相关研究进展进行梳理。

1. **制度层面：企业文化。** 与内控制度、监管制度等正式制度不同，企业文化是企业内部的一种非正式制度，主要通过软约束机制对企业社会责任产生影响。耿合江等（2008）通过理论研究表明，企业文化能够将企业社会责任理念融入到员工的工作意识和日常生活中，营造一种承担社会责任的良好氛围。因此，他认为企业文化是帮助企业树立良好形象的不竭源泉，是驱动企业主动承担社会责任的重要内部动力。结合理论研究，通过发放调查问卷、实地调研等研究方法也得出了类似结论。辛杰（2008）对山东省2200家企业调研发现，促使企业履行社会责任的6个驱动因子中，"员工、文化与形象"因子至关重要，主要包括培育良好的企业文化、体现人文关怀、谋求全社会共同福祉等重要思想。

随着企业文化在理论和实务界的发展，它对企业产生的影响越来越凸显，不少学者开始将研究视角转向企业文化对企业社会责任影响的实证研究中。王晶晶等（2010）通过梳理CSSCI期刊中企业社会责任相关文献后指出，企业家精神、价值观等企业文化对企业社会责任的影响研究是当前重要研究趋势。辛杰（2014）的实证研究结果表明，企业文化的四个维度均与企业社会责任正相关，且高管团队行为整合在企业文化与企业社会责任的正向关系中发挥中介作用。在此基础上，学者们又对企业文化类型，以及企业文化发挥作用的情境等展开更为深入研究。关于企业文化类型，辛杰和吴创（2015）从企业文化中企业家文化价值观的细分视角，证实企业家文化价值观中的三个维度均与企业社会责任正相关。关于企业文化发挥作用的情境，靳小翠（2017）实证研究表明，企业文化能够促进企业履行社会责任，并且两者间的正向关系在非国企和经营状况恶化企业中更为凸显。

2. **组织层面：公司治理。** 组织层面的公司治理状况是影响企业社会责任的关键因素。陈智和徐广成（2011）从内外部两个角度，证实内外部公司治理状况越好，企业社会责任的履行程度越高。高汉祥（2012）通过理论研究发现，公司治理和企业社会责任之间存在严格的内在逻辑关系，将企业社会责任内嵌于公司治理的理论和实践中，更有助于促进企业社会责任水平。张多蕾等（2022）研究发现，企业的战略激进度越高，越会履行更多的企业社会责任，且在资源获取需求更高、获取难度更大的情况下，战略激进度对企业社会责任的影响更强。

细化到公司治理的具体特征，不同公司治理因素对企业社会责任的影响存在一定差异。肖海林和薛琼（2014）研究发现，高管持股比例、独董占比和董事会规模均对企业社会责任产生正向影响，而实际控制人类型、非两职合一与企业社会责任无显著关系。从产权性质角度来看，吴德军（2016）认为，公司治理和企业社会责任的正相关关系仅存在于非国有企业，国有企业的公司治理不能显著提升社会责任水平。

股权结构作为公司治理的主要内容，也是影响企业社会责任的重要因素之一。毛磊等（2012）从机构持股偏好角度研究机构持股和企业社会责任的关系，结论表明机构持股者更倾向于投资社会责任水平较高的企业，且该偏好在基金类机构投资者中更加明显。王海妹等（2014）也得出了类似结论，研究发现机构持股能够激励企业承担社会责任，且外资参股与企业社会责任正相关，高管持股与企业社会责任负相关。

内部控制作为公司治理的重要机制，也是企业社会责任的关键影响因素，学者们普遍支持内部控制对企业社会责任承担具有积极影响。李伟和滕云（2015）认为，内部控制水平越好的企业社会责任水平越高，并且企业履行社会责任也能促进内部控制改善，两者之间存在一种双向互动机制。关于内部控制对企业社会责任产生影响的作用途径，学者们持不同观点。王海兵等（2015）实证检验发现，内部控制与企业社会责任正相关，不仅能够通过改善财务状况为社会责任履行提供资金保障，还能够监督社会责任的履行情况。李兰云等（2019）则认为，内部控制主要通过缓解代理冲突、降低代理成本来激励企业承担社会责任。

此外，国内外学者还对公司治理与企业社会责任披露展开进一步研究。在公共持股方面，周和格雷认为众多投资者一起投资的公共持股比例较高的企业，自愿披露企业社会责任的可能性更高（Chau and Gray, 2002）。在董事会独立性方面，哈乔托和乔指出董事会独立性与企业社会责任披露之间具有一定的联系（Harjoto and Jo, 2011）。此外，具体到公司治理的其他方面，国内学者进行了更全面的研究，秦续忠等（2018）的实证研究证实管理层持股与企业社会责任信息披露负相关，外资持股比例、董事长有政治关联与企业社会责任信息披露正相关，而公共持股比例、董事会独立性及董事会政治关联强度与企业社会责任信息披露的关系不显著。

3. 个体层面：高管特征。国内外学者基于高管特征对企业社会责任影响的研究文献非常丰富，主要从高管变更、高管政治关联、高管性别特征以及其他方面的高管特征异质性等展开研究。

在高管变更方面，谭瑾和罗正英（2017）认为，高管变更与企业社会责任承担负相关，并且这种负相关关系受到竞争战略这一调节变量的影响。也有学者将高管变更区分为非常规变更和常规变更两种类型展开更深一步的研究。陈丽蓉等（2015）研究发现，当期的非常规高管变更与企业社会责任负相关，而当期的常规高管变更与企业社会责任的负相关关系仅在非国企中显著。

在高管政治关联方面，张萍和梁博（2012）认为，民营企业的政治关联能够激励企业履行社会责任，政治关联的级别越高，企业履行社会责任的水平也越高，且该激励作用仅在制度环境较好的地区显著。以酒店业为样本的实证研究也得出了类似结论，研究表明高管政治关联能够促使企业更好地履行环保和慈善责任（Gu et al., 2013）。具体到作用路径，衣凤鹏和徐二明（2014）认为，高管政治关联主要通过传递政府等利益相关者压力，来发挥企业社会责任的激励作用。祝丽敏等（2023）研究发现，企业的党组织建设能够有效促进企业开展精准扶贫，并且在扶贫重要性高的地区、政治信任程度高的地区和员工人数多的企业中，党组织建设对企业精准扶贫的促进作用更大。

在高管性别特征方面，学者们普遍支持女性高管比男性高管更能促进企业社会责任的履行。黄荷暑和周泽将（2015）研究发现女性高管和企业社会责任披露正相关，且这种正相关关系在国有企业中更加显著，并受到信任环境的正向调节作用。具体到女性高管其他方面的特征，朱文莉和邓蕾（2017）认为女性高管的人数和比例越高，企业社会责任的承担状况越好，且女性独立董事、女性高管的持股比例均与企业社会责任承担正相关，但女性高管两职合一和企业社会责任承担负相关。

关于其他方面的高管特征异质性，学者们从任职期限、年薪收入、年龄、教育水平、专业、海外背景、领导类型等众多方面展开了比较细致的研究，不同学者的研究结论略有差异。郑冠群等（2015）研究发现，高管剩余任职期限和企业社会责任的信息披露正相关，而年薪收入和企业社会责任的信息披露负相关，且总经理离职会对企业社会责任的信息披露产生消极影响。王士红（2016）则认为，高管团队的平均任职期限与企业社会责任披露负相关，高管年龄、教育水平与企业社会责任披露无显著的相关关系，且这些关系受到产权性质的影响。在其他高管异质性方面，李冬伟和吴菁（2017）的研究表明，高管团队的社会资本、任职期限、教育专业三个方面的异质性均与企业社会责任呈显著正相关关系，且受到政府干预这一调节变量的影响。田虹和姜雨峰（2014）从领导类型方面入手，研究发现变革型领导更倾向于履行企业社会责任，而事务型领导与企业社会责任履行之间没有明显的相关关系。在高管团队的海外背景方面，文雯和宋建波（2017）认为，高管团队的海外背景能够激励企业履行社会责任，拥有海外背景高管的企业，其社会责任评分和评级均比较高，且海外背景高管的比例越高，则企业社会责任水平也越高。

（五）企业社会责任的外部影响因素研究

企业社会责任的外部影响因素较多，本书从政府层面和社会层面两个角度进行区分，梳理政府层面的财税政策、政府审计两类主要影响因素，社会层面的媒体关注、利益相关者压力两类主要影响因素。

1. 政府层面：财税政策和政府审计。政府作为企业承担社会责任的外部主要影响主体，一方面通过制定财税政策激励企业承担社会责任；另一方面通过政府审计对企业社会责任履行情况进行监督管控。

在财税政策方面，学者们普遍支持激励性财税政策能够有效促进企业承担社会责任。刘丽萍（2009）认为，通过完善财税政策，可以引导企业承担社会责任，并建议通过完善绿色税收政策来激励企业承担环保责任。在具体的财税政策制定方面，龙文滨和王周飞（2012）提出了促进企业履行社会责任的三个税收政策建议，即整合目前现存的税收优惠政策、增补修订现行税制中的缺失项目、合理设定受惠对象及形式，从而激励企业履行社会责任。细化到企业捐赠相关的税收政策，朱信永和刘诚（2015）认为，通过制定相应的税收优惠政策，能够促进企业捐赠；同时应该在考虑企业捐赠动机差异性的前提下制定不同的优惠政策，简化优惠政策的实施程序，加大优惠力度。张凯凯（2015）研究表明，税收优惠政策能够激励企业承担社会责任，且该激励作用主要存在于非国企样本。

部分学者从企业社会责任和实际税负之间的关系着手，分析财税政策对企业社会责任的影响。邹萍（2018）的实证研究表明，企业社会责任的信息披露和披露质量与企业实际税负负相关，且这种负相关关系在自愿披露的企业中更加显著。对于其原因，汪方军等（2016）认为，企业社会责任和实际税负的负相关关系，一方面说明税收优惠政策对企业社会责任具有激励作用；另一方面也说明税费承担和企业社会责任承担具有替代作用。但是，也有学者持不同观点，认为企业社会责任与实际税负正相关。例如，卢洪友等（2017）研究发现企业环境责任与实际税负正相关，与税收优惠水平负相关。

此外，也有学者从企业社会责任与税收规避之间的关系入手，分析财税政策对企业社会责任的影响。一部分学者认为企业社会责任和税收规避之间正相关，因此企业社会责任履行可能是避税动机的驱使结果。杨杨等（2015）认为，披露社会责任信息的企业更加倾向于进行税收规避，且在制造业企业和中西部的中小型民营企业中两者关系更加显著。唐伟和李晓琼（2015）通过实证研究也得出了类似结论，发现企业社会责任与税收规避正相关，且在股权分散和自愿披露的企业中两者的正相关关系更加显著。具体到某些社会责任行为，李增福等（2016）专门针对企业捐赠行为展开研究，发现企业捐赠越多则避税程度也越高，且该现象在法制环境良好的地区和存在政治关联的民企中更加普遍。

另一部分学者则认为企业社会责任和税收规避之间负相关，即企业社会责任履行可能并不是避税动机驱使，反而是企业社会责任有效抑制了避税动机。曹洋洋（2014）认为，企业社会责任和激进避税负相关，即企业承担社会责任的意识能抑制企业税收规避。在企业社会责任信息披露方面，杨理强等（2018）通过实证研究发现，与未披露的企业相比，强制披露企业社会责任信息的企业，税收规避程度更低，且这种关系在非国有企业中更加显著。在具体的社会责任履行动机方面，翟华云（2012）认为，企业社会责任表现越好，其税收激进度越低，且社会责任的履行需要道德伦理和政治的双重驱动来实现。此外，金智和黄承浩（2022）研究表明，"金税三期"通过征税效率的提高，抑制了企业"以捐避税"的寻租行为，规范了企业社会责任的履行。

在政府审计方面，现有研究中关于政府审计对企业社会责任影响的文献较少，结论普遍支持政府审计能够促进企业承担社会责任。张楠（2019）认为，政府审计能够提升企业社会责任水平，且对政府审计提升企业社会责任的作用路径进行了理论分析。

少量文献区分政府环境审计和领导干部自然资源资产离任审计两个角度分别展开研究。基于政府环境审计角度，张长江等（2011）对过去十年的中国环境审计相关研究进行回顾后提出，接下来的环境审计研究主题应该围绕全国的环境问题展开。目前的实证研究结果普遍支持政府环境审计对企业环境责任的提升作用。于连超等（2020）通过实证研究发现，政府环境审计和企业环境绩效正相关，且这种正相关关系在审计力度、处罚力度和司法力度比较大的企业，以及在政府环境监管、媒体环境监督和公众环境监督比较强的企业中更加显著。蔡春等（2019）的实证研究结果也表明，政府环境审计能够提高企业环境责任的信息披露水平和披露质量。基于领导干部自然资源资产离任审计角度，张琦和谭志东（2019）认为，该项审计具有环境治理效应，即相比于非试点城市，实施了领导干部自然资源资产离任审计的试点城市，其所在地的企业环保投资明显增加。

2. 社会层面：媒体关注和利益相关者压力。媒体关注和利益相关者压力是影响企业社会责任水平的两类关键社会层面因素。在媒体关注方面，文献普遍支持媒体关注有助于提升企业社会责任。徐珊和黄健柏（2015）认为，媒体监督和企业社会责任正相关，且媒体治理效应在竞争性、环境高敏感性和消费者高敏感性的行业中更加有效。吴德军（2016）的实证研究结果也表明，媒体关注和企业社会责任正相关，且该正相关关系仅存在于非敏感性行业中。关于媒体监督发挥作用的具体路径，贾兴平和刘益（2014）研究发现，媒体通过积极报道企业慈善捐赠、环境保护等正面行为，大量曝光假冒伪劣、环境污染等负面行为，能够起到舆论监督作用，迫使企业承担社会责任。此外，贾兴平等（2016）认为，媒体关注不仅对企业社会责任产生正向影响，还在利益相关者压力与企业社会责任关系中起到正向调节作用。

在利益相关者压力方面，文献普遍认为利益相关者压力将有效促进企业履行社会责任。刘蓓蓓等（2009）认为，来自股东、客户、竞争对手和社区等利益相关者的压力，会对企业环境绩效产生正向激励作用。关于利益相关者压力发挥作用的具体路径，贾兴平等（2016）认为，利益相关者压力通过刺激企业对资源和合法性的要求，起到激励企业积极承担社会责任的作用。黄伟和陈钊（2015）通过实证研究发现，外资客户能够通过施加供应链压力来促进中国企业积极履行社会责任。此外，连燕玲等（2022）指出，企业面临的地区制度期望落差困境也促使企业通过增强社会责任战略响应程度来降低不确定性，释放良好声誉信号和构建社会网络。

（六）企业社会责任的财务绩效后果研究

1. 企业社会责任与企业财务绩效正相关。学术界将企业绩效分为企业价值、当期财务绩效、长期财务绩效，以及区分生命周期后的财务绩效等不同角度展开研究。在企业价值方面，王晓巍和陈慧（2011）、贾兴平等（2016）研究表明，企业承担利益相关者责任能够促进企业价值提升，且不同利益相关者责任对于企业价值的贡献度略有差异。也有学者从企业社会责任的投资模式展开研究，唐鹏程和杨树旺（2016）认为，组合且集中的企业社会责任模式对企业价值的提升作用更为明显。对于企业社会责任提升企业价值的作用路径，黄珺和贺国亮（2017）认为，企业社会责任主要通过促进企业创新来提升企业价值。刘乾和陈林（2023）则指出，通过社会责任策略的不断调整，以合理地、适当地、力所能及地履行企业社会责任，可以将社会道德与经济利益之间的"零和博弈"转化为"正和博弈"。

在短期财务绩效方面，张兆国等（2013）认为，滞后一期的企业社会责任与当期财务绩效显著正相关。尹开国等（2014）则认为，在满足外生假设的前提下，当期企业社会责任与当期财务绩效显著正相关，且考虑跨期影响时该结论仍然不变。区分不同行业后的研究结论仍然一致，董千里等（2017）以制造业上市公司样本、骆嘉琪等（2019）以交通运输业上市公司样本，都实证研究发现企业承担社会责任有利于提升当期财务绩效，且当期、滞后一期和滞后两期的企业社会责任对当期财务绩效均具有一定的提升作用。

在长期财务绩效方面，朱乃平等（2014）认为，企业社会责任与长期财务绩效正相关，且技术创新投入能增强两者的正相关关系。郝秀清等（2011）研究发现，企业社会表现对企业长期财务绩效没有直接影响，但可以通过增强社会资本来间接提升长期财务绩效。对于不同生命周期的企业，王琦和吴冲（2013）认为，成长期企业的员工所得贡献率对财务绩效的正向促进作用最强，成熟期企业的消费者所得贡献率对财务绩效的正向促进作用最强。王清刚和徐欣宇（2016）则认为，履行员工责任能提升所有生命周期企业的企业价值，但履行消费者责任主要提升成长期和成熟期企业的企业价值。

2. 企业社会责任与企业财务绩效负相关。部分文献认为，企业社会责任不仅不会增加财务绩效，反而会损害财务绩效。弗里德曼认为，企业应以股东利益最大化为目标，承担社会责任会减少股东利益，从而损害企业财务绩效（Friedman，1970）。企业承担社会责任可能成为高管利用企业资源提高个人社会声誉的手段，将过多资源用于非经营性业务，从而对财务绩效产生负面影响（Galashiewicz，1997）。

国内部分文献也支持该观点，李正（2006）以托宾Q值作为企业价值的衡量指标，研究发现从当期来看，企业社会责任和企业价值显著负相关。温素彬和方苑（2008）以托宾Q值和总资产报酬率作为企业绩效的衡量指标，从利益相关者视角进行分析也得出了类似结论，即认为企业承担社会责任会减少当期财务绩效。在区分不同的利益相关者，以相应的贡献率作为企业社会责任的分项评价指标后，部分学者的观点与之类似。周建等（2008）通过实证研究发现相对员工贡献率、相对投资者贡献率和相对社会公益贡献率均会对企业绩效产生负面影响。陈承等（2019）基于信号理论研究表明，企业社会责任的治理信息披露与企业财务绩效负相关。

3. 企业社会责任与企业财务绩效不相关。部分文献研究发现，企业社会责任不会对企业绩效产生影响，两者在统计上不存在显著的相关关系。奈林和韦伯通过实证研究发现，在使用其他文献普遍采用的传统统计方法时，企业社会责任对企业绩效有显著影响，但是在采用面板数据固定效应模型后，企业社会责任和企业绩效之间没有显著相关关系（Nelling and Webb，2009）。现有研究得出企业社会责任提高企业绩效的结论，可能的原因在于没有控制研发投入变量的影响（McWilliams and Siegel，2000）。郝秀清等（2011）发现企业社会责任对短期财务绩效没有直接影响，且在考虑社会资本的中介效应后仍然不存在直接影响。朱乃平等（2014）以高新技术企业为样本的实证研究，也表明企业承担社会责任与短期财务绩效之间无显著相关性。

（七）企业社会责任的非财务绩效后果研究

1. 企业社会责任对企业发展的影响。企业社会责任能够抑制企业盈余管理，获得积极的市场反应。在抑制盈余管理方面，吉利等（2014）认为，企业社会责任和盈余管理显著负相关，我国企业履行社会责任是基于道德主义而非机会主义动机。刘华等（2016）进一步将盈余管理分为操纵性应计和真实盈余管理，研究发现企业强制披露社会责任报告不但能减少操纵性应计，而且能抑制真实盈余管理行为。宋岩等（2017）研究表明，企业社会责任水平越高，应计盈余管理和真实盈余管理越低，且能通过更加透明的信息披露来抑制盈余管理活动。在获得积极的市场反应方面，朱松（2011）认为，社会责任水平较高的企业，能够赢得更高的市场评价，会计盈余信息质量也更高。沈红波等（2012）从不履行社会责任的后果入手，实证研究表明污染环境的重大事故会引起A股和H股市场的显著负面反应，且环境事件引起的罚款会导致H股市场投资者更为明显的负面反应。陈玉清和马丽丽（2005）则研究发现，不同行业的社会责任与股价之间的相关性存在显著差异，其中公用事业、交通运输业对企业社会责任信息的反应更加显著。

企业社会责任能够影响企业风险、缓解融资压力。在企业风险方面，现有文献普遍支持企业社会责任能够降低企业风险。冯丽艳等（2016）认为，企业承担社会责任有利于降低企业风险，且该效应在非国企中更为明显。将企业社会责任细分为不同维度后，相关研究仍支持该结论。杨艳和兰东（2015）通过实证研究发现，股东责任、员工责任、供应链责任、环境责任和社会发展责任均能够降低企业的特有风险。不过也有学者持不同观点，认为非实质的企业社会责任行为反而增加企业风险。权小锋等（2015）结果表明，企业承担社会责任会增加股价崩盘风险，且该效应只存在于强制披露社会责任信息和无第三方社会责任信息鉴证的企业。不过，王琦（2023）的研究发现，企业社会责任模仿行为会加剧股价崩盘风险，原因在于企业社会责任模仿行为并非是企业规避决策风险的重要战略手段，而是管理者牟取私利的工具。顾海峰和朱慧萍（2023）则研究发现，银行履行社会责任能够降低风险承担水平，且相对于国有银行与城农商行，该影响效应在股份制银行中更大。在缓解融资压力方面，杨北京和冯璐（2019）从信贷约束角度出发，实证研究发现企业履行社会责任是换取社会资源的有效机制，有利于缓解企业信贷约束。曹亚勇等（2013）从融资效率角度出发，发现企业社会责任和融资效率正相关。周宏等（2016）实证研究表明，发债企业的社会责任水平与其债权信用利差负相关，且该负相关关系在民营企业中更加显著。徐珊（2014）从资本成本角度认为，企业积极履行社会责任不但能够降低债务资本成本，还能降低权益资本成本。赵胜民和于星慧（2023）研究表明，企业社会责任通过缓解融资约束、降低财务风险、抑制委托代理问题等路径促进企业创新，显著提高企业的创新投入、产出和效率。

在提升企业效率方面，苏冬蔚和贺星星（2011）从新制度经济学角度分析表明，企业社会责任能够提升企业生产效率，且该效应在非国有企业中更加显著。丁一兵和付林（2015）构建的企业社会责任选择模型，也得出了类似结论。在提升企业声誉方面，侯丽敏和薛求知（2014）认为，企业社会责任能够提升企业品牌价值，且该提升作用在快速消费品和耐用消费品行业中更加明显。刘凤军等（2012）基于汽车消费者的研究表明，企业社会责任承诺、企业社会责任水平和企业社会责任时间选择等，均能起到提升品牌影响力的作用。李建莹等（2023）研究表明，上市公司通过贫困治理来履行社会责任，能够产生声誉效应和信息效应来降低股价极端波动风险。与此对应，晁罡等（2015）研究证实，企业社会责任缺失引起的声誉危机，将会给企业带来众多负面影响。

企业社会责任能够增强消费者的购买意愿和忠诚度，提高企业竞争优势。在增强消费者的购买意愿和忠诚度方面，沈鹏熠和范秀成（2016）以在线零售企业为例，发现其承担社会责任能够引起消费者的积极响应，且该结论对于不同企业社会责任依然成立。齐丽云等（2016）研究表明，企业履行经济责任、环境保护责任、动物保护责任等，都能增强消费者的购买意愿。关于企业社会责任增强消费者购买意愿和忠诚度的具体途径，邓新明等（2016）研究发现，企业社会责任主要通过动机归因来间接增强消费者购买意愿。马龙龙（2011）则认为，企业社会责任影响消费者作出购买决策是有条件的，根据消费者类型不同而存在一定差异。田虹和袁海霞（2013）研究发现，企业社会责任的功能匹配和形象匹配，均会通过利他性归因的方式，对消费者的品牌认知产生影响。陈晓峰（2014）则认为，企业社会责任通过增强品牌信任度来提高顾客忠诚度。此外，彭雪蓉和刘洋（2015）研究发现，战略性企业社会责任行为能够增强企业的竞争优势。

2. 企业社会责任对员工行为的影响。国内外关于企业社会责任对员工行为的影响研究，主要包括员工具体行为、员工组织认同和员工离职倾向三个方面。在员工具体行为方面，员工感知的企业社会责任能够通过提高员工公平感，来激励员工的组织公民行为（Rupp et al., 2013）。颜爱民和李歌（2016）的实证研究也得出了类似结论，即企业社会责任与员工的角色内行为和组织公民行为均呈现显著的正相关关系，且这两种正相关关系主要通过外部荣誉感、组织支持感传递。在员工组织认同方面，员工对企业慈善项目的感知，能够明显促进员工的组织认同，且员工荣誉感在二者间起到中介作用（Jones，2010）。张倩等（2015）也对此进行研究，表明企业社会责任主要通过提高员工的组织自豪感来增强组织认同。在员工离职倾向方面，李祥进等（2012）、李歌等（2016）通过对员工问卷数据建立结构方程模型研究发现，员工感知的企业社会责任会对离职倾向产生负面影响。

（八）文献述评和未来研究展望

目前，国内外关于企业社会责任的研究文献较为丰富，对企业社会责任的基本内涵、相关理论、内外部影响因素、财务和非财务绩效后果等众多方面，都开展了一定程度的研究。在企业社会责任的基本内涵方面，从最初的企业社会回应、企业社会表现等概念，到众多社会责任理念的融入,使得企业社会责任的内涵不断拓展。在衡量方法上,也已经形成了较为成熟丰富的指标体系。在企业社会责任的相关理论方面,分别从利益相关者理论、企业公民理论、战略管理理论和"股东至上"理论、委托代理理论出发,论证企业是否应该履行社会责任。在企业社会责任的内外部影响因素方面,现有文献分别从企业文化、公司治理、高管特征、财税政策、媒体关注和利益相关者压力等方面展开研究。在企业社会责任的经济后果方面,现有文献分别从财务绩效和非财务绩效两个角度,研究企业社会责任对企业财务绩效、企业发展和员工行为的影响。

尽管目前关于企业社会责任的研究文献比较丰富,但仍然存在一些问题值得进一步系统研究:第一,至今尚未形成对企业社会责任定义和内容的一致共识。这将可能模糊企业社会责任的本质概念,引起相似概念之间的混用、误用等情况,导致企业社会责任在同一理论标准下缺乏充分的可比性。第二,至今尚未形成多学科交叉研究的综合视角。目前,对企业社会责任的主流研究仍停留在单一学科,尚未打破各学科之间的界限,很难避免单一学科层次内存在的诸多问题,阻碍对其展开多维度的综合研究,不利于理论研究视角创新。第三,至今尚未形成中国特定情境下的企业社会责任理论。与发达国家成熟的企业社会责任理论相比,我国企业社会责任研究起步较晚,且最初从国外引进相关概念,关于企业履行社会责任的思想理论也都来自国外,而只有结合中国现实国情的研究成果,才能真正促进我国企业社会责任和社会的协调发展。第四,有待进一步拓展非财务绩效后果研究。当前企业社会责任的经济后果研究仍然偏重于财务绩效方面,在非财务绩效方面的研究相对薄弱,更未形成对于影响机制进行全面剖析的深入研究。

三、主要内容

如何督促企业积极履行社会责任,已经成为社会公众和政府部门都极为关注的热点问题。尽管我国每年发布社会责任报告的上市公司数量逐年增加,但企业社会责任的总体履行情况仍不容乐观。本书从企业社会责任理论基础与现状梳理出发,实证分析我国企业社会责任的空间互动效应、影响因素和典型案例,并提出促进我国企业社会责任水平的政策体系建议。根据"提出问题→分析问题→解决问题"的研究思路,全书总体框架如图1-1所示。

根据上述总体研究框架,除导论外,本书其他十章内容可以分成如下五个部分。

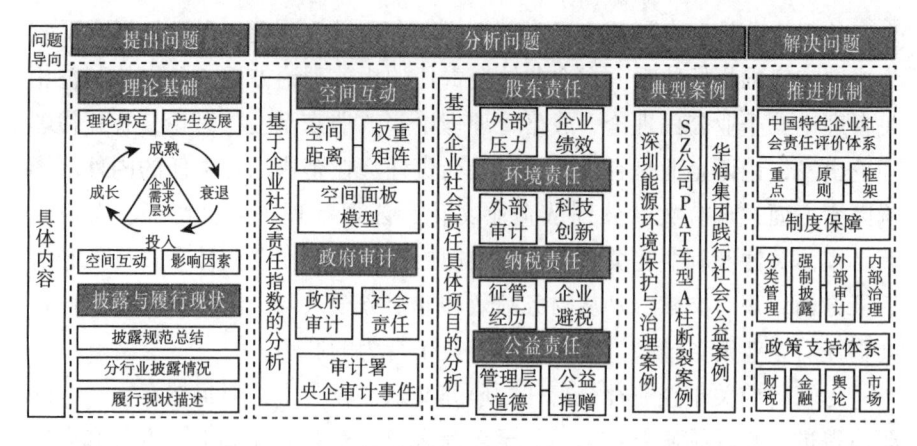

图1-1 研究框架

(一) 企业社会责任理论基础与现状梳理

1. 企业社会责任的理论基础分析。对企业社会责任的产生和发展进行分析，论证企业社会责任的内容，以及企业社会责任与共同富裕之间的关系。基于爱迪斯的企业生命周期理论，从企业投入期、成长期、成熟期、衰退期的生命周期出发，并借鉴马斯洛的人类需求层次理论，分析处于不同生命周期阶段的企业，在履行社会责任需求层次上存在的内在差异，从理论上解释并论证企业履行社会责任的内在动因。同时，分别从宏观、中观和微观三个层面，对企业社会责任的影响因素进行理论分析。

2. 中国企业社会责任披露与履行现状。从中央政府、地方政府和自律性组织三个层面，总结我国近年来出台的企业社会责任披露规范。搜集整理我国上市公司披露的企业社会责任报告，分别对房地产业、医药制造业、汽车制造业、信息技术服务业、化工企业、电力企业等6个重点行业，分析我国企业社会责任披露情况。最后，对我国沪深A股上市公司履行企业社会责任的总体现状、分行业现状和分地区现状等进行描述性统计分析。

(二) 基于企业社会责任指数的空间互动效应与政府审计影响效应分析

该部分主要应用和讯网企业社会责任评分数据，对中国企业履行社会责任存在的空间互动效应，以及政府审计对企业社会责任的促进效应进行实证研究。

1. 中国企业社会责任的空间互动效应。根据我国上市公司的详细注册地址，通过百度地图"拾取坐标系统"获取企业经纬度坐标数据，用以计算企业两两之间的空间距离，并以其倒数构造空间权重矩阵，乘以各项企业社会责任评分后得到对应的空间滞后项，从而使用面板数据空间计量模型检验是否存在空间互动效应。研究结果表明，我国企业社会责任具有空间互动效应，从总体企业社会责任评分、员工责任评分、利益相关者责任评分和环境责任评分来看，一家企业的社会责任水平与其空间相关企业的社会责任水平成正比，模范企业积极履行社会责任能够带动周边其他企业更多地承担社会责任。

2. 政府审计对企业社会责任的影响效应。政府审计强化了国有上市公司的公共受托责任意识，政府审计结果公告会督促国有上市公司通过履行社会责任来重塑企业形象，因此政府审计对企业社会责任具有促进效应。以我国社会主义市场经济条件下特有的审计署中央企业财务收支审计工作为事件切口，使用国有控股上市公司为研究样本，发现政府审计工作有效促进国有上市公司的社会责任表现，并且在法制环境好、流通股比重高、企业所得税税负轻的条件下，其促进作用更加明显。

（三）基于企业社会责任具体项目的影响因素分析

1. 股东责任：外部压力与企业绩效。企业绩效反映了企业股东责任的履行水平，研究表明，股东压力能提升企业绩效，债权人压力会降低企业绩效，研发投入在外部压力对企业绩效的影响效应中发挥中介作用。

2. 环境责任：外部审计与重污染企业科技创新。重污染企业开展科技创新能够提高资源使用效率，降低能源消耗，从而履行企业环境责任。研究表明，外部审计有助于促进重污染企业加大科技创新的资金和人员投入，且该促进作用存在明显的股权异质性和法制环境异质性。此外，外部审计能够提升重污染上市公司的科技创新成功率和专利申请数，优化专利申请结构。

3. 纳税责任：税收征管经历高管与企业避税。企业避税行为反映了企业履行纳税责任情况，研究表明，税收征管经历高管能够抑制企业避税，且该抑制效应在税收征管力度大、金融市场化程度高、法制环境好的条件下更加明显。从税收征管经历高管的类别来看，只有董事会成员和监事会成员对企业避税有显著的抑制效应，而高级管理人员对企业避税的抑制效应不显著。

4. 公益责任：管理层道德与企业慈善捐赠。慈善捐赠是企业履行公益责任的主要途径，研究表明，管理层道德和企业慈善捐赠呈"正U"型曲线关系，即企业慈善捐赠随着管理层道德水平的变化而分别呈现"伪善"和"真性情"的双重属性，且该影响效应主要发生在非国有企业和低审计质量的子样本中。需要说明的是，不同社会责任具体项目的影响因素多种多样，且各有偏重，本书主要从内部因素和外部因素两个方面，选择对各自社会责任项目具有重要影响的因素展开实证研究。其中,外部因素包括企业面临的外部压力和外部审计,内部因素包括高管经历和道德水平。

(四) 企业履行社会责任的典型案例分析

1. 环境责任:深圳能源环境保护与治理的案例分析。深圳能源近年来全面拓展太阳能、风能等清洁能源,积极倡导建设低碳绿色电力产业,大力发展城市固体废弃物解决技术与方案。深圳能源积极履行环境责任的动因包括政府、媒体与公众压力;传统产业转型动力;环保意识与文化等三个方面,这也有助于树立企业社会形象,并带来较高的经济和生态效应。

2. 消费者责任:SZ 公司 PAT 车型 A 柱断裂事件的案例分析。2019 年 12 月 24 日,中国保险汽车安全指数管理中心(C-IASI)发布 SZ 公司生产的 PAT 车型碰撞试验结果,其正面 25% 偏置碰撞测验结果为较差,测试中 A 柱断裂明显。然而,美国版 PAT 车型在同类测试中结果优秀,表明国内版车型的 A 柱减配严重。汽车 A 柱强度对于事故中保障驾驶员生命安全有着极为关键的作用,可见 SZ 公司漠视国内消费者生命安全,未能切实履行消费者责任。受该事件影响,PAT 车型随后销量大跌,2020 年 5 月销量仅为 5785 辆,同比下滑 60.99%。

3. 公益责任:华润集团践行社会公益的案例分析。华润集团将履行社会责任与企业文化紧密融合,自主构建社会责任指标体系,致力于推进经济责任、员工责任、客户责任、伙伴责任、公众责任、环境责任等领域的建设工作。华润集团通过开展定点扶贫、建设希望小镇、社区共建、扶危济困、教育助学等方式,积极履行公益责任,从而塑造良好的品牌形象,企业经营业绩也随之提高。

(五) 中国企业社会责任的具体推进机制

基于本书前文的理论与实证分析,提出企业社会责任的具体推进机制。

1. 基于现实国情确定中国企业社会责任重点,并根据中国特色企业社会责任评价的基本原则,参考 GB/T 36000-2015、ISO 26000:2010 等标准,构建具有中国特色的企业社会责任评价体系框架。

2. 完善我国企业履行社会责任的制度保障,包括对不同企业社会责任项目分类管理、上市公司企业社会责任强制披露、建立企业社会责任外部审计制度和内部治理制度等。

3. 优化企业社会责任的政策支持体系,包括鼓励企业履行社会责任的财税政策、支持企业履行社会责任的金融政策、褒扬企业履行社会责任的舆论政策和引导企业履行社会责任的市场政策。

四、研究方法

1. 通过面板数据空间计量模型，分析企业社会责任的空间互动效应。假设有 n 家上市公司，通过经纬度坐标计算上市公司 i 和 j 的空间直线距离为 r_{ij}，那么公司 i 和 j 的空间权重系数为 $w_{ij}=1/r_{ij}$，企业间的空间距离越近则权重越大；反之则越小。将 w_{ij} 作为元素并行标准化后，得到空间权重矩阵 W，乘以企业社会责任评分 CSR，即为其空间滞后项 $W \cdot CSR$，反映一家企业的所有空间相关企业以空间权重加权后的企业社会责任水平。可以通过 $W \cdot CSR$ 的估计系数，判断企业社会责任是否存在空间互动效应，即一家企业积极履行社会责任，能否带动周边其他企业履行社会责任。

2. 通过倾向得分匹配方法，解决企业社会责任影响因素分析时可能存在的样本选择偏差问题。例如，在分析政府审计对企业社会责任的影响效应时，可能存在根据企业社会责任表现选择被审计企业的问题。建立反事实模型：当企业接受政府审计时，虚拟变量 $D_i=1$，企业社会责任水平为 CSR_{1i}；当企业未接受政府审计时，虚拟变量 $D_i=0$，企业社会责任水平为 CSR_{0i}。寻找影响企业是否接受政府审计的一组可观测变量 X，并用 Probit 模型估算倾向得分 $P(x)$，将多维的可观测变量信息压缩到一维的倾向得分值中。用倾向得分匹配后的样本，计算得到政府审计的企业社会责任影响效应如式（1-1）所示。

$$ATT = E(CSR_{1i} \mid D_i=1, P(x)) - E(CSR_{0i} \mid D_i=0, P(x))$$

（1-1）

3. 通过中介效应检验方法，实证检验外部压力对企业履行股东责任的作用机制。在外部压力变量通过显著性检验，且中介变量对外部压力变量影响显著的前提下，将外部压力变量和中介变量同时加入原模型中，研究它们对股东责任的影响是否显著。如果外部压力变量和中介变量的系数同时显著，说明存在部分中介效应；如果外部压力变量系数不显著，中介变量系数显著，说明存在完全中介效应；如果中介变量系数不显著，说明不存在中介效应。

4. 通过案例分析方法，论证企业履行社会责任的影响机理和经济效应。遵循案例选择的典型性和逻辑复制性原则，选取深圳能源、SZ 公司、华润集团三家公司分别履行环境责任、消费者责任和公益责任的案例，结合企业官网、公告、季报、年报等官方资料，报纸、网站、自媒体等第三方资料，论证企业履行社会责任的影响机理和经济效应，形成可以相互验证的三角证据链，确保案例分析结论的效度和信度。

五、学术创新与价值

（一）学术创新

1. 学术思想方面。（1）基于企业生命周期理论和需求层次理论，解释并论证不同企业履行社会责任水平差异的内在原因。（2）参考 GB/T 36000－2015、ISO 26000：2010 等标准，结合我国现实国情和社会经济制度，构建具有中国特色的企业社会责任评价体系。

2. 学术观点方面。（1）企业履行社会责任存在空间互动效应，模范企业积极履行社会责任会带动周边企业更多地履行社会责任。（2）政府审计能促进国有控股上市公司积极履行社会责任。（3）根据治理责任、股东责任、环境责任、纳税责任和公益责任等企业社会责任具体项目，研究不同企业社会责任项目的关键影响因素，并据此提出推进企业积极履行社会责任的政策体系。

3. 研究方法方面。综合运用多种研究方法，弥补单一定性或定量分析方法的不足，具体包括：（1）以文献研究法、逻辑演绎法等作为基础理论分析方法。（2）使用面板数据空间计量模型，验证企业履行社会责任存在的空间互动效应。（3）使用回归分析、倾向得分匹配、中介效应检验等方法，检验企业社会责任具体项目的关键影响因素和作用机制。（4）使用案例分析方法，论证企业社会责任的影响机理和经济效应。（5）使用公共政策分析法制定促进企业社会责任的政策体系。

（二）学术价值

1. 理论价值。（1）论证不同企业履行社会责任水平差异的内在原因，为企业社会责任相关研究提供新的理论支撑。（2）将上市公司微观数据应用于空间计量模型，发掘企业履行社会责任时存在的空间互动效应。（3）将政府审计作为企业社会责任的影响因素纳入研究框架，拓展企业社会责任的研究领域。

2. 实践价值。（1）根据我国存在大量国有控股上市公司和针对中央企业政府审计制度的现实国情，研究政府审计对国有控股上市公司企业社会责任水平的影响效应，为如何有效提升企业社会责任水平提供中国方案。（2）通过对企业社会责任具体项目关键影响因素的分析，确定提升企业社会责任水平的关键路径，并据此制定推进我国企业积极履行社会责任的政策支持体系。

第二章 企业社会责任的基础理论分析

第一节 企业社会责任的产生与发展

一、企业社会责任的产生

(一) 思想萌芽

企业社会责任是现代公司制度发展到一定程度的产物。在现代公司制度产生之前，商业社会的活动主体主要以个人企业和合伙企业两种形式为主（甘培忠和雷驰，2010），其经营活动往往遵循"诚实守信""童叟无欺""货真价实"等传统道德准则。由于较低的社会生产力水平，以及封建王朝以农为本、重农抑商的基本经济指导思想，商人在传统社会中的地位并不高，甚至我国隋唐时期开创科举制度时规定，商人及其子弟不得参加科举考试。在此背景下，商人们积极通过"施粥布茶""造福乡里"等方式，在一定程度上触发了社会责任思想的萌芽，其基本驱动力在于如下两个方面。

首先，基于"因果循环"的传统思想信念。当一个人通过辛勤经营积累了大量财富，且财富规模随着集聚效应而能远远满足家庭甚至家族需要后，就会开始思考财富的传承问题。除了广置田产、福泽子孙的家庭内部财富传承外，如何通过一定的财富付出而获得更加长远的回报，成为富裕人群需要思考的问题。可见，传统社会中的个人企业与合伙企业，通过帮助周围其他需要帮助的人群，在一定程度上承担了社会责任功能，其驱动力往往来自"因果循环"的传统思想信念。

其次，基于提高社会地位的内在心理诉求。宋朝开始允许商人子弟参加科举考试，但由于社会生产力水平低下，农业生产事关封建帝国存续，重农抑商的经济指导思想始终占据社会主流，尽管商人们通过商业活动聚集了大量社会物质财富，但其社会地位仍然偏低。此外，中国封建王朝自古以来在基层治理上"皇权不下县"，县以下的基层治理主要依赖宗族、乡绅势力。因此,掌握较多社会物质财富的富裕商人往往通过施粥赈灾、周济邻里等方式提高社会认同,从而在基层治理结构中获得社会声望资本,提高自身的社会地位。因此,在我国封建社会时期,尽管没有现代意义上的公司制企业,但存在类似于个人企业、合伙企业的传统商业组织形式,并基于传统思想信念和提高社会地位的内在心理诉求,积极地将自身物质财富无偿提供给需要帮助的人群,社会责任的朴素思想也随之萌芽。

(二) 理论起源与发展

现代企业社会责任理论,起源于现代商业社会所赖以存在的公司制企业产生之后。公司制企业的主要特点在于,实现了公司法人财产权与股东自然人财产权的分离,公司成为具有独立法人地位的社会主体,像自然人一样具有民事行为能力。公司制企业的财产来自全体股东,经营活动以实现股东价值最大化为目标,在发展初期往往表现为追求企业利润最大化。在20世纪初期,随着资本主义经济的不断发展,企业经历一个不断兼并和膨胀的过程,资本扩张也带来了诸如贫富差距加剧、环境污染严重、劳动者保护不力、劳资冲突频发等一系列社会问题(姜启军和顾庆良,2008),促使人们不得不思考,企业作为参与社会经济活动的主要主体,应该承担起怎样的社会责任。谢尔登最早提出了企业社会责任的概念,认为企业应满足产业内外各种人类需要,企业对社区利益贡献比自身盈利更重要,并将企业社会责任与道德因素相关联(Sheldon, 1923)。但是,企业社会责任概念的提出也带来了巨大争议:企业为谁的利益而存在?既然企业由全体股东出资设立,其存在的理由必然是为全体股东谋求利益,而企业履行社会责任会使股东财富受损,那么股东利益和社会利益该如何平衡?或者说,企业履行社会责任的边界在哪里?

20世纪90年代开始逐渐兴起的利益相关者理论,在一定程度上对企业社会责任的边界问题给出了答案。尽管企业因全体股东的资本投入而设立,但企业通过生产经营活动为股东赚取利润的过程中,却需要和其他经济主体发生联系。企业经营活动决策必然会影响到其他利益相关主体的切身利益,因此企业生产经营决策不仅应该考虑股东利益,还需要考虑其他所有利益相关者的利益。许多文献开始将雇员、消费者、供应商、政府等利益相关者,界定为与企业股东相同层级的利益相关主体,强调企业对不同利益相关主体应承担共同的社会责任(Donaldson and Preston, 1995; Clarkson, 1995)。

随着经济全球化发展,跨国公司的大量出现也推动着企业社会责任理论的进一步发展,"企业公民"乃至"全球企业公民"的观念深入人心。企业作为法人组织,拥有独立的民事行为能力,是人类社会活动的重要参与主体,理应像自然人一样,作为社会公民的一分子,承担起对社会各方的责任和义务,将社会责任融入到自身长期发展战略中。经济全球化使得跨国公司的业务经营范围跨越全球,但由于不同国家和地区的思想文化、社会制度、经济水平等都存在巨大差异,跨国公司在开展跨国经营过程中深刻认识到,只有深入了解东道国的自然和人文特征,才能在当地扎根立足。因此,全球企业公民的思想在跨国公司的跨国经营过程中不断凸显,2002年在美国纽约举办的全球经济论坛上,由34家全球大型跨国公司联合签署声明《全球企业公民——对CEO和董事领导的挑战》,不仅强调企业对所处社区的社会责任,更强调在经济全球化背景下作为全球企业公民,应当承担起全球性的社会责任重任。因此,在当前的企业社会责任思潮中,不仅关注企业对所处地区、所在国家所应承担的责任,而且也强调企业对于推动全球气候变化治理、消除人类贫困、应对能源危机、保护生物多样性、实现可持续发展等涉及全球公共利益的责任承担。

（三）制度起源与发展

企业社会责任制度指的是建议或要求企业共同遵守的社会责任相关行为规则,包括行业自律守则、非政府组织标准、政府法律法规等。随着企业社会责任思想的兴起和发展,企业应该履行一定范围和程度的社会责任,逐渐成为社会公共意识,并在20世纪40年代开始出现在部分发达资本主义国家的法律文本中。德国于1937年制定的《股份公司法》中规定,公司董事"必须追求股东的利益、公司雇员的利益和公共利益";英国的《城市法典》第9条也规定,"在董事向股东提供建议时,董事应当考虑股东的整体利益和公司雇员及债权人的利益"(甘培忠和雷驰,2010)。可以看到,早期法律文件中对于企业履行社会责任的要求,主要包括如下三个与企业具有直接经济利益关系的主体。

1. 股东。股东是企业的出资人,其注册资本投入是企业赖以存在的基础,企业经营决策也必须以实现股东价值最大化为目标。但是,由于公司制企业的经营权和所有权分离,股东凭借其所有权而对企业具有剩余价值索取权,但往往并不直接参与企业经营决策,企业日常经营决策由职业经理人作出,在实际中可能存在职业经理人凭借内部信息优势侵占股东利益的第一类代理问题。此外,一家企业的股东数量往往较多,除了少数占股比例较高的大股东外,还有为数众多但占股比例较少的中小股东,大股东可以凭借其控制权优势侵占中小股东利益,产生第二类代理问题。由于股东是企业最直接的利益相关主体,不同企业对于股东价值的实现程度也有极大差异,为了更大限度地维护股东利益,许多国家通过法律形式直接规定企业实现股东价值的责任。

2. 员工。资本和劳动是企业生产经营活动中最为重要的两项生产要素，资本来自股东，劳动来自员工，因此员工也就成为一家企业不可或缺的组成部分。高素质的员工有助于企业提升劳动生产率，降低企业管理成本，开发创新型产品，提高企业客户黏性，助推企业提高市场竞争地位。反过来，对员工来说，也希望企业提供稳定的就业岗位、广阔的晋升空间、舒适的工作环境、有竞争力的薪酬水平等，而不是时刻面临被解雇的风险、无法获得与企业共同成长的机会、工作在恶劣环境中、难以获得与自身价值相匹配的薪酬待遇等。尤其是在资本主义发展过程中，资本的野蛮生长往往是以攫取员工利益为代价，企业股东与员工之间的利益冲突较为严峻，致使员工不得不通过参加罢工运动、工会斗争等形式，维护自身正当利益诉求。也正是随着员工为自身利益诉求做出的一次次抗争，其作为企业直接利益相关主体的地位才被逐渐确认，并将企业维护员工利益作为社会责任内容纳入到法律法规体系中。

3. 债权人。对企业而言，资产总额等于所有者权益加负债，前者来自全体股东，后者来自债权人。股东以全部资本投入为限对企业债务承担有限责任，同时也享受企业经营成果的剩余索取权，体现权利与义务的对等。就债权人而言，并不需要对企业债务承担连带责任，也不具有企业经营成果的剩余索取权，只具有要求企业到期偿还债权本金和利息的权利。与股东相比，债权人受企业经营风险的影响相对较小，当企业生产经营遭受损失时，债权人的利益总是比股东优先得到保障。但是，由于债权人并不直接参与企业经营，对企业日常经营状况的了解往往非常有限，现实中存在部分企业大股东或管理层通过关联交易、冒险投资、在职消费等方式，侵害债权人利益。对于经营不善而资不抵债的企业，债权人的权益难以得到保障，此时债权人损失的不只是利息，还有高额本金。因此，各国法律法规也往往将维护债权人利益作为企业应当履行的社会责任内容。

显然，股东、员工、债权人作为企业经营活动最为直接的利益相关方，在法律条文中明确企业对股东、员工、债权人的责任，仅仅只是企业社会责任法律规范的初级形式。我国在2005年对《公司法》进行全面修订时首次引入"社会责任"概念，第五条规定"公司从事经营活动，必须遵守法律、行政法规，遵守社会公德、商业道德，诚实守信，接受政府和社会公众的监督，承担社会责任"，但对社会责任内涵并未明确界定。不过，2021年12月24日闭幕的十三届全国人大常委会第三十二次会议对《公司法（修订草案）》进行审议，修订草案中新增第十九条明确，"公司从事经营活动，应当在遵守法律法规规定义务的基础上，充分考虑公司职工、消费者等利益相关者的利益以及生态环境保护等社会公共利益，承担社会责任。国家鼓励公司参与社会公益活动，公布社会责任报告。"可见，企业履行社会责任，尤其是除股东以外的其他利益相关者责任和公共利益责任，已经越来越受到立法者的重视。

除立法机构外，许多国际性组织也相继制定企业社会责任相关指导文件，在推动企业承担社会责任上发挥了积极作用。当前国际社会影响较大的企业社会责任标准是由社会责任国际（social accountability international, SAI）发起的，并联合欧美部分跨国公司和其他一些国际组织制定的SA8000企业社会责任认证标准。SA8000依据《国际劳工组织宪章》《联合国儿童权利公约》和《世界人权宣言》等国际公约制定，内容涉及童工、强迫劳动、健康安全、结社自由及集体谈判权、差别待遇、惩罚措施、工作时间、报酬和管理体系等九个方面。尽管各国企业可以自主决定是否申请SA8000标准认证，但美国、欧盟等部分国家已经开始强制推行SA8000标准认证，将出口企业的劳动者权利保护等重要社会责任履行情况与出口订单相挂钩，从而对服装、纺织、玩具等劳动密集型企业产生较大影响（李文臣，2005）。在欧盟强制推广SA8000标准认证初期，给我国劳动密集型企业的产品出口带来了较大影响，且一定程度上推高了企业劳动成本，但实际上SA8000关于劳动保护的相关条款与我国劳动保护政策基本相同，只要企业严格遵守国家劳动法律法规，基本就能通过SA8000标准认证。因此，SA8000标准认证也在一定程度上提高了我国劳动密集型企业的劳动者保护水平，提高了企业员工责任履行水平。

不过，SA8000标准主要涉及企业员工责任，并未涉及其他方面的社会责任。与之相反，由国际标准化组织（international standard organization, ISO）牵头，54个国家和24个国际组织参与制定的ISO 26000：2010社会责任体系，在内容上涵盖了机构治理、人权、工作实务、环境政策、可持续发展和社区参与等方面，为企业全面实施社会责任战略提供了框架体系。ISO 26000：2010标准根据企业社会责任具体项目设置了307项指标，规定了非常严格的行为规范，并提供了明确的社会责任评价和实施规则。现实中可能存在员工权益保护、环境保护、债权人利益保护等方面问题的企业，希望通过参与慈善公益活动赢得市场美誉度，来掩盖自身在其他社会责任履行方面存在的问题。ISO 26000：2010标准则认为，企业慈善公益活动不属于社会责任内容，而是企业自身道德行为，从而将企业慈善公益活动排除在社会责任评价体系之外，防止企业单纯通过慈善公益活动来掩盖自身在社会责任履行上的不足。同样的，ISO 26000：2010 标准的提出，一方面给我国企业的生产经营活动制造"社会责任壁垒"；另一方面也督促我国企业不得不将社会责任管理纳入自身管理体系中，将履行社会责任作为企业日常生产经营活动的组成部分。

为了应对 ISO 26000：2010 标准给我国企业带来的挑战，也为了更好地指引我国企业履行社会责任，原国家质量监督检验检疫总局、国家标准化管理委员会于 2015 年 6 月 2 日批准发布了 GB/T 36000-2015《社会责任指南》、GB/T 36001-2015《社会责任报告编写指南》和 GB/T 36002-2015《社会责任绩效分类指引》三项国家标准，于 2016 年 1 月 1 日起实施。其中，GB/T 36000-2015 标准主要沿用 ISO 26000：2010 标准，在保持 ISO 26000：2010 标准技术内容不变的前提下，对标准正文进行适当精简，对重复、冗长的段落和语句描述进行重新整合和凝练，删除了正文中多余的资料性描述信息、不必要的解释性信息和不适当的过多举例，以及仅适合国际层面而非国家层面的相关内容。GB/T 36001-2015 标准主要用于满足编写和发布社会责任报告需要，帮助企业通过社会责任报告将社会责任活动过程和结果向利益相关方披露，规定社会责任报告应遵循完整全面、客观准确、明确回应、及时可比、易读易懂、获取方便等基本原则，从报告编制小组、制订工作计划、策划报告内容、收集整理报告信息、撰写报告并设计排版、发布报告等方面描述社会责任报告的编制流程，并对如何提高社会责任报告的可信性提出了具体方法。GB/T 36002-2015 标准则为企业研究和开展社会责任绩效评价，以及进一步开发适合自身需要的社会责任绩效指标提供了一套统一的、规范化的分类指引。

如果说企业社会责任思想的萌芽和理论发展，仅仅是将企业履行社会责任停留在纸面，那么制度建设就成为企业积极履行社会责任的外在推动力。随着我国社会责任国家标准的发布，已经有越来越多的企业主动加入到披露社会责任信息的行列中。

二、企业社会责任的内容

由于不同学者对于企业社会责任的内容理解并不一致，不同国家的法律法规、标准等关于社会责任的界定也各不相同，本书首先引用我国 GB/T 36000-2015 标准中的社会责任核心主题和议题，按照当前学术界较为广泛认可的社会责任分类标准分析企业社会责任的具体内容。由于 GB/T 36000-2015 标准面向包括企业在内的所有类型组织，且各项技术内容并非同等适用于所有类型组织，因此本书进一步根据利益关系差异，以企业为主体对社会责任内容进行进一步归纳。GB/T 36000－2015 标准中社会责任的核心主题和议题如表 2－1 所示。

表 2－1　GB/T 36000－2015 标准中的社会责任的核心主题和议题

核心主题	议题
1. 组织治理	1.1 决策程序和结构
2. 人权	2.1 公民和政治权利 2.2 经济、社会和文化权利 2.3 工作中的基本原则和权利
3. 劳工实践	3.1 就业和劳动关系 3.2 工作条件和社会保护 3.3 民主管理和集体协商 3.4 职业健康安全 3.5 工作场所中人的发展与培训
4. 环境	4.1 污染预防 4.2 资源可持续利用 4.3 减缓并适应气候变化 4.4 环境保护、生物多样性和自然栖息地恢复
5. 公平运行实践	5.1 反腐败 5.2 公平竞争 5.3 在价值链中促进社会责任 5.4 尊重产权
6. 消费者问题	6.1 公平营销、真实公正的信息和公平的合同实践 6.2 保护消费者健康安全 6.3 可持续消费 6.4 消费者服务、支持及投诉和争议处理 6.5 消费者信息保护与隐私 6.6 基本服务获取 6.7 教育和意识
7. 社区参与和发展	7.1 社区参与 7.2 教育和文化 7.3 就业创造和技能开发 7.4 技术开发和获取 7.5 财富和收入创造 7.6 健康 7.7 社会投资

GB/T 36000-2015标准作为我国的社会责任国家标准在推行,但由于其内容主要来自 ISO 26000:2010 标准,国际化程度高而本土化不足,且该标准面向所有组织类型,并不围绕企业进行具有针对性的社会责任项目设计,我国企业在应用时可能存在如下问题。

第一,每个核心主题都与所有类型的组织相关,但每个核心主题所涵盖的若干议题,却并非与所有类型的组织相关。在"人权"这一核心主题中,"公民和政治权利""经济、社会和文化权利"的实现,尽管也需要企业在制度安排中予以考虑,但公民政治、经济、社会、文化等方面权利的保护,更多依赖于整个经济社会制度的完善,企业对它们的推动空间往往相对有限。"工作中的基本原则和权利"是企业员工工作过程中必须保障的基本原则和权利,不过该项内容与"劳工实践"存在较高程度的重叠。因此,我国企业在应用 GB/T 36000-2015 标准界定自身社会责任内容时,可能存在项目不适用等问题,哪些议题与其相关且重要,需要通过组织自我考虑并与利益相关方沟通来识别和确定。

第二,未涵盖企业常见且学术界认可度较高的公益责任,且部分对企业而言较为重要的社会责任项目不突出。GB/T 36000-2015 标准定义的社会责任是指,组织通过透明和合乎道德的行为为其决策和活动对社会和环境的影响而担当的责任。企业实施的诸如慈善捐赠等公益性活动,具备符合社会福祉、满足社会公众期望、符合道德规范等特征,应当纳入企业社会责任范围中,这既符合当前企业社会责任实践,也符合社会公众对于企业社会责任工作的期待。此外,企业资产除了来自股东的资本投入外,还有来自债权人的债权投入,生产经营活动还涉及供应商、客户、消费者等价值链上的多方主体,而由于 GB/T 36000-2015 标准定位于全部组织而非专门针对企业,在社会责任内容界定上并未突出对企业而言更为重要的相关利益主体责任。

企业作为当前社会经济体系中最为常见的组织,与其他类型组织的最大区别在于,企业以营利为目标,通过开展生产经营活动获取利润来为股东创造价值。因此,本书根据企业社会责任活动对不同利益主体的影响差异进行分类,将企业社会责任分成如下三种类型。

1. 与企业本体利益相关的社会责任项目。资本和劳动是企业最重要的两项生产要素投入,企业通过自身的组织架构和内部治理机制,对资本和劳动两项生产要素进行有效组合,开展生产经营活动来为股东创造价值。因此,从维护和提高企业本体利益角度出发,社会责任项目包括治理责任、股东责任和员工责任。其中,治理责任体现了企业对资本和劳动两项生产要素的组织效率，与表 2-1 中的"组织治理"相对应。股东责任主要体现为企业为实现股东价值而履行的责任水平，由于并不是所有组织都以"为股东创造价值"为目标，因此该项企业社会责任内容并未出现在表 2-1 中。员工责任主要体现企业为实现员工价值而履行的社会责任，员工是企业组织的重要组成部分，员工责任也就成为与企业本体利益相关的重要社会责任内容，与表 2-1 中的"人权""劳工实践"相对应。

2. 与企业外部利益相关的社会责任项目。企业不是独立的个体，而是作为法人生存在特定的社区环境中，其生产经营活动必然需要与价值链上的不同利益主体发生业务往来，因此也肩负着与外部利益主体相关的社会责任，具体包括价值链责任、环境责任和社区责任等社会责任项目。价值链主要体现在企业生产经营活动的价值链条上，包括上游供应商、下游客户、终端消费者以及债权人等外部利益主体，它们在企业价值生成过程中发挥着不可替代的作用，企业应通过积极履行社会责任来提升价值链上各方主体的利益水平，与表 2-1 中的"公平运行实践"和"消费者问题"相对应。环境责任是企业对人类赖以生存的外部生态环境所应当履行的责任。企业归根到底是为人类创造美好生活而存在，而无污染、可持续、生物多样性、气候稳定的高质量生态环境是人类美好生活所必需的，环境责任也就成为企业应当履行的重要社会责任项目，与表 2-1 中的"环境"相对应。社区责任是企业对所在社区应当履行的社会责任项目。企业需要办公场所，日常生产经营活动也会对所在社区造成影响，企业作为社区公民也需要通过缴税等形式，为社区建设和发展贡献力量，与表 2-1 中的"社区参与和发展"相对应。

3. 超越企业利益的社会责任项目。现实中存在许多企业通过慈善捐赠等公益活动来履行社会责任，而受益对象却可能是远在千里之外的无利益关系的外部群体，这显然超出了企业为股东创造价值的范畴，可以将企业履行公益责任视为超越企业利益的社会责任项目。企业履行公益责任的动机可能包括两个方面：首先，公益责任可能会为企业带来潜在利益。尽管慈善捐赠的受益人群与企业本身并无直接利益关系，不能给企业带来直接利益流入，但却能使企业获得较好的社会形象，使企业在后续生产经营过程中基于企业形象而获利。其次，公益责任能够满足企业价值实现需要。具有家国情怀的企业家通过企业赚取利润外，也愿意通过企业积极开展公益活动来实现人生价值。尽管 GB/T 36000-2015 标准未有单独的公益责任项目，但在"社区参与和发展"中也指出，"当社区生活面临诸如洪水、干旱、海啸、地震等自然灾害时，组织宜考虑提供力所能及的帮助""组织可以帮助当地创造财富和收入,在消除贫困方面发挥重要作用"。可见,GB/T 36000-2015标准仅将与企业直接利益相关的社区为对象的公益活动视为社会责任范畴,但本书认为不应对企业社会责任对象存在偏见,就如同企业为环境保护所付出的努力一样,不应局限于企业所在社区这一狭小范围,应将企业为提升人类福祉所开展的公益活动都视为企业的社会责任范畴。

三、企业社会责任与共同富裕

共同富裕是我国当前社会经济发展的重要目标,包括两个层次的问题:首先是如何"富裕",也就是如何做大社会财富大蛋糕。只有通过建立与生产力相适应的生产关系,才能充分调动生产要素积极性,实现国民收入的不断增长,否则只会陷入共同贫困的绝境,这已经被新中国成立以来的社会经济发展历史所证明。其次是如何"共同",也就是如何切好社会财富大蛋糕,其关键点在于处理好效率和公平之间的对立统一关系,过分强调效率只会使贫富差距不断加剧,过分强调公平则难以做大财富蛋糕。

党的十九大报告提出,2020~2035年的目标是"人民生活更为宽裕,中等收入群体比例明显提高,城乡区域发展差距和居民生活水平差距显著缩小,基本公共服务均等化基本实现,全体人民共同富裕迈出坚实步伐";2035年至21世纪中叶的目标则是"全体人民共同富裕基本实现"。2021年6月10日发布的《中共中央 国务院关于支持浙江高质量发展建设共同富裕示范区的意见》,将浙江作为我国实现共同富裕示范区进行建设。可见,共同富裕将会成为我国未来30年党和政府工作的主要重心,而企业通过履行社会责任对于我国实现共同富裕有着不可替代的作用。企业社会责任具体项目中,与实现共同富裕关系较为密切的项目包括员工责任、社区责任和公益责任。

(一)员工责任与共同富裕

改革开放之初,邓小平提出要让一部分人先富起来,先富带动后富,最终实现共同富裕。经过40多年的改革开放历程,让一部分人、一部分地区先富起来的目标已经实现,而接下来30年的目标显然是走向共同富裕。共同富裕是所有人一起富裕,而对绝大多数人来说,通过工作取得劳动报酬是获取收入的主要途径,企业作为雇主单位积极履行员工责任,对于我国顺利实现共同富裕将发挥不可替代的作用。

企业向员工发放的工资薪酬是员工最主要的收入来源。对一家企业而言，内部设立不同的工作岗位，且根据岗位重要程度提供不同标准的薪酬水平，有助于提高员工劳动积极性，提升企业生产效率。但是，过高的薪酬差距水平显然违背了共同富裕目标，企业为全体员工提供有竞争力的薪酬水平，建立合理的工资薪酬体系，在调动员工工作积极性的同时，保持合理的薪酬差距水平，是当前实现共同富裕的重要路径。

当然，共同富裕不仅要着眼于当前，还要关注更为长远的未来发展。对于员工来说，刚入职的岗位并不等于职业生涯的终点，企业应为员工提供广阔的晋升空间，制定公平公正的职业竞争环境，使有能力、肯付出、愿与企业共同成长的员工在工作中脱颖而出，有机会担任更加重要、收入也更加丰厚的更高层级岗位。员工的成长不能仅仅只依赖员工自身上进努力，还需要企业提供职业培训机会和支持力度，帮助员工获得更多职业技能。此外，较好的工作环境也是实现共同富裕的重要一环。企业应为员工提供精致可口的工作餐、设备齐全的健身室、干净整洁的工作场所等，能使全体员工共享企业发展带来的良好工作环境。企业通过为员工提供广阔的晋升空间、丰富的职业培训、较好的劳动环境等方式履行员工责任，是实现长远共同富裕的重要路径。

最后，不仅要着眼于当前和长远视角的物质层面的共同富裕，精神层面的共同富裕也不容忽视。每个员工都能从工作中得到精神上的满足，获得工作带来的成就感，在工作中实现人生价值，那么显然就实现了精神层面的共同富裕。因此，企业应积极培育自身独特的企业文化，使员工认可企业存在的重要社会价值，并产生对于工作的使命感、责任感和成就感，这也是企业履行员工责任、促进共同富裕的重要路径。

（二）社区责任与共同富裕

企业作为法人组织，生存在特定的社区环境中，时刻与社区内的其他组织和个人保持着人、财、物上的沟通与交流，企业需要承担起社区发展相关的社会责任，将企业成长融汇于社区发展之中，形成企业与社区的利益共同体，并通过履行社区责任促进社区成员的共同富裕。

向所在社区的税务部门依法纳税，是企业履行社区责任的重要形式。尽管居民和企业都是纳税主体，但我国当前的税制结构以流转税为主体，政府税收收入主要依赖于增值税、消费税、关税等流转税，而所得税中企业所得税占比也相对较高；因此企业成为我国政府税收收入的主要纳税主体。依法足额缴纳各项税款，既是企业必须履行的法定义务，也是企业必须履行的社会责任项目。企业向地方政府缴纳的税款，是当地政府提供包括教育、行政、治安、社会保障等众多公共商品的重要资金来源。政府提供的公共商品具有非排他性特征，不管是居住在社区内的高收入阶层还是低收入阶层，都能公平地享受当地政府提供的公共商品。因此，企业通过依法纳税来积极履行社区责任，将有助于不同收入水平的社区居民获得一致的公共商品服务，在一定程度上促进共同富裕的实现。

企业参与社区建设的形式也多种多样。例如，当社区遭遇自然灾害时为社区居民捐款捐物，组织企业员工积极投身于救灾过程，为社区秩序恢复贡献力量。此外，企业员工也往往居住在办公场所附近，企业社区责任的履行也体现在员工选拔标准上。例如，企业专门设置适合残疾人就业的工作岗位，为残疾人参加就业、融入社会提供机会，帮助社区解决残疾人救助等问题。残疾人参加力所能及的工作也意味着，原先只能领取微薄补助，而现在通过就业获得更高水平的薪资报酬，使低收入阶层有机会通过自身努力获取更多社会财富，有助于实现共同富裕。

（三）公益责任与共同富裕

为了实现共同富裕的目标，我国需要建立并完善多层次的社会财富分配体系。首先，初次分配注重效率。社会财富生产需要投入资本、劳动、土地、技术等生产要素，为了获得更多的社会财富产出，初次分配尊重市场机制对于收入分配的基础性作用，引导生产要素合理配置，从而提高社会经济运行效率。其次，再分配注重公平。不同社会成员由于先天要素禀赋差异，初次分配不断积累的最终结果就是贫富差距越来越大，为了实现全体社会成员共享经济发展红利，此时需要发挥政府对于收入分配的调节作用，通过财政、税收、社会保障等方式，降低收入分配差距，实现社会公平公正。

初次分配和再分配是最为常见的社会财富分配方式，前者依赖市场的决定性作用；后者依赖政府的调节作用。但是，随着共同富裕成为我国政府工作的重心，第三次分配越来越受到社会各界的关注。第三次分配指的是高收入群体在自愿原则基础上，以慈善捐赠等形式对社会财富进行分配，它依赖道德的内在驱动力，是初次分配和再分配的有益补充，对我国实现共同富裕有着重要意义。企业履行公益责任是第三次分配的主要形式。

首先，从捐赠方角度来讲，企业履行公益责任所捐赠的财富来自股东。企业由全体股东出资设立，股东以出资额为限对企业债务承担有限责任，企业生产经营成果也归属于全体股东，并以股息红利形式按照出资份额分配给股东。企业履行公益责任的直接代价是减少利润，使得全体股东获得的股息红利也随之减少。在我国当前的收入分配格局条件下，绝大多数居民以劳动性收入为主，来自股息红利的资本性收入占比较低，而获得较高股息红利收入的人群往往都是高收入阶层。企业通过履行公益责任适当降低高收入阶层的资本性收入，将部分社会财富通过捐赠形式转移给亟须帮助的低收入阶层，对于实现共同富裕有着极大的推动作用。同时，随着企业持续经营，股东往往积累了较多的物质财富，并随着年龄增长产生强烈的回馈社会意愿，而公益捐赠一方面可以提升企业社会形象，另一方面也有效满足了股东回馈社会、实现自我人生价值的内心愿望。

其次，从受赠方角度来讲，企业履行公益责任受益的是最需要帮助的低收入阶层。需要明确的是，并不是企业所有捐赠都属于履行公益责任。例如，企业将自身原材料、库存商品无偿捐赠给其他利益相关企业，涉及的可能是利益输送问题。能够纳入公益责任范畴的必须是以社会公众为对象、符合公益性质的捐赠活动。例如，当某地发生地震、台风、洪水等自然灾害时，企业向该地区受灾群众捐赠资金和物品，这些都是企业积极履行公益责任的重要体现。在此过程中，受益方往往也就是我国共同富裕进程中，最需要帮助的地区、单位和个人。

因此，企业积极履行公益责任，在一定程度上使高收入阶层基于道德力量自愿减少社会财富占有，并将这些社会财富转移到最需要提高财富占有水平的低收入阶层，作为第三次收入分配形式，对于调节居民收入分配差距，实现共同富裕有着不可替代的作用。

第二节 企业社会责任的动因分析

大量文献基于不同视角提出了支持企业履行社会责任的诸多理论，但也有不少文献基于企业应当为股东创造价值的天然属性，对企业履行社会责任的合理性提出质疑。本书尝试将企业视为拟人化的法人组织，结合需求层次理论和企业生命周期理论，论证处于不同生命周期的企业，对于履行社会责任的内在动因差异。

一、需求层次理论

需求层次理论由马斯洛提出，认为人类需求从低到高可以分成五个层次：生理需求、安全需求、社交需求、尊重需求和自我实现需求，如图 2-1 所示。

```
        自我实现需求
       ┌─────────┐
      │  尊重需求  │
     ┌───────────┐
     │   社交需求   │
    ┌─────────────┐
    │    安全需求    │
   ┌───────────────┐
   │    生理需求     │
  └─────────────────┘
```

图 2-1 马斯洛需求层次理论

具体而言,处于人类需求最底层的是生理需求,它是人类维持自身生存所必需的最基本需求,包括衣食住行等方面,如果这些需求没能得到满足,那么人类自身的生存都成问题。在人类社会发展的相当长时期内,由于社会生产力水平低下,社会财富非常有限,为满足自身生理需求而奔波劳碌,成为大多数人的日常生活常态,而追求生理需求满足也成为推动社会进步和生产力提升的强大动力。现实中,如果一家企业以员工的生理需求为出发点制定激励政策,那么可以通过给员工增加工资、提供工作餐、提供更加宽敞明亮的办公环境等方式实现。

安全需求是处于第二层次的基本需求,包括人类对于保持自身生命和财产安全的内在需求,如果安全需求得不到满足,人类将陷于紧张、焦虑、恐惧的生存状态。实际上,人类生活在一个充满不确定性的世界,来自自然界的地震、台风等自然灾害,来自人类社会自身的各种不确定因素,如身体疾病、犯罪侵害、社会动荡等,都会严重威胁人类的生命和财产安全,从而使安全需求难以得到满足。安全需求是推动人类社会的组织架构和社会制度不断完善的主要动力来源。例如,为了维持社会秩序,人类组建政府,设立警察机构,从而更好地维持社会安定。现实中,如果一家企业以员工的安全需求作为出发点制定激励政策,那么可以通过给员工提供更高的养老医疗保障水平、更加稳定的工作岗位、更加规范透明的工作制度等,提高员工的工作安全感。

社交需求是处于第三层次且与基本需求相比更为高级的需求类型,是指人类对与外界建立情感联系的需求,能够带来精神层面的满足。一方面,是对友爱的需求,即在人际交往过程中体验到他人对自己的友善和关爱,拥有相亲相爱的家人、真诚相交的朋友、齐心奋进的同事等,在交往过程中既倾情付出自己对他人的关爱,也期待他人对自己回报同样的关爱。另一方面,是对归属感的需求,包括对家庭的归属感、单位的归属感、国家的归属感等，人类通过与他人交往而形成归属感认同，进而满足自身的社交需求。如果一家企业以员工的社交需求作为出发点制定激励政策，那么可以通过举办联谊会、集体团建、在生日等特定日期表达祝福、在员工生病或陷入困境时表达关爱等，增强员工的集体荣誉感和归属感。

尊重需求是比社交需求层次更高的精神层面需求，是指人类希望自身能力得到社会认可，受到其他社会成员尊重的需求。尊重需求包括内部尊重和外部尊重两个方面，内部尊重是个人基于自我评价所形成的自重、自爱、自我认可的情感体验；外部尊重则是个人通过建立稳定的社会地位和声望，受到他人的尊敬、信赖和高度评价的情感体验。显然，内部尊重需求是产生外部尊重需求的基础；而外部尊重需求的满足能使个人获得极佳的情感体验。如果一家企业以员工的尊重需求作为出发点制定激励政策，那么可以通过评选优秀员工、公开表扬、设立员工光荣榜等方式，满足员工自尊自爱的心理需求，并燃起其他员工对于受表彰员工的敬仰之情。

自我实现需求位于需求层次的最顶端，是指人类对于最大限度地发挥自身才能，实现自身理想的需求。在人生成长过程中，每个人都会对自己抱有期待，希望自身才华得到发挥，人生价值得到实现。显然，自我实现是人类的终极需求，如果一家企业以员工的自我实现需求作为出发点制定激励政策，那么可以向员工提供与其能力相称，能够进一步激发潜能的工作岗位，并安排员工开展与其特长相一致的工作任务，使工作成为人生价值自我实现的途径。

上述五个层次需求具有如下特点：（1）不同需求由低到高依次递进。例如，生理需求得到满足，意味着个人不再担心温饱问题，也拥有了稳定的私人财产，此时就会产生安全需求，希望自己的生命和财产不会因为外部威胁而被剥夺。同样，当较低层次的物质需求得到满足后，就会产生更高层次的精神层次需求，连生理需求、安全需求都未能满足的人，可能每天生活在朝不保夕、惶惶不安的境遇中，也就难以产生更高层次的尊重乃至自我实现需求。不过，由于人类本身的复杂性，需求层次的提升并非完全固化，经常出现各种例外反而成为常态。（2）不同层次需求总是交叉存在。一方面，较高层次需求的产生，并不以较低层次需求为前提。革命烈士在生命安全遭受严重威胁的时刻，依然能够坚持共产主义信仰，以高尚的个人品格与伟大信仰来战胜低层次需求。另一方面，较高层次需求的存在，并不妨碍较低层次需求的存在。一个人即使已经实现了人生价值，自我实现需求得到高度满足，但依然会存在生理需求、安全需求、社交需求等低层次需求。（3）一个时期总会有一个主导需求。尽管在一个时期可能同时存在多个需求，但总会有一个需求占据主导地位，决定着个体的具体行为决策。

二、企业生命周期理论

企业生命周期理论由爱迪斯提出，将企业发展历程分成投入期、成长期、成熟期和衰退期四个阶段，用以描述企业发展的动态轨迹，如图2-2所示。由于不同生命周期阶段的企业，在生产要素投入、产品市场地位、财务管理目标等方面有着较大差异，处于不同生命周期阶段的企业应找到与其特点相适应的经营决策战略，促进投入期、成长期的企业快速成长，成熟期的企业延长成熟期时段，衰退期的企业减缓衰退期带来的负面冲击，实现企业的可持续发展与稳定经营。

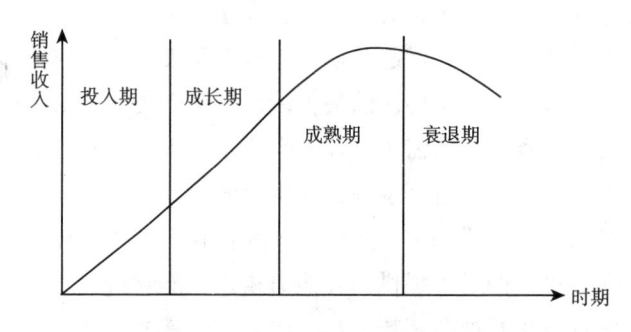

图2-2 爱迪斯企业生命周期理论

投入期是企业设立后的初始创业期，此时需要大量的资本性投入，包括租赁办公场所、购置生产设备、购买原材料、招聘新员工、产品市场推广等，产生大量的现金流出。但是，从销售收入角度来看，投入期企业的产品市场占有率比较低，产品需要有一个被市场逐步接受、销售收入逐步提升的过程，此时现金流入相对较少。因此，处于投入期的企业，往往利润率相对较低，尽管产品市场销售规模增长速度可能较快，但绝对数额和市场占有率都相对较低。投入期企业的财务管理目标包括：以更低的成本筹集到更多的权益和债务资本，为企业快速成长积累坚实的资本基础；有效提升资本使用效率，最大化单位资本的产出效益；最大限度地提高企业产品市场接受度，提升市场占有率。

随着生产经营活动的持续，企业处于规模报酬递增阶段，边际成本投入带来的边际产出在增加，生产规模在不断扩大，企业进入成长期。从投入方面来看，企业既需要投入大量资金用于扩充生产线，扩大生产经营规模，又需要投入更多的广告费用，抢占更高的市场份额。从产出方面来看，企业逐渐形成品牌美誉度，市场接受程度在不断提升，因此企业销售规模和市场份额依然处于稳步提升阶段。成长期企业的财务管理目标包括：以更低成本筹集资金，继续用以支持企业规模快速增长；提高企业盈利能力和利润留存能力，逐步实现资本投入的"体外输血"向"体内自循环"转变；甄别有潜在增长力的产品和投资项目，形成企业自身的竞争优势和可持续发展潜力。

经过一段时期的高速增长，企业规模达到一定程度后，边际成本投入带来的边际收益逐渐降低，乃至接近于零，此时企业开始进入成熟期。对于成熟期企业而言，只需维持与当期资产折旧和摊销相适应的资本投入，保持现有生产经营规模稳定即可，此时企业资本投入规模往往比较稳定。但是，经过多年市场打拼，企业产品已经在市场上收获较为稳定的用户群体，且受到市场竞争均衡约束，企业难以通过常规手段在短期内大幅度提升市场份额，销售规模保持相对稳定。因此，成熟期对企业来说是较为舒适的状态，市场竞争压力小但经营利润稳定，成熟期企业的财务管理目标包括：在销售规模保持稳定的情况下，最大限度地获取市场利润；尽量延长成熟期的时间期限等。

随着社会经济发展，市场需求偏好也慢慢发生转变，成熟期企业可能会由于自身企业文化、战略决策、产品结构、内部治理等因素，慢慢走向衰退期。此时，企业产品样式老旧，消费者忠诚度降低，竞争对手推出更有竞争力的产品，企业销售规模、产品市场占有率逐步降低。衰退期企业的财务管理目标包括：降低销售收入下降速度，尽可能地维持产品市场占有率；加强企业生产经营成本控制，避免利润率下滑给企业生存带来颠覆性影响；探索更多的经营业务可能性。

在衰退期之后，企业最终结局往往有如下三种可能：（1）消亡。随着消费者市场的不断萎缩，替代产品生产商相继崛起，企业销售规模不断降低，而由于成本黏性等原因，企业生产经营规模调整始终难以跟上市场变化节奏，连续多年亏损将会导致企业破产解散，最终消亡。（2）稳定。尽管消费者市场在不断萎缩，但产品依然存在一定的市场需求，企业依然能够采取高效的生产经营成本控制策略，保持一定的利润率水平来实现稳定经营。一般情况下，只要企业产品存在市场需求，即使是竞争激烈的"红海市场"，生产效率高的企业依然能够保持稳定经营。（3）转型。随着现有产品的市场利润率下降，有战略眼光的企业经营者将会未雨绸缪，积极开发新产品，开拓新市场，并果断剥离发展前景堪忧的现有业务，促进企业全面转型。

三、生命周期、需求层次与企业社会责任动因

尽管企业是法人组织,但其生产经营决策是由自然人组成的管理层作出,且企业往往需要经历投入期、成长期、成熟期、衰退期的生命周期,而处于不同生命周期的企业正如处于不同人生阶段的自然人一样,需求层次也会有着极大差异。因此,可以结合艾迪斯的企业生命周期理论和马斯洛的需求层次理论,根据不同生命周期企业的需求层次差异,分析企业履行不同社会责任项目的内在动因。图2-3是基于生命周期和需求层次的企业社会责任分布。

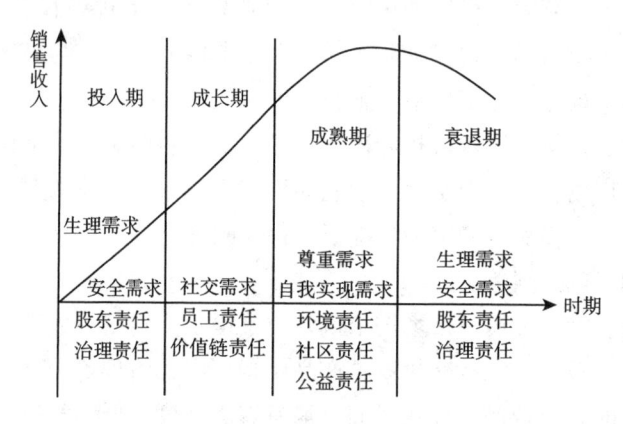

图2-3 基于生命周期和需求层次的企业社会责任分布

(一)投入期的企业社会责任动因

投入期企业由于刚刚设立,需要有大量的资本投入,但销售收入增长却是一个相对缓慢的过程,对企业来说最主要的需求是生理需求和安全需求。对于自然人而言,生理需求是维持自身生存所必需的基本需求;同样的,对于拟人化的企业法人来说,生理需求是维持企业可持续经营所必需的基本需求。一方面,企业需要加大市场营销力度,使更多消费者接受企业产品,树立和培养企业品牌价值,加强产品质量监控,提高产品市场美誉度。另一方面,由于投入期的经营成本要远大于销售收入,此时营业利润往往为负,企业在想方设法提升销售收入的同时,也必须严格控制成本开支,尽可能地降低投入期的亏损水平,尽快实现扭亏为盈。此时,从履行社会责任的角度来讲,企业正在积极主动地履行股东责任。股东责任的核心在于实现股东价值最大化,在生产经营过程中主要表现为实现企业利润总额最大化。可见,处于投入期的企业,对于如何保持可持续经营,以及在激烈市场竞争中存活下来的生理需求,推动着企业积极履行股东责任。

安全需求是投入期企业的另一重要需求类型。对自然人而言，安全需求是保持自身生命和财产安全的内在需求；对企业而言，安全需求则是维持企业组织生命和财产安全的内在需求。维持企业组织生命的关键点在于实现盈亏平衡，投入期企业需要大量的成本投入，此时在不断拓展销售收入的同时，如何最大限度地提升企业资源使用效率，花更少的成本投入做更多的事情，显然成为投入期企业必须着重考虑的事情。维持企业财产安全主要体现在两个方面：一方面是企业生产经营过程中不要发生财产损失，即加强企业资产的安全管理；另一方面是保护企业的财产不被内部或外部其他主体侵占，即加强企业资产的产权管理。尤其是后者，企业在生产经营过程中总会存在第一类和第二类代理问题。第一类代理问题是指由于企业所有权和经营权分离，导致管理层通过超额在职消费、过度扩张等方式，侵占或损害股东利益。第二类代理问题则是指由于控制权与现金流权的高度不匹配，大股东通过关联交易、资金占用、贷款担保等方式侵占中小股东利益。显然，对于投入期企业而言，基于安全需求的内在强烈驱动力，促使企业不断加强内部控制，提高企业治理水平，进而提升企业资源使用效率，维护企业资产安全，防范代理问题出现，从根本上提升资本和劳动生产要素的组织效率，推动企业自发主动地履行治理责任。

(二) 成长期的企业社会责任动因

成长期是一家企业在经历投入期以后，通过提高盈利能力和利润留存能力，形成竞争优势和可持续发展潜力的关键时期。此时企业不仅要修炼基于生理需求和安全需求的内功，更要基于社交需求来加强与内部员工和价值链上各方主体的互惠协作，助推企业全面发展。对自然人而言，社交需求是建立与外界情感联系的需求；对企业而言，社交需求则是加强与员工和价值链上各方主体协作联系的需求。

一方面，员工是提升企业生产效率的关键因素。企业需要建立合理规范且有竞争力的薪酬体系，并使员工充分了解企业的薪酬制度，获得与其工作成效相匹配的报酬水平。当然，薪酬激励只是提高员工工作积极性的基础条件，企业还需制订员工长期培训计划、加强员工关爱，建设企业文化，使员工愿意并且有能力为企业长远发展提供人力资源支撑。在此过程中，企业为了自身成长而对员工提供的各方面努力，从企业社会责任角度来看，显然也是在积极主动地履行员工责任。

另一方面，成长期企业为了获得稳定发展，亟须理顺企业价值链上各方主体间的关系，包括企业与上游供应商、下游客户、终端消费者以及债权人之间的协作互动关系。成长期企业的一个重要特点是销售收入快速增长，企业除了需要加强内部治理、提高生产效率外，还需要理顺与上游供应商之间的协作关系，既要控制好原材料的库存水平，又要保证原材料供应量能时刻满足产量增长需求。企业需要通过集成一体化的 ERP 供应链管理系统加强与上游供应商协作，并在各项经营决策中积极维护供应商利益。对绝大多数生产型企业而言，并不直接面向终端消费者，而是通过下游客户将自己的产品供应给终端消费者。对于成长期企业而言，为了获得并维护不断增长的销售收入，必须处理好与下游客户之间的协作关系，为下游客户的市场拓展提供多方位支持，并积极通过下游客户获取终端消费市场的变化趋势信息，形成企业与下游客户的利益共同体。

此外，终端消费者位于企业价值链末端，其规模增长和消费习惯的形成，是企业顺利度过成长期的关键。对企业而言，除了加大市场推广力度外，更重要的是充分了解终端市场的消费者偏好，在控制生产成本的同时保证产品质量，在终端消费市场构筑企业品牌美誉度，形成具有较高忠诚度的消费市场群体。最后，债权人也是企业价值链上的重要一环，尤其是处于高速成长期的企业，为了快速占领产品市场而投入大量固定资产，势必需要通过向债权人借款等途径筹集资金，并在各项经营决策中充分考虑债权人的利益诉求。可见，成长期企业基于销售收入高速增长的现实需要，必须加强与上游供应商、下游客户、终端消费者和债权人的沟通协作，从需求层次角度来说是具有强烈的社交需求，而这也推动着企业在经营决策过程中充分考虑价值链上各方主体的多层次利益，主动履行企业社会责任中的价值链责任。

（三）成熟期的企业社会责任动因

成熟期企业的最大特点是"稳"，具有稳定的销售规模和市场利润，生产经营决策的最大诉求也是"稳"，在稳定的销售规模条件下最大限度地获取稳定的市场利润，并尽最大可能延长成熟期期限。同时，与处于其他生命周期阶段的企业相比，成熟期企业不会充斥着对市场份额增长的焦虑感，并以较为丰厚的利润积累为基础，逐渐产生较高层次的尊重需求。对自然人而言，尊重需求是个人能力被社会认可，受到其他社会成员尊重的需求；对企业而言，尊重需求则是企业能力被社会认可，受到其他个人、企业和政府部门尊重的需求。企业可以通过自然生态环境和人文社区环境等方面的努力来获取社会尊重。

就自然生态环境而言，许多生产型企业自身可能就是环境污染物排放主体。而随着我国经济发展水平的提高，公众对于环境污染的容忍度在逐渐降低，对于美好生态环境的诉求越来越强烈。在此背景下，污染型企业往往受到社会公众、新闻舆论的更多批评，甚至当污染事件暴发时，污染型企业受到的社会形象冲击尤为激烈。例如，每当冬季雾霾严重时，大规模排放大气污染物的企业往往受到诸多指责。因此，基于满足尊重需求的内在动力，处于成熟期的污染型企业更乐于通过采取节能减排措施，降低环境污染物排放水平，让社会公众更多地看到企业在生态环境保护上作出的努力，积极改变和提升企业自身形象。此外，由于我国当前正处于经济转型期，生态环境水平与居民生活水平高度不匹配，基于社会公众对生态环境治理的高度关切，即使是污染型企业之外的其他企业，为了获得社会公众的认可和尊重，也都不约而同地在生态环境保护方面贡献企业力量。例如，积极使用可循环原材料、使用太阳能等新能源、设立环境保护基金等。此外，近年来企业对于环境问题的关注，还不仅仅局限于环境保护本身，而是将关注点放在了气候变迁、生物多样性等更加宏大的主题上。可见，成熟期企业基于尊重需求的内在驱动，将积极主动地履行包括生态环境保护、气候稳定、生物多样性等诸多环境责任。

就人文社区环境而言，由于企业生产办公地点位于特定社区，包括企业高管、普通职员在内的所有员工，都需要和社区内其他成员打交道，获得来自社区成员对于企业评价的反馈。因此，为了获得更多更为直接的社会尊重体验感，成熟期企业总会积极投入到社区活动中，构建和谐融洽的人文社区环境。例如，部分企业定期举办社区居民参观活动，优先为社区成员提供就业机会，当企业相关投资决策预计会对社区环境造成影响时，积极倾听社区成员反馈。此外，向所在地税务部门依法缴纳税款，也是企业积极履行社区责任的重要内容。对处于投入期和成长期的企业来说，生存需求、安全需求等低层次需求是主要需求，此时很多企业往往会忽略依法纳税的重要性，而倾向于通过激进避税来保留更多税后利润。但是，成熟期企业较少受到生存问题困扰，业务和现金流都非常稳定，此时基于强烈的尊重需求，企业会更加积极主动地依法纳税，偷逃税款的企业不会得到社会尊重，这几乎已经成为社会共识。

可见，成熟期企业具有稳定的生产经营业务，在较为充裕的现金流支持下，期望受到其他社会主体的尊重，并在尊重需求的内在驱动下积极履行环境责任和社区责任。此外，部分企业还会产生自我实现需求。对自然人而言，自我实现需求是最大限度发挥个人才能，实现人生理想的需求；对企业而言，则是实现企业社会价值最大化，将企业价值统一于社会价值之中。当然，尽管成熟期企业的充裕现金流为企业产生自我实现需求提供了物质基础条件，但企业产生自我实现需求更多的是取决于实际控制人和高管群体的道德情操。因此，自我实现需求更多地出现在成熟期企业，而投入期、成长期企业基于实际控制人和高管群体的个体特征，也可能会产生自我实现需求。自我实现需求驱动企业积极履行公益责任，并不会给企业带来直接的利益流入，且受益单位或个人与企业可能相隔千里，但企业通过履行公益责任而获得自我价值实现的体验感，以及由此塑造的企业社会形象光环，则是企业履行其他社会责任项目所难以达到的。

（四）衰退期的企业社会责任动因

衰退期企业面临的最大问题就是生存危机：如何尽可能地维持销售收入稳定，或者寻找突破口，实现企业成功转型，成为衰退期企业关注的头号问题。因此，衰退期企业的需求将重新退化到生存需求和安全需求，毕竟如何在衰退进程中维持企业生存并获得安全，是企业不得不面对的问题。由于衰退期由成熟期演化而来，当企业经历稳定的利润获取阶段后突然出现经营利润持续下滑，乃至由持续盈利转为持续亏损，企业将不得不把全部注意力集中于利润改善，主动履行股东责任。此外，经历较长成熟期的企业，往往在内部治理上相对于投入期、成长期企业来说会更加放松，而为了避免衰退期带来的生存危机，管理层也将更多地从内部治理角度改进各项工作，进而主动履行治理责任。

基于上述分析可见，当对企业从不同生命周期进行需求层次分类后，投入期、成长期、成熟期和衰退期企业的需求差异较大，而需求差异也正是推动不同周期企业履行不同社会责任项目的内在动力。不过需要指出的是，企业作为法人组织，作出最终决策的依然是作为自然人的实际控制人和高级管理层，而人类活动本身具有高度复杂性。因此，上述不同生命周期企业的需求层次划分并不绝对，特定周期企业存在主导需求类型，而受到企业自身特征和决策者个人因素等影响，在主导需求之外还会存在次要需求。例如，投入期企业把主要精力放在履行股东责任上，但也可能由于企业决策者本身具有较高的觉悟和思想道德情操，企业也会履行社区责任和公益责任，但如果将这些社会责任项目进行比较，那么股东责任显然仍会是投入期企业的主导社会责任项目。

第三节　企业社会责任的影响因素分析

如上所述，处于不同生命周期阶段的企业，主导需求层次类型不尽相同，决定了不同生命周期企业履行社会责任项目也各不相同。此外，除需求层次的内在动因外，企业社会责任水平还将受到宏观、中观和微观层次的多方面影响。

一、宏观因素

经济发展水平是影响企业履行社会责任的重要宏观因素。企业生存在特定的宏观经济环境中，其生产经营决策逻辑也必然受到宏观经济环境影响。当一国经济处于起步阶段时，资本市场、要素市场和产品市场都处于相对紧缺阶段，企业生产经营决策目标是生产出更多的产品来满足市场需求，从而使企业履行更多的股东责任和治理责任。随着宏观经济发展，资本市场、要素市场和产品市场也都开始逐渐饱和，企业需要将更多精力放在供应商关系协调、员工积极性调动、消费者忠诚度培育等社会责任项目上，以创造更多的市场竞争优势，在市场竞争环境中保持企业优势地位。当经济发展达到相对发达水平后，资本市场、要素市场和产品市场的供给往往过剩，而需求端却呈现总量稳定、结构分化、偏好多样等特征，社会公众对于企业也有了更多期待，这也督促企业不得不通过履行环境责任、社区责任、公益责任等方式，树立起良好的企业社会责任形象，并以此建立本企业相对于其他企业的独特标识，在激烈市场竞争环境中保持战略领先地位。

自然生态环境是影响企业履行环境责任水平的重要宏观因素。随着社会经济发展，人类对自然生态环境的索取越来越多，包括矿产资源、石油资源、生物资源等，同时对自然生态环境的破坏也越来越严重，生活和生产活动都伴随着排放大量废气、废水和固体废弃物，导致陆地、海洋以及大气生态环境呈现不同程度的恶化。但是，当社会经济发展到一定程度后，人类不再局限于满足物质生活条件，对于美好生态环境的诉求也会越来越强烈。因此，不同地区的自然生态环境差异也影响着企业的环境责任履行水平。例如，我国北方地区冬季雾霾问题往往比较严重，废气污染企业围绕社会公众对于清洁空气的诉求，重点履行废气污染治理方面的环境责任，采用新生产工艺、新环保设备等降低废气污染物排放规模，积极参加大气污染治理相关的公益组织和活动。相反，大气污染问题相对较轻的南方地区企业，对于大气污染治理的关注也就相对较少，而会关注企业所在地可能存在的其他环境问题。

政府政策所形成的外部政策环境，对企业履行社会责任也有着重要影响。我国政府为了引导企业更多地履行社会责任，一方面通过制定社会责任信息披露制度，促使企业将自身社会责任履行情况披露给资本市场和社会公众,对社会责任水平较低的企业带来社会舆论压力,对社会责任水平较高的企业给予更好的市场反馈。另一方面,我国政府也制定了大量规范和激励企业履行社会责任的法律法规。例如,为了引导企业履行员工责任,我国制定了《劳动法》《劳动合同法》等法律,为维护劳动者权益提供制度保障。同时,为了鼓励企业雇佣残疾人并给残疾人提供合理的工资报酬,制定了企业所得税优惠政策:企业安置残疾人员的,在按照支付给残疾职工工资据实扣除的基础上,可以在计算应纳税所得额时按照支付给残疾职工工资的100%加计扣除。我国政府为了督促企业履行环境责任,除了建立排污权交易制度、开征环境保护税,对燃油、木地板、电池等开征消费税等规制性措施外,还通过制定相关税收优惠政策,引导企业积极履行环境责任。例如,企业所得税政策规定,企业购置并实际使用环境保护、节能节水、安全生产等专用设备的,该专用设备投资额的10%可以从企业当年的应纳税额中抵免,当年不足抵免的,可以在以后5个纳税年度结转抵免。除了员工责任、环境责任之外,我国政府围绕其他企业社会责任项目也都制定了大量规范制度和激励政策,为企业履行社会责任建立了良好的外部政策环境,推动我国企业积极主动履行社会责任。

公民权利意识的觉醒和提高是推动企业履行社会责任的又一重要宏观因素。企业作为法人组织,其存在的根本理由是通过开展生产经营活动,在为股东创造价值的同时,也促进社会整体福利水平的提高,企业应自觉地将生产经营决策与社会福利水平最大化相统一。公民权利是公民在政治、经济、文化、人身等方面所享有的基本权利,社会福利水平的提升也就意味着公民权利的充分保障和实现。对于公民来说,拥有不受污染的自然生态环境、良好的工作环境、公平公正的工作待遇等,都是其基本公民权利的体现。当公民权利意识比较薄弱时,企业积极履行社会责任并不会带来有效的市场反馈,那么企业将会发现,积极履行社会责任需要付出大量成本,收益却难以与成本相匹配,社会责任履行意愿也就随之降低。但是,当公民权利意识普遍提升后,企业履行社会责任将会获得市场的积极反馈,也会进一步激励企业更多地履行社会责任。

二、中观因素

影响企业社会责任的中观因素主要包括企业所处的行业异质性和地区异质性两个方面。不同行业履行社会责任的侧重点往往差异较大,例如,原环保部2008年发布的《上市公司环保核查行业分类管理名录》,将火电、钢铁、水泥、电解铝、煤炭、冶金、建材、采矿、化工、石化、制药、轻工、纺织、制革等14个行业界定为重污染行业，其主要特征是自然资源消耗量大，废水、废气、固体废弃物排放量大，生产经营活动对自然生态环境的影响较为严重。重污染企业为了消除自身环境污染行为给企业形象带来的负面影响，会在生态环境保护方面做出更多努力。例如，积极开展科技创新活动，研发新技术、新产品、新工艺，降低企业的自然资源依赖性，以较少的自然资源投入获得更多的产品产出，同时投入资金建设污染净化设施等，降低污染物排放规模和强度。总之，污染型企业由于自身行业特性，会在环境污染治理方面付出更多努力，重点履行环境责任。此外，污染型企业为了淡化社会公众对其污染属性的不良印象，还会积极履行价值链责任、社区责任、公益责任等，在企业社会责任履行项目上呈现多样化特征。但是，与此相反，食品、饮料等许多直接面向终端消费者的行业，由于消费者决策对企业生产经营业绩有着决定性影响，企业往往会把价值链责任、社区责任等作为履行社会责任的重点，从而助推企业经营业绩增长。

企业所处地区不同而形成的生存环境差异，是影响企业社会责任履行的另一中观因素。我国作为单一制国家，立法权由中央高度统一，各地区的法律制度本身具有较高的一致性。但是，由于我国幅员辽阔，各地区的自然人文环境差异极大，法律制度在各地区的实施情况也各不相同，从而形成了明显的地区法制环境异质性。例如，由我国全国人大常委会审议通过的《环境保护法》是一部在全国范围内实施的法律规范，从中央到地方也都依法设立了各级环境保护部门，但由此形成的各地区环境保护执行力度却差异巨大。在地方政府环境污染容忍度较高的地区，企业基于环境污染行为低成本、高收益的预期，往往不会在生态环境保护上承担太多责任，反而纵容自身的环境污染行为，以环境为代价换取更多利益。但是，在环境污染惩处力度较高的地区，企业对于环境污染行为具有"谁污染、谁治理"的预期，不仅要承担环境污染治理成本，还会由于污染排放行为而损害企业市场形象，促使企业基于当地法制环境而选择更多地履行环境责任。此外，地方政府的特定政策导向，也会对辖区内企业的社会责任行为产生影响。例如，浙江省政府制定的"五水共治"政策，在浙江省范围内推行治污水、防洪水、排涝水、保供水、抓节水的治理工作，引导着浙江省内企业开展更多的污水治理工作，承担更多的环境责任。

三、微观因素

企业内部治理机制、高管特质、股权结构等诸多因素，是影响企业社会责任决策的重要微观因素。根据我国 GB/T 36000-2015《社会责任指南》以及本书对于企业社会责任内容的界定，治理责任本身也是企业社会责任的重要组成部分，而企业履行治理责任的主要路径是形成完善的内部治理机制。但是，企业社会责任的内容层次丰富，完善的内部治理机制既是企业履行社会责任的体现，同时也会对企业履行股东责任、员工责任、价值链责任、环境责任、社区责任、公益责任等产生重要影响。一方面，履行某些社会责任项目是为了满足法律制度要求。例如，企业根据最低工资制度提高基层员工工资水平，根据环境保护制度对污染物进行达标处理，根据税收法律法规依法缴纳税款等，都是在遵守我国既定的法律制度规范。另一方面，大部分社会责任项目实际上都超越了法律制度基本要求。例如，企业为员工提供有竞争力的薪酬体系，致力于生物多样性，开展公益捐赠等，实际上都超出了法律制度要求。内部治理机制对于企业履行上述两类社会责任项目都有重要影响。对于满足法律制度要求的社会责任项目，如果没有完善的内部治理机制，那么在实际控制人或管理层缺乏内心道德约束的情况下，企业可能会不顾法律制度的约束，作出违背法律法规的决策。例如，克扣员工工资、偷排环境污染物、偷税漏税等行为。相反，如果企业具有较为完善的内部治理机制，那么相关行为在决策阶段就能够被反复讨论和论证，不合理的行为决策将被抛弃，促使企业不得不制定满足法律制度要求的社会责任决策。对于超越法律制度要求的社会责任项目，更多地依赖于不同生命周期阶段企业的内在需求驱动，而法人组织不同层次内在需求的产生，深受企业内部治理机制的影响。完善的内部治理机制促使企业的各项决策都以股东利益最大化为出发点，同时在实现社会福利最大化目标上也会发挥一定的作用，从而全面推进企业履行社会责任。

企业社会责任决策最终由自然人作出，高级管理层的个人特质对于企业社会责任履行的影响更为深远。从广义上讲，企业的董事、监事和高管都属于高级管理层范畴，高管个人特质可以从诸多方面进行考量，包括性别、教育水平、工作经历、童年经历、政治身份等，都会对企业社会责任决策产生特定影响。例如，女性高管往往具有更多的同情心，更愿意为提高社会福利水平做出努力，尤其是帮助社会弱势群体。因此，女性高管占比高、任职职位高的企业，在履行员工责任、社区责任、公益责任等方面会更加积极。具有较高教育水平的高管，在接受教育过程中不仅在知识体系、能力素养等方面得到提升，思想、政治、道德水平等也都会相应有所提升，尤其是国内教育体系将思想政治课程作为本科、硕士、博士阶段的必修课程，也将有效助推企业作出履行更多社会责任的决策。高管工作经历则会涉及方方面面的内容。例如，财务工作经历、税务工作经历、科技研发经历等，对于高管个人成长来说都是非常重要的职业经历，也都将对高管的企业社会责任偏好和决策逻辑产生重要影响。此外，包括高管童年是否经历大饥荒、是否具有党员身份、是否担任各级人大代表或政协委员等，也都会对企业社会责任决策产生影响。

最后，股权结构也是影响企业社会责任的重要微观因素。企业股权结构可以从量和质两个维度进行分析，量的维度主要是指企业股权在数量关系上体现的结构特征，包括股权集中度、股权制衡度等。股权集中度越高则表明大股东在企业治理中的发言权和决定权越大，一方面可以更好地发挥高道德水平的大股东对于推进企业履行社会责任的决定性作用，另一方面对于心存私念的大股东来说，也将更加容易地实施掏空企业、攫取中小股东利益的行为。股权制衡度反映的是企业大股东之间相互制衡程度，较高的股权制衡度意味着其他大股东能更好地制衡第一大股东，有利于防止大股东掏空行为的发生，助推企业更好地履行社会责任。质的维度则是指企业股权在产权属性上体现的结构特征，企业控股股东产权属性包括自然人、国有企业、私营企业、外资企业等，不同股东类型对企业社会责任决策也会产生重要影响。

第三章 中国企业社会责任披露与履行现状

第一节 中国企业社会责任披露规范

进入21世纪后,在中央政府、地方政府和自律性组织三个层面的共同推动下,中国企业社会责任披露规范逐渐建立并得到完善,本书从这三个层面总结分析我国企业社会责任披露规范的发展脉络和现状。

一、中央部委制定的企业社会责任披露规范

我国政府高度重视推动企业履行社会责任,并将企业社会责任披露要求反映在一系列规范性文件中。以财政部、国资委、商务部、工信部等为代表的中央部委,为推动建立企业社会责任披露制度出台了大量规范性文件,它们也成为地方政府和自律性组织制定和引导社会责任披露的指南。在企业社会责任披露政策制定和实施过程中,中央部委主要注重企业社会责任的宣传与推广、法律责任、政策与社会环境塑造、沟通与合作等工作内容的推进。近年来,中央部委在企业社会责任披露政策责任承担、引导实施、监督管理等方面的能力持续增强(邵邦等,2015)。由中央部委制定的与企业社会责任披露相关的规范性文件如表3-1所示。

表3-1　　　　　中央部委制定的企业社会责任披露规范

年份	中央部委	CSR披露规范	主要内容
2006	财政部	《企业会计准则》	包括基本准则、具体准则和应用指南三个方面内容,指出企业需要披露与发行股票、债券等相关信息的社会责任
2007	中国银行业监督管理委员会	《关于加强银行业金融机构社会责任的意见》	加强银行业金融机构的社会责任感,要求银行业阐述履行社会责任的理念,明确在利益相关者保护、公共权益保护方面的措施和责任

续表

年份	中央部委	CSR 披露规范	主要内容
2008	国有资产监督管理委员会	《关于中央企业履行社会责任的指导意见》	涉及中央企业履行社会责任的指导思想、总体要求和基本原则等内容，明确了中央企业履行社会责任的主要措施，加强央企的社会责任意识
2009	商务部	《外资投资企业履行社会责任指导性意见》	强化外资企业的社会责任意识，从保障权益、企业诚信、保护环境、构建社会和谐等方面，确定外资企业履行社会责任的指导意见
2010	人力资源和社会保障部	《关于深入推进集体合同制度实施"彩虹"计划的通知》	要求注意劳工关系保护，致力于解决实践中存在的不同地区之间工作进展不平衡、地区集体合同制度覆盖面不够广、协商机制不完善以及实效性不够强等问题
2011	民政部	《中国慈善事业发展指导纲要》	要求企业大力发展慈善事业；推动建设和谐社会，并指出自愿和公开是发展慈善事业的两大基本原则
2011	国有资产监督管理委员会	《中央企业"十二五"和谐发展战略实施纲要》	激发央企履行社会责任的活力，要求维护职工合法权益，促进职工与企业共同发展，同时加强安全生产工作，保障员工职业健康
2012	中国银行监督管理委员会	《绿色信贷指引》	响应监管政策与产业政策要求，推动银行业金融机构调整信贷结构，防范环境与社会风险，更好地服务实体经济，促进经济发展方式转变和经济结构调整
2013	商务部	《对外投资合作环境保护指南》	指导我国企业在对外投资合作中进一步规范环境保护行为，引导企业积极履行环境保护责任，推动对外投资合作可持续发展
2014	商务部	《境外投资管理办法》	要求投资境外企业遵守投资目的地法律法规、尊重当地风俗习惯，履行社会责任，做好环境、劳工保护、企业文化建设等工作，促进与当地的融合
2014	工商总局	《网络交易平台经营者履行社会责任指引》	规范网络商品交易及有关服务行为，引导网络交易平台经营者积极履行社会责任，保护消费者和经营者的合法权益，促进网络经济持续健康发展

续表

年份	中央部委	CSR 披露规范	主要内容
2016	工业和信息化部	《电子信息行业企业社会责任指南》	提高电子信息行业企业社会责任意识和社会责任管理能力,推动企业在创新发展、节能环保、诚信经营、和谐用工、社会公益等方面履责尽责
2017	工业和信息化部	《电子信息行业社会责任治理评价指标体系》	秉承创新、协调、绿色、开放、共享的新发展理念,立足制造强国和网络强国战略大局,加快推进电子信息行业社会责任建设
2017	商务部	《中国外商投资企业社会责任报告编写指南》	筛选出更加符合外资企业社会责任履责重点和特征的40个核心指标,涵盖责任治理、合规、本地贡献、客户、供应链、环境、员工、社区8大议题

二、地方政府制定的企业社会责任披露规范

地方政府推进企业社会责任披露制度建设,实现区域内自然、经济与社会协调发展,从而促进地区综合竞争力提升。与传统单纯的经济竞争力相比,综合竞争力更注重自然环境与经济发展的同步协调,更符合绿色发展的新理念。因此,地方政府鼓励企业积极履行社会责任,强调企业披露社会责任信息。与中央部委出台的政策规范相比,地方政府制定的企业社会责任披露规范更加符合地方实际,具体措施也更适合落地执行。由地方政府制定的企业社会责任披露规范如表3-2所示。

表3-2　　　　地方政府制定的企业社会责任披露规范

年份	地方政府	CSR 披露规范	主要内容
2007	上海浦东新区	《浦东新区推进企业社会责任导则》《企业社会责任评估体系》	从"维权敏感性、环境敏感性、诚信敏感性、和谐敏感性"四个方面构建三级企业社会责任标准,包含劳动保障等约束性指标和企业文明等倡导性指标
2007	广东省深圳市	《关于进一步推进企业履行社会责任的意见》《深圳市企业社会责任评价准则》	激励和推动企业引入社会责任理念,实施社会责任管理,履行社会责任,推动企业诚信经营和持续发展

续表

年份	地方政府	CSR披露规范	主要内容
2008	山西省	《山西省工业企业社会责任指南》	明确企业履行社会责任的指导思想、基本原则、主要内容、组织实施方法等,指出企业社会责任的六大主要内容
2008	江苏省无锡市	《企业社会责任体系建设三年(2008~2010年)行动纲要》	规范无锡市企业社会责任评价工作,成为无锡市企业社会责任的行动指南,推动无锡企业履行社会责任
2008	浙江省	《浙江省人民政府关于推动企业履行社会责任的若干意见》《浙江省企业社会责任指导守则》	强化浙江企业的社会责任感,引导企业注重公益与慈善活动、诚信经营、保障劳工权益、为消费者提供优质商品、注重节约资源和保护环境等
2009	陕西省	《陕西省工业企业社会责任指南》	建立企业履行社会责任并发布社会责任报告机制,加强引导和监督,为企业自主履行社会责任营造良好环境
2009	山东省	《全省企业社会责任评价试点工作方案》	完善省内企业社会责任的评价体系,建立专业协会,与地方政府合作开展企业社会责任评价工作机制
2010	海南省	《海南省企业社会责任行动纲要》	通过定期编制和发布企业社会责任报告,形成公开透明的自我约束机制和社会监督机制,提升海南省企业的影响力和声誉
2011	上海浦东新区	《浦东新区加快推进建立企业社会责任体系三年行动纲领(2011~2013)》	详细规定企业社会责任达标评估工作的原则、申请条件、优惠政策等,要求企业积极参加相关工作,建立社会责任信息披露机制
2014	山东省	《企业社会责任指标体系》	在全国率先指导企业披露社会责任履行信息,为企业履行社会责任制度的大范围推行奠定基础
2015	广东省深圳市	《关于进一步促进企业社会责任建设的意见》《企业社会责任要求》《企业社会责任评价指南》	积极引导和鼓励企业认真履行社会责任,进一步增强社会发展活力,提升经济社会发展质量

续表

年份	地方政府	CSR 披露规范	主要内容
2016	河北省	《河北省促进企业履行社会责任的指导意见》	引导和鼓励企业转型和发展绿色生产，提供安全生产和质量保障，投身社会公益和慈善事业
	北京市	《关于市属国企履行社会责任的指导意见》	确定北京市属国企履行社会责任的五项基本原则和三个具体目标，并明确履行社会责任的五条基本措施
	上海市	《关于本市国有企业更好履行社会责任的若干意见》	提出国有企业履行社会责任的总体要求和四个基本原则，即坚持深化改革、发展优先，坚持以人为本、和谐共赢，坚持立足实际、突出重点，坚持融入文化、制度治企

三、自律性组织制定的企业社会责任披露规范

自律性组织一般指行业内为协调内部相关成员关系而成立的自我约束的公约性组织。以证券业为例，自律性组织包括证券交易所和证券业协会。自律性组织的基本功能在于：为成员提供服务，实现组织内部的自律性管理，加强与政府的交流、沟通和合作。当前，自律性组织在中国承担了很多社会性职能，成为推动企业披露社会责任的中坚力量。与各级政府相比，自律性组织是政府职能的有效补充，有自身的专业优势。例如，政府在推进某些行业企业披露社会责任的行动中，会遇到行业定位不准、了解不深等问题，而行业协会可以运用自身信息优势制定相关文件，使企业社会责任披露规范不仅能及时出台，还能有效落地。因此，自律性组织制定的企业社会责任披露规范，是我国现有制度规范的重要补充。自律性组织制定的企业社会责任披露规范如表 3-3 所示。

表 3-3　　　　自律性组织制定的企业社会责任披露规范

年份	自律性组织	CSR 披露规范	主要内容
2005	中国纺织工业联合会社会责任办公室	《社会责任管理体系》	编制中国第一个社会责任管理体系，确保企业履行相应社会责任，实现良性发展的相关制度安排与组织建设

续表

年份	自律性组织	CSR披露规范	主要内容
2006	深圳证券交易所	《深圳证券交易所上市公司社会责任指引》	阐述上市公司社会责任的内容和具体要求,据此明确鼓励上市公司建立和执行社会责任制度,并形成社会责任报告对外披露
2007	中国消费者协会	《良好企业保护消费者利益社会责任导则》	在经营、信息披露、价格、合同、产品、售后服务、纠纷、消费者人格和隐私、消费引导和环保节能等方面对企业提出具体要求
2008	上海证券交易所	《上海证券交易所上市公司环境信息披露指引》	要求上市公司增强作为社会成员的责任意识,在追求自身经济效益、保护股东利益的同时,重视公司对利益相关者的非商业贡献
2009	中国银行业协会	《中国银行业金融机构企业社会责任指引》	从经济责任、社会责任、环境责任三个方面对银行业金融机构应履行的企业社会责任进行阐述,并对银行业金融机构履行企业社会责任的管理机制和制度提出建议
2009	中国工业经济联合会	《中国工业企业及工业协会社会责任指南》	要求工业企业在自律的前提下,建立工业协会社会责任体系,包括社会责任的工作机构、职责任务、管理制度,形成履行自身社会责任和推动企业履行社会责任相协调的组织管理体系等
2010	中国对外承包工程商会	《中国对外承包工程行业社会责任指引》	针对质量安全、员工发展、业主权益、供应链管理、公平竞争、环境保护和社区发展等七个核心议题,对企业履行社会责任提出具体工作要求,明确社会责任管理的要点
2011	中国林业产业联合会	《中国林产工业企业社会责任报告编写指南》	企业承担社会责任是当今世界企业发展的重要时代潮流,从社会责任范围、基本原则等十三个方面制定林产工业企业社会责任报告标准

续表

年份	自律性组织	CSR披露规范	主要内容
2012	中华全国工商业联合会	《中国境外企业文化建设若干意见》	要求我国境外企业认真履行社会责任，造福当地社会，树立中国企业负责任的形象
2017	中国对外承包工程商会	《中国企业境外可持续基础设施项目指引》	要求中国承包商在参与境外基础设施建设时，履行利益相关方原则、全生命周期原则、适应变化原则三大原则
2018	全国工商联合会	《中国民营企业社会责任报告2018蓝皮书》	指出民营企业社会责任发展到新阶段，履行社会责任主体内容由追求守法合规，上升到创造经济社会和环境综合价值，要求民营企业贯彻落实新发展理念

第二节 中国企业社会责任披露情况

根据国泰安数据库2010~2019年上市公司社会责任报告数据，选取披露社会责任较多的六个行业：房地产业、医药制造业、汽车制造业、信息技术服务业、化工业、电力生产和供应业，对它们的社会责任信息进行详细分析。分别从各行业上市公司的研究样本选取、社会责任披露现状和存在的不足三个方面进行分析。

一、房地产企业的社会责任披露情况

（一）样本选择

图3-1显示了2010~2019年我国沪深A股房地产企业社会责任披露数量。可以看到，房地产行业披露社会责任报告的公司数量总体呈上升趋势，其中，2010~2012年的增长较为迅速，从10家跃升至39家，2013年开始增速逐渐放缓。披露社会责任的上市公司数稳步上升，表明企业的社会责任披露意识在逐年增强。

（二）现状分析

房地产企业的社会责任履行情况受到广泛关注，选取2019年披露企业社会责任报告的房地产行业上市公司，在剔除1家ST公司后，共

获得53家样本企业，具体分析我国房地产业的社会责任信息披露情况。分析发现，房地产企业履行社会责任主要集中在股东权益保护、债权人权益保护、职工权益保护、供应商权益保护、客户及消费者权益保护、环境和可持续发展、公共关系和社会公益事业、安全生产内容等八个方面，而涉及社会责任制度建设及改善措施、公司存在的不足等方面的内容较少。图3-2显示了2019年我国沪深A股房地产企业社会责任披露内容。

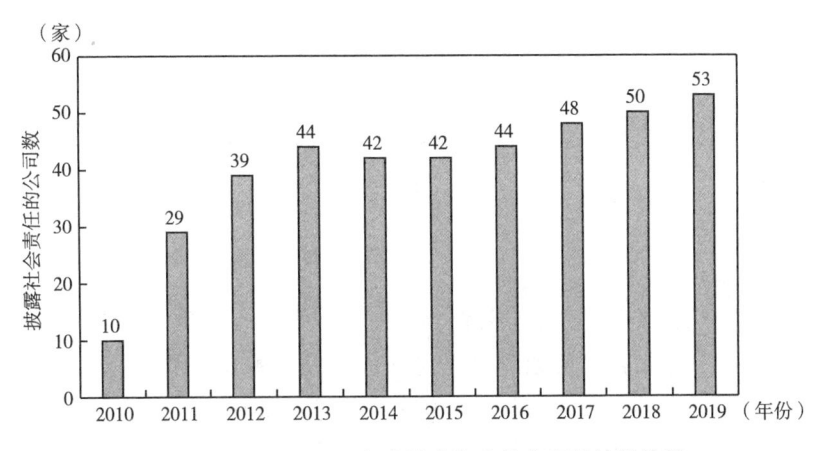

图3-1 2010~2019年房地产企业社会责任披露数量

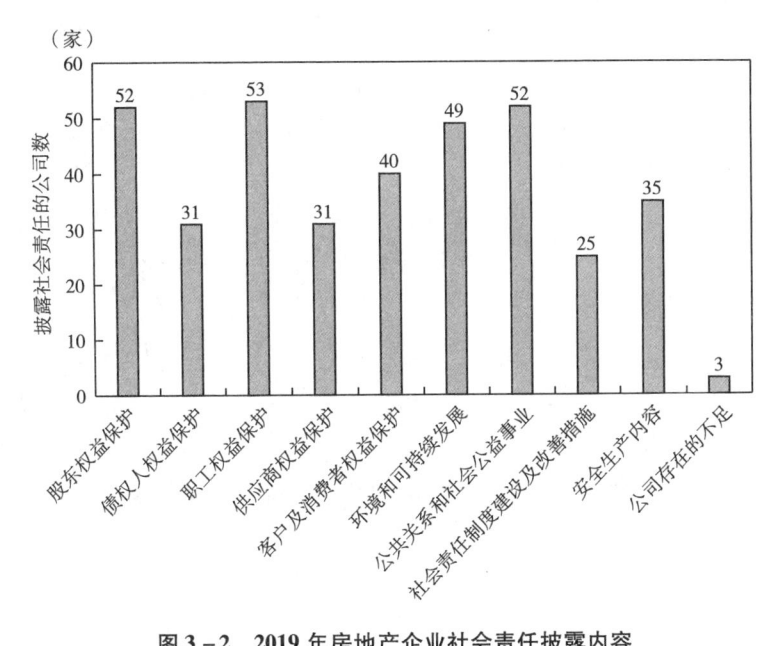

图3-2 2019年房地产企业社会责任披露内容

从样本公司披露的具体内容上看，样本企业均披露了职工权益保护的内容，说明房地产行业上市公司重视维护职工关系、保障职工权益。此外，样本企业披露的内容也较多地涉及股东权益保护、公共关系和社会公益事业、环境和可持续发展。披露公司存在不足的企业仅3家，占比不足全部样本的6%；披露社会责任制度建设及改善措施的企业也不到全部样本的50%。具体而言，房地产企业主要通过优化管理模式及流程创新、费用成本筹划等方式履行治理责任；主要通过新技术及产品应用、原有设施设备改造、参与编制国家和地方工业化标准等方式履行股东责任；主要通过建立合理的供应商选择机制、新签总承包商、新签专业承包商等方式，履行客户责任；主要通过提升客户满意度、客户回访、处理客户投诉等方式，履行消费者责任；主要通过节能及物资再造、绿色三星住宅认证、污染处罚赔偿等方式履行环境责任；主要通过志愿者服务等方式履行社区责任。

（三）存在不足

1. 披露内容不完整。虽然部分房地产企业公布了独立的企业社会责任报告，但总体而言，房地产企业对社会责任信息的披露存在内容偏好，导致其披露信息不完整。2019年的53家样本企业中，只有3家企业披露了现阶段在社会责任承担上的不足之处和未来发展方向，也较少涉及纳税责任等重要责任项目。

2. 缺乏披露动机。在我国众多房地产上市公司中，尽管目前大多数企业披露了社会责任信息，但仍然处于摸索阶段，没有彻底的社会责任意识和健全的社会责任理念，企业社会责任信息的披露情况更多取决于管理层，而非企业制度本身。从样本公司阳光城披露的2019年企业社会责任报告来看，关于捐资支持福建建设、捐款等公益活动内容较多，对企业价值链上其他主体的责任履行情况没有列出，反映了房地产企业在披露社会责任时缺乏积极性。

3. 内容无法量化。从房地产企业披露的信息来看，披露的非数字信息和非会计性信息较多，会计数字信息和量化信息较少，大部分企业的社会责任报告形式为大段的文字总结。通过比较房地产企业社会责任报告的年度间差异，发现部分企业每年披露的社会责任履行情况与上一年大同小异，披露内容过于空洞，流于形式。例如，某些房地产企业披露员工责任履行情况时，涉及工伤数量等量化指标不明确。

二、医药制造企业的社会责任披露情况

(一) 样本选择

图 3-3 显示了 2010~2019 年我国沪深 A 股医药制造企业社会责任披露数量。可以看到，我国医药制造业披露社会责任报告的上市公司数量总体呈上升趋势，从 2010 年的 13 家，增加到 2019 年的 49 家，表明我国医药制造企业承担社会责任的积极性在逐年增强。

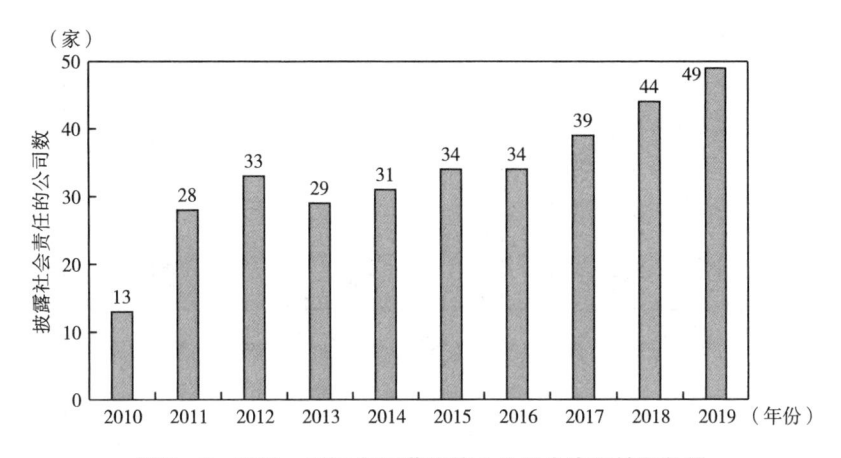

图 3-3　2010~2019 年医药制造企业社会责任披露数量

(二) 现状分析

医药制造企业由于药品安全性和有效性、生产过程对环境的影响等诸多因素，受到社会的广泛关注。医药制造企业积极履行社会责任，是实现企业可持续发展的前提，也是获得品牌效应和核心竞争力的重要支撑。图 3-4 选取 2019 年披露社会责任报告的 49 家医药制造业上市公司，分析我国医药制造企业的社会责任信息披露情况。可以看到，我国医药制造企业披露的社会责任报告信息，主要集中在股东权益保护、债权人权益保护、职工权益保护、供应商权益保护、客户及消费者权益保护、环境和可持续发展、公共关系和社会公益事业、安全生产内容等方面，而涉及社会责任制度建设及改善措施、公司存在的不足等方面的内容较少。

从样本公司披露的具体内容上看，49 家医药制造企业披露环境和可持续发展、公共关系和慈善公益事业方面社会责任信息的企业数量较多，说明企业在履行环境责任、社区责任和公益责任的积极性较高。但是，披露公司存在不足的企业仅 7 家，仅占总数的 14.29%，表明医药制造企业存在规避披露现有不足的问题。具体而言，医药制造企业主要通过申请发

明专利、实用新型专利、外观设计专利等方式履行股东责任；主要通过组织员工培训、提高劳动合同签订率、降低安全事故率等方式履行员工责任；主要通过提高召开供应商大会次数、建立客户响应中心等方式履行价值链责任；主要通过降低工业废水、工业废气排放量等方式履行环境责任；主要通过组织志愿者对周边园地进行清除等方式履行社区责任。

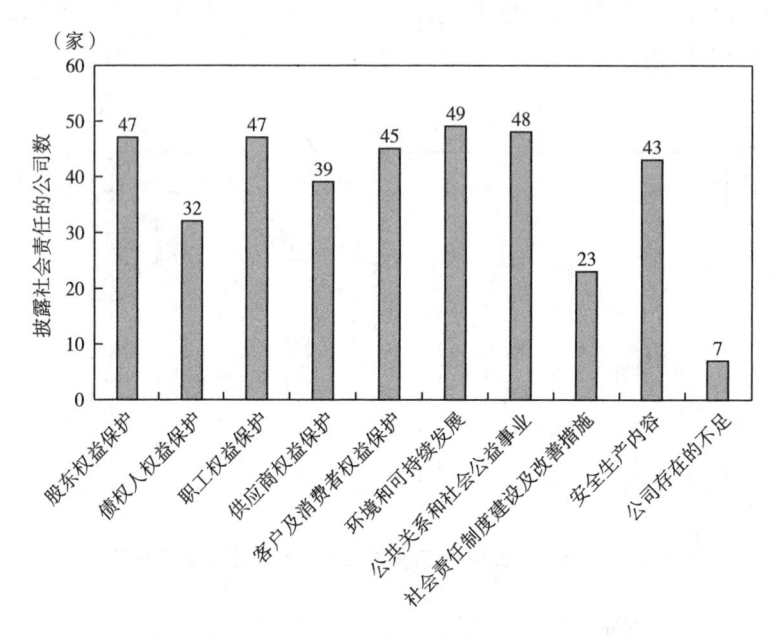

图3-4　2019年医药制造企业社会责任披露内容

（三）存在不足

1. **披露内容片面化**。通过分析医药制造企业的社会责任报告，发现企业在披露社会责任信息时，存在片面披露的问题。例如，一些上市公司在披露新产品研发投入相关信息时，局限于强调新产品的研发投入和收益规模，对于新产品正式投产之前的临床试验结果、前期风险等重要信息避而不谈，导致披露的社会责任信息不完整，影响利益相关者的信息使用效率。

2. **缺乏统一编制标准**。我国政府目前并未出台统一的企业社会责任报告编制指南和准则，导致医药制造企业在编制社会责任报告时缺乏标准。例如，九州通医药企业采用《上海证券交易所上市公司环境信息披露指引》作为社会责任报告编制标准；中国医药集团总公司采用《中国企业社会责任报告编写指南》作为社会责任报告编制标准。

3. **缺乏审核机制**。为了确保社会责任报告的内容客观、真实和准确，企业社会责任报告需要第三方独立审计。从样本企业的社会责任报告来看，部分企业聘请企业社会责任报告评级专家委员会对报告真实性、完整性、可比性、可读性等方面进行审验，或由通标标准技术服务公司进行审验。但是，大部分医药制造企业的社会责任报告都缺少独立的审计和校验机制。

三、汽车制造企业的社会责任披露情况

（一）样本选择

图3-5显示了2010~2019年我国沪深A股汽车制造企业社会责任披露数量。可以看到，我国汽车制造企业披露社会责任报告的公司数量在2010~2013年增长迅速，2013年后趋于稳定，保持在20家左右。

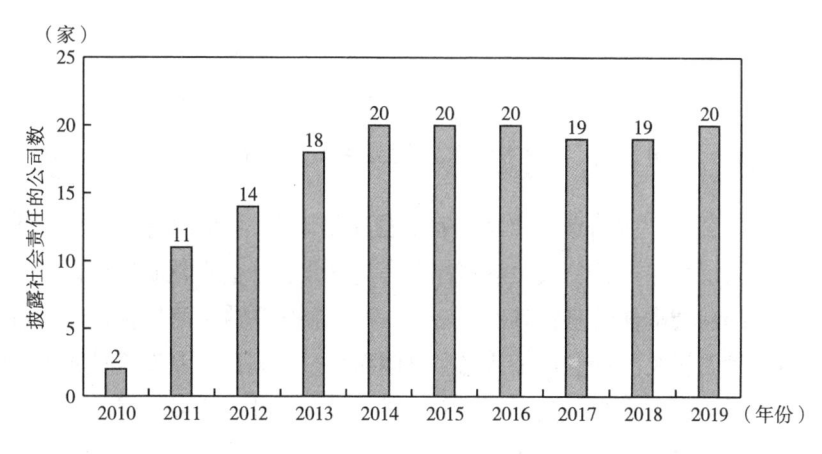

图3-5 2010~2019年汽车制造企业社会责任披露数量

（二）现状分析

近年来，随着我国居民生活水平的不断提高，家庭的汽车需求量日益增加，汽车制造企业的社会责任问题也成为公众关注的焦点。汽车制造企业不仅需要承担员工、股东、债权人等方面的社会责任，还需要重点考虑供应商和环境方面的社会责任。选取2019年披露企业社会责任报告的汽车制造企业共计20家样本，具体分析我国汽车制造企业履行社会责任情况。由图3-6可见，与房地产企业和医药制造企业一致，汽车制造企业的社会责任履行情况也主要集中在债权人权益保护、供应商权益保护、客户及消费者权益保护、环境和可持续发展、公共关系和社会公益事业、社会责任制度建设及改善措施、安全生产内容等方面，涉及股东权益保护、公司存在的不足等方面的内容较少。

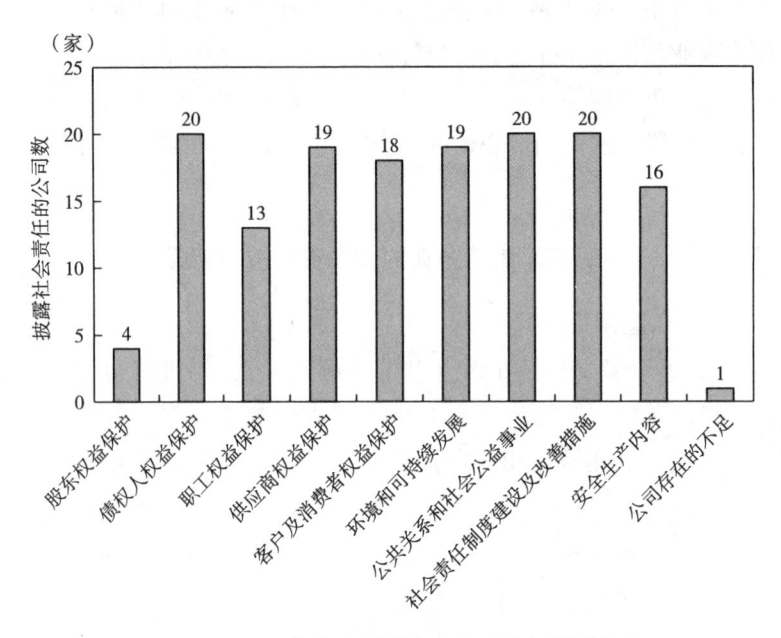

图 3-6　2019 年汽车制造企业社会责任披露内容

从样本公司披露的具体内容来看，首先是 20 家汽车制造企业全都披露了与债权人权益保护、公共关系和社会公益事业、社会责任制度建设及改善措施相关的社会责任信息；其次是有 19 家企业披露供应商权益保护、环境和可持续发展相关的社会责任信息。具体而言，我国汽车制造企业主要通过召开股东大会、董事会、监事会等方式履行股东责任；主要通过为接触职业病危害员工新建或更新《职工个人职业健康监护档案》、健康宣传教育、降低生产安全事故等方式履行员工责任；主要通过机体产能增长、缸盖产能增长等方式履行供应商责任；主要通过降低重大质量事故次数等方式履行客户与消费者责任；主要通过降低原煤、水、电等能源消耗总量方式履行环境责任；主要通过为受灾群众捐款、提供医疗设备等方式履行公益责任。

（三）存在不足

1. 社会责任意识淡薄。汽车制造企业对于外部利益相关者的重视程度，会影响企业社会责任承担水平，并推动企业披露相关社会责任信息。当前，汽车尾气排放造成的环境污染问题、汽车产品自身品质、是否存在安全隐患等方面，都是社会公众非常关注的内容，但样本公司披露此类相关信息非常少，表明汽车制造企业在承担此类社会责任方面意识淡薄。

2. 信息披露成本高。由于我国缺乏统一的社会责任信息披露标准，导致汽车制造企业在披露社会责任信息时缺乏有效的执行依据。例如，汽车制造企业为了获得社会责任收益方面数据,在使用声誉评分法获取有关资料时,会受到选用评分指标以及参与者主观倾向的影响。企业为了克服个体偏差而不得不增加样本数量,进而导致信息获取成本增加,可操作性降低。由于社会责任在内容确认和计量方面的困难,在一定程度上提高了汽车制造企业的信息披露成本,减弱了社会责任信息的披露成效。

3. 信息披露不全面。部分汽车制造企业在披露环境和可持续发展信息时,未能披露排放废水、废气的具体数值,而只是笼统地提到比上一年有所下降。在安全生产内容的披露上,侧重于组织员工安全生产培训与考试通过率,关于安全生产事故的发生数量则较少披露。这将直接导致利益相关方在阅读社会责任报告时,无法获得全面有效的信息。

四、信息技术服务企业的社会责任披露情况

(一) 样本选择

图 3-7 显示了 2010~2019 年我国沪深 A 股信息技术服务企业社会责任披露数量。可以看到,信息技术服务企业披露社会责任报告的公司数量在 2010~2017 年呈稳步上升趋势,从 6 家上升至 28 家,尽管 2018 年有所回落,但 2019 年又上升至 30 家。总体而言,我国信息技术服务企业承担社会责任的积极性在持续增强。

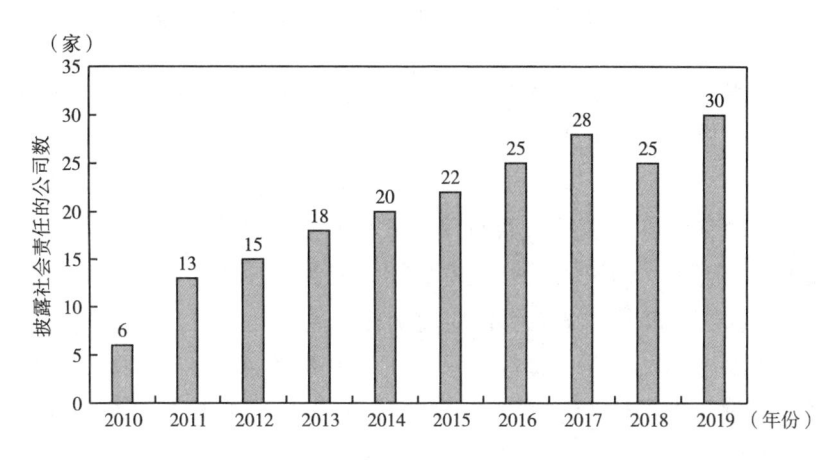

图 3-7 2010~2019 年信息技术服务企业社会责任披露数量

(二) 现状分析

信息技术服务企业在发展过程中,不仅应注重获取当期利益,更要关注提高企业可持续发展能力,通过承担社会责任达到企业品牌效应,促进企业可持续发展。选取 2019 年披露社会责任报告的 30 家信息技术服务样

本企业，具体分析我国信息技术服务企业的社会责任披露情况。由图 3-8 可见，信息技术服务企业履行社会责任主要集中在股东权益保护、职工权益保护、客户及消费者权益保护、环境和可持续发展、公共关系和社会公益事业等方面，涉及安全生产内容、公司存在的不足等方面的内容较少。

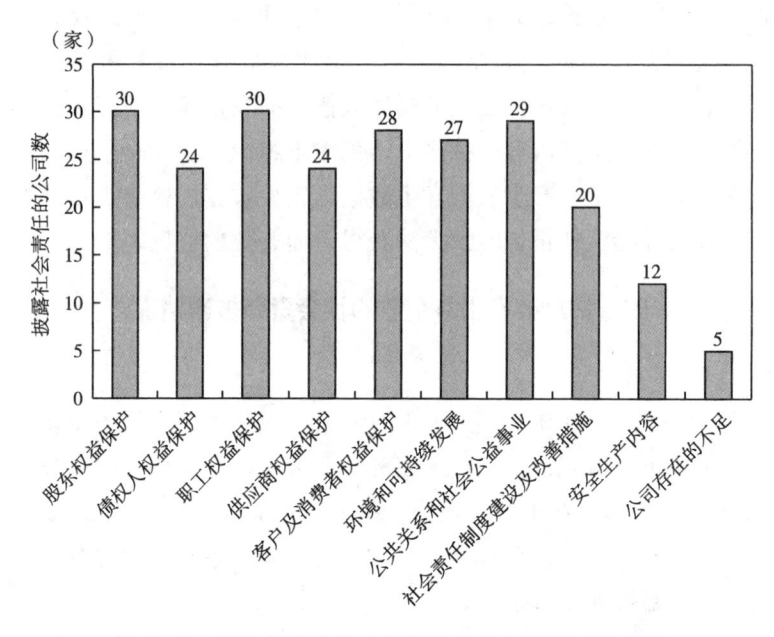

图 3-8 2019 年信息技术服务企业社会责任披露内容

从样本公司披露的具体内容来看，所有样本企业均披露了股东权益保护和职工权益保护的内容，说明我国信息技术服务企业比较重视履行股东责任和员工责任。具体而言，信息技术服务企业主要通过召开股东大会、增加专利申请和授权数目等方式履行股东责任；主要通过竞聘、提拔内部管理者、期权激励等方式履行员工责任；主要通过提高采购过程中的抽检合格率等方式履行供应商责任；主要通过开展顾客满意度调查、征集改进建议等方式履行客户责任；主要通过 ISO 14001 环境体系监督审核等方式履行环境责任；主要通过对青年创业基金捐款等方式履行公益责任。

（三）存在不足

1. 信息披露不规范。由于缺乏统一的企业社会责任报告编制指南，信息技术服务企业在编制社会责任报告时，有的依据可持续发展报告指南 G3 标准、上海证券交易所发布的社会责任编制指引，甚至根据企业自己制定的制度来编制企业社会责任报告。统一编制指南的缺失，导致企业社会责任报告披露很不规范。

2. 缺乏第三方审计。从披露社会责任报告的样本企业来看，社会责任报告被第三方独立机构审计过的企业寥寥无几，这将降低我国信息技术服务企业的社会责任信息披露质量，使信息使用者无法获取充分全面的信息，限制信息使用者的专业判断有效性。

3. 披露内容不充分。不同企业披露的内容差异较大，部分企业充分披露了股东责任、员工责任、债权人责任等方面的社会责任履行情况，但大部分企业披露的社会责任都不够充分和完善，提供的有效信息较少。

五、化工企业的社会责任披露情况

（一）样本选择

图3-9显示了2010~2019年我国沪深A股化工企业社会责任披露数量。可以看到，我国披露社会责任报告的化工企业上市公司数在2010~2016年稳步上升，从2010年的11家持续上升到2016年的42家，表明我国化工企业上市公司的社会责任披露积极性不断提高。

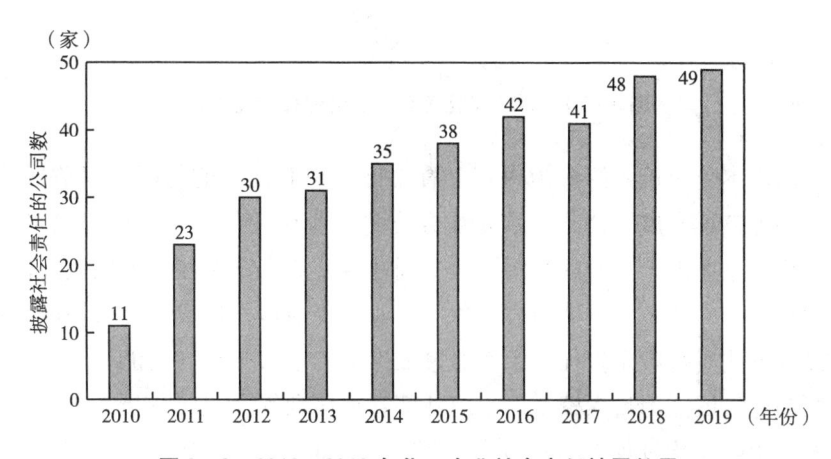

图3-9　2010~2019年化工企业社会责任披露数量

（二）现状分析

化工企业由于生产活动的特殊性和在国民经济中的重要地位，需要承担对员工、供应商、消费者、环境等多方面的社会责任，通过履行企业社会责任来树立良好形象。选取2019年披露社会责任报告的49家化工企业上市公司样本，具体分析我国化工企业的社会责任信息披露情况。由图3-10可见，与房地产企业、医药制造企业、汽车制造企业相一致，化工企业披露的社会责任报告内容主要集中在股东权益保护、债权人权益保护、职工权益保护、供应商权益保护、客户及消费者权益保护、环境和可持续发展、公共关系和社会公益事业、安全生产内容八个方面，但在披露社会责任制度建设及改善措施、公司存在的不足等方面，存在披露不充分的问题。

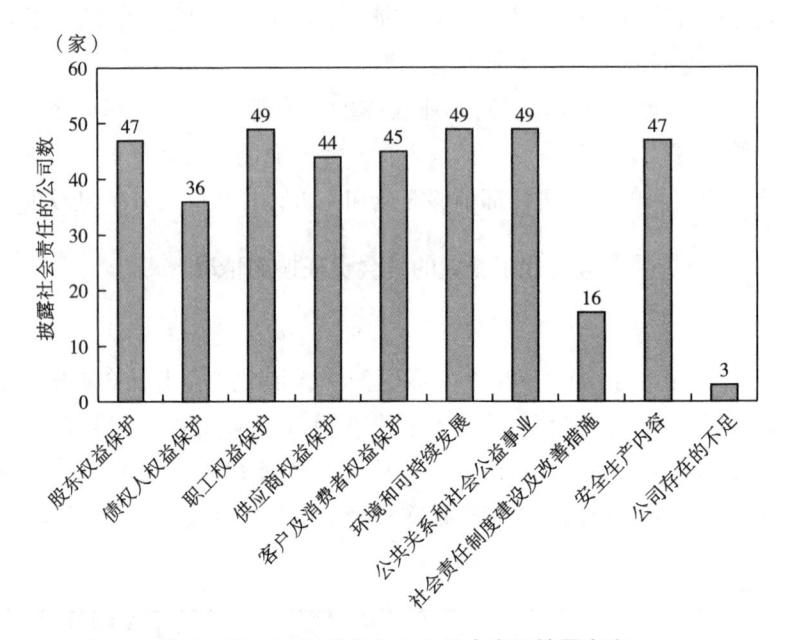

图3-10　2019年化工企业社会责任披露内容

从样本公司披露的具体内容上看，化工企业披露的与职工权益保护、环境和可持续发展、公共关系和社会公益事业相关的社会责任信息最多，说明化工企业由于自身的高污染性受到社会公众广泛关注，导致企业注重维护社会公共关系。具体而言，化工企业主要通过积极发布公告披露企业信息的方式履行股东责任；主要通过加强员工个人知识和技能培训、提高员工职业发展能力投入资金、组织外部管理培训等方式履行员工责任；主要通过提高采购过程中的抽检合格率、专项审计等方式履行供应商责任；主要通过提高客户满意度等方式履行客户责任；主要通过获得ISO 9001和ISO 14001体系认证，加强废水、废气、噪声监测等方式履行环境责任；主要通过慈善捐款等方式履行公益责任。

（三）存在不足

1. 缺乏定量指标披露。以2019年某样本企业为例，社会责任报告中并未披露任何有关可持续发展指标的数据信息，其社会责任报告侧重于介绍现有研究成果和研发设计，而资源能源利用指标、三废排放指标、三废处理指标、环保费用指标、绿色生产指标等，对于化工企业而言至关重要的指标却一笔带过,缺乏具体定量描述,导致披露信息缺乏实际意义。

2. 披露的信息可比性差。化工企业披露的社会责任信息可比性较差,对一些有必要进行数量比较的数据信息,较少披露具体数值。绝大多数企业只选取部分指标进行对比披露,容易造成信息混乱,使得信息使用者无法快速清晰地获取信息。

3. 定性环境信息披露较少。化工企业作为典型的高污染企业,对于生态环境的影响较大,在履行社会责任时更应侧重于环境责任。但是,样本企业对与环境和可持续发展相关的定性信息披露也非常少。例如,2019年某样本企业在社会责任报告中,描述了企业环境管理体系,确定了50个环保基础数据、制定了22项环境绩效指标并持续优化,努力打造"三位一体"环境风险防控体系。但是,都只限于描述性文字叙述,并未实质性披露这些措施对于环境改善所产生的影响。

六、电力企业的社会责任披露情况

(一)样本选择

图3-11显示了2010~2019年我国沪深A股电力生产和供应企业社会责任披露数量。可以看到,电力企业披露社会责任报告的公司数量在2010~2018年呈稳步上升趋势,2018年开始增长趋于平稳,表明我国电力企业承担社会责任意识在不断增强。

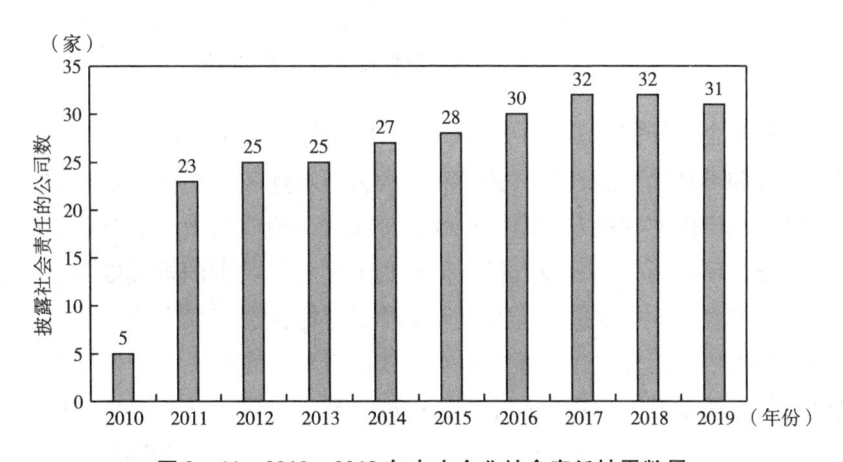

图3-11 2010~2019年电力企业社会责任披露数量

(二)现状分析

电力行业作为国民经济基础行业,应在履行社会责任方面起到示范作用,为提升企业整体竞争力和构建社会主义和谐社会贡献力量。选取2019

年披露社会责任报告的 31 家电力上市公司,分析我国电力企业的社会责任信息披露情况。由图 3-12 可见,我国电力企业披露社会责任信息主要集中在股东权益保护、职工权益保护、环境和可持续发展、公共关系和社会公益事业、安全生产内容等方面,涉及债权人权益保护、供应商权益保护、客户及消费者权益保护、社会责任制度建设及改善措施、公司存在的不足这五个方面的内容较少。

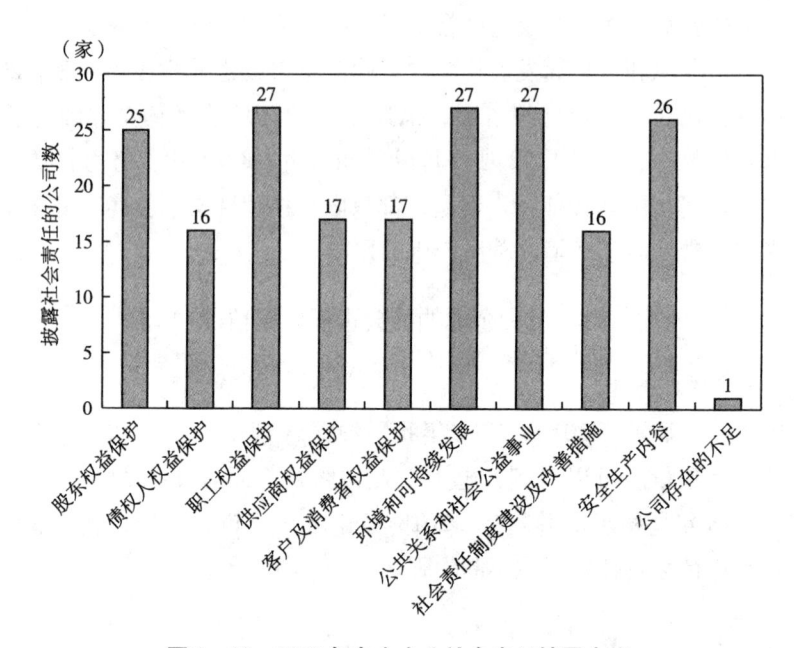

图 3-12　2019 年电力企业社会责任披露内容

从样本企业披露的具体内容来看,31 家电力企业披露与职工权益保护、环境和可持续发展、公共关系和社会公益事业相关的社会责任信息最多,安全生产内容和股东权益保护的信息次之,说明电力企业侧重于履行员工责任、环境责任和公益责任,但对其他利益相关者的重视度不足。具体而言,电力企业主要鼓励内部微创新项目等方式履行股东责任;主要通过组织员工培训、建立送温暖基金等方式履行员工责任;主要通过提高上网电量等方式履行客户责任;主要通过减少环境污染事故、提高垃圾处理量、提高二氧化硫绩效值等方式履行环境责任;主要通过提高审计覆盖率、审计建议跟进率等履行社区责任。

(三)存在不足

1. 披露范围不一致。样本企业的社会责任信息披露范围和口径差异明显,表达方式也大相径庭,即使对同一社会责任事项,不同上市公司的披露标准也不统一,先后排列顺序也各不相同。这些均不利于企业社会责任数据的统计和对比分析,影响利益相关者对企业社会责任信息使用效率,降低企业社会责任信息价值。

2. 披露方式不一致。电力企业对社会责任信息披露方式的选取较为随意,缺乏统一标准。例如,大部分电力企业披露股东责任信息多为定性内容,但也有部分企业披露定量指标,披露方式不一致导致不同企业信息可比性差。

3. 披露内容不一致。电力企业对社会责任信息内容的披露也具有较强的随意性,往往是大力宣扬对自身有利的事项,而不利事项则轻描淡写甚至只字不提。因此,社会责任报告基本上可以看成企业的形象宣传广告,使利益相关方无法全面获知企业社会责任履行情况,导致信息披露丧失意义与价值。

第三节 中国企业社会责任履行现状

由前文关于我国企业社会责任披露规范和现状的分析可见,企业社会责任内涵丰富、内容广泛,但又缺乏统一的社会责任信息披露格式标准,不同企业披露的社会责任信息难以直接比较。现使用和讯网的上市公司社会责任评分数据,对我国上市公司的社会责任履行现状进行描述分析。该评分具体由五个子项目构成,包括股东责任评分 CSR_stock、员工责任评分 CSR_staff、利益相关者责任评分 CSR_exter、环境责任评分 CSR_envir 和公益责任评分 CSR_socia。其中,股东责任评分的权重是30%,包括盈利、偿债、回报、信批、创新等5个二级指标,共计18个三级指标;员工责任评分的权重是15%,包括绩效、安全、关爱员工等3个二级指标,共计7个三级指标;利益相关者责任评分的权重是15%,主要是指企业承担的供应商、客户和消费者权益责任,包括产品质量、售后服务、诚信互惠3个二级指标,共计5个三级指标;环境责任评分的权重是20%,包括环境治理1个二级指标,下含环保意识、环境管理体系认证、环保投入金额、排污种类数、节约能源种类数等5个三级指标;公益责任评分的权重是20%,包括贡献价值1个二级指标,下含所得税占利润总额比、公益捐赠金额等2个三级指标。

需要说明的是,通过五项子指标的加总可以得到企业社会责任评分 CSR_all,但由于不同行业特性差异,在计算总指标时,各项子指标的上述权重也会有所不相同。例如，一般行业的员工责任评分和利益相关者责任评分各占15%，但在消费行业中，由于利益相关者责任所反映的供应商、客户和消费者占据重要地位，此时员工责任评分占10%，利益相关者责任评分占20%。由于和讯网提供的上市公司社会责任评分数据在2018~2019年缺乏利益相关者责任评分和环境责任评分数据，为了保持数据的纵向可比性，后文分析 CSR_all、CSR_exter 和 CSR_envir 三个指标时使用2010~2017年样本数据；分析 CSR_stock、CSR_staff 和 CSR_socia 时使用2010~2019年样本数据。

一、中国企业社会责任的年度平均水平

表3-4报告了按年度分的企业社会责任评分的平均水平。可以看到，各项指标总体上呈先升后降的演变趋势，2012年6项指标中有4项指标达到峰值，这可能与2012年我国国资委发文要求成立国资委中央企业社会责任指导委员会有一定联系，央企积极履行社会责任为其他企业作出表率，整体上推动我国企业社会责任水平的提高。从表3-4可以看出，2010~2019年上市公司股东责任评分整体变化不大，基本维持在13~15分，可见上市公司对承担股东责任相对比较重视。但是，员工责任评分总体上有所下降，尤其是在2017~2019年都保持在2分以下，可能的原因是近些年来我国经济增长趋势放缓，企业在履行员工责任方面存在较大的成本压力。2017年利益相关者责任评分和环境责任评分两项指标分别为0.05分和0.06分，是2010年以来的最低点。公益责任评分指标在2010~2019年都稳定在4~5分，其下级指标包括所得税占利润总额比和公益捐赠金额，表明这十年里我国企业的企业所得税整体税负较为稳定，各年度的公益捐赠水平也较为一致。

表3-4　　　　　　按年度分的企业社会责任平均水平

年份	CSR_all	CSR_stock	CSR_staff	CSR_exter	CSR_envir	CSR_socia
2010	28.31	13.12	3.56	2.92	3.11	5.59
2011	30.13	14.36	3.61	3.16	3.29	5.72
2012	31.61	15.05	3.98	3.44	3.76	5.38
2013	31.56	14.68	3.75	3.72	3.56	5.84
2014	22.55	13.76	2.30	0.84	0.78	4.87
2015	24.48	13.92	2.70	1.48	1.46	4.92
2016	27.94	14.52	3.37	2.65	2.40	4.99

续表

年份	CSR_all	CSR_stock	CSR_staff	CSR_exter	CSR_envir	CSR_socia
2017	21.48	14.73	1.80	0.05	0.06	4.83
2018	—	14.63	1.74	—	—	4.69
2019	—	14.18	1.77	—	—	4.74

二、中国企业社会责任的行业平均水平

表3-5报告了按行业分的企业社会责任评分的平均水平。就企业社会责任评分而言，金融业处于最高水平，评分达到44.09分；紧随其后的是房地产业和交仓邮政业，评分也都在30分以上；其他行业的企业社会责任评分则分布在18~30分。

从各项子指标来看，各行业上市公司的股东责任评分较为接近，最低为农林牧渔业的10.75分，最高为金融业的16.94分，这也与表3-4中按年度分的股东责任评分较为一致，说明我国各行业上市公司大多较为重视股东责任。农林牧渔业和教育业的股东责任评分相对偏低的原因，可能是行业利润水平较低，而利润相关指标在股东责任评分中占据较大权重。在员工责任评分和利益相关者责任评分两项指标中，金融业依然处于首位，这可能与金融业本身的行业特点有关。首先，金融业员工工资水平普遍较高，而职工人均收入是员工责任中比较重要的下级指标。其次，金融业主要为客户提供金融服务，金融产品质量受到监管部门的严格管控和监督，客户信用质量也较高。其他行业的员工责任评分在2~5分波动，最低的住宿餐饮业仅有1.61分，可能的原因在于住宿餐饮业工作人员并无较高的学历要求，工资水平相对较低，从而使企业员工责任相对偏低。在环境责任评分上，采矿业的3.88分为各行业最高，可能原因在于采矿业由于污染性较大而受到更多的外部监管，企业更加注重开展环境保护工作。在公益责任评分上，金融业和房地产业也是两个仅有的得分在10分以上的行业，其他行业基本保持在2~8分，表明金融业和房地产业在纳税和公益捐赠方面的表现较为突出。

表3-5 按行业分的企业社会责任平均水平

行业	CSR_all	CSR_stock	CSR_staff	CSR_exter	CSR_envir	CSR_socia
农林牧渔业	19.44	10.75	2.23	2.23	1.64	2.59
采矿业	27.93	13.46	4.11	2.39	3.88	4.10

续表

行业	CSR_all	CSR_stock	CSR_staff	CSR_exter	CSR_envir	CSR_socia
制造业	23.87	14.34	2.40	1.41	1.58	4.15
电热燃水业	29.23	14.55	2.76	2.99	2.16	6.77
建筑业	25.61	13.86	3.46	1.68	2.47	4.15
批发零售业	26.14	13.30	2.48	1.81	1.44	7.12
交仓邮政业	30.47	15.58	4.11	2.65	3.55	4.58
住宿餐饮业	20.68	11.09	1.61	0.99	0.68	6.31
信息软件业	25.17	14.95	2.90	1.11	0.61	5.59
金融业	44.09	16.94	6.97	4.54	2.40	13.24
房地产业	33.25	14.48	3.96	1.81	1.02	11.98
租赁商服业	24.63	13.67	2.69	1.07	0.86	6.35
科研技服业	22.55	16.43	2.32	0.16	0.29	3.36
水环公管业	26.44	15.00	2.13	1.61	1.09	6.61
居民服务业	24.99	13.58	2.02	0.75	0.54	8.10
教育业	18.68	10.98	2.73	0.00	0.00	4.97
卫生社工业	29.83	15.34	2.74	2.89	2.00	6.86
文体娱乐业	25.38	15.55	2.64	1.79	1.23	4.17
综合类业	24.08	11.13	3.19	2.07	1.96	5.74

三、中国企业社会责任的地区平均水平

表3-6报告了按地区划分的企业社会责任评分的平均水平。可以看到，企业社会责任评分排名前五的地区分别是福建、北京、河南、天津和上海，得分分别为33.18、29.52、28.19、27.89和27.45分，其中三个都为直辖市，可见上市公司社会责任水平与地区经济发展水平有一定联系。其他省份的企业社会责任评分基本保持在20~30分，仅甘肃低于20分，说明该省上市公司社会责任建设还需进一步加强。

在股东责任评分方面，浙江、北京、西藏、江西等省份的上市公司均在15分以上，而宁夏和海南的上市公司仅在10分以下，说明企业股东责任水平在地区之间还存在较大差异。在员工责任评分、利益相关者责任评分和环境责任评分方面，福建总体领先于其他省份，除了企业自身具有较高的自觉性以外，也和地方政府的长期政策引导有着密不可分的关系。早

在2007年，福建上市公司就在福建证监局的指导下，率先在国内发出社会责任倡议书，并于次年出台《福建上市公司、证券期货经营机构、证券期货服务机构社会责任指引》，敦促上市公司等机构更好地承担社会责任。在公益责任评分方面，最高分为北京的6.35分，最低分为宁夏的3.43分，但总体上地区差距不大，依法纳税是每个公民应尽义务，并且近年来上市公司的公益责任意识也在不断增强。

表3-6　　　　　　　按地区划分的企业社会责任平均水平

地区	CSR_all	CSR_stock	CSR_staff	CSR_exter	CSR_envir	CSR_socia
北京	29.52	15.36	3.57	2.19	2.05	6.35
天津	27.89	13.31	3.48	2.58	2.56	5.96
河北	23.90	13.71	2.39	1.16	1.53	5.11
山西	24.61	11.69	3.33	2.06	2.54	5.00
内蒙古	23.44	14.02	2.51	0.99	1.35	4.57
辽宁	21.98	12.08	2.20	1.48	1.63	4.58
吉林	24.09	12.95	2.30	1.58	1.47	5.80
黑龙江	21.99	12.50	2.08	1.51	1.28	4.62
上海	27.45	14.81	3.08	1.82	1.65	6.09
江苏	23.53	14.89	2.32	0.85	0.94	4.53
浙江	25.14	15.48	2.44	1.20	1.21	4.81
安徽	25.54	14.60	2.71	1.77	1.77	4.68
福建	33.18	14.99	4.23	4.25	3.88	5.83
江西	26.15	15.06	2.46	2.03	1.94	4.66
山东	23.88	14.16	2.44	1.39	1.59	4.31
河南	28.19	13.89	3.34	3.13	3.72	4.11
湖北	24.02	13.69	2.42	1.37	1.35	5.20
湖南	22.08	13.32	2.07	0.93	1.02	4.74
广东	25.51	14.90	2.64	1.43	1.32	5.22
广西	21.86	12.49	2.05	1.27	1.40	4.66
海南	20.20	9.69	2.61	1.75	1.44	4.71
重庆	23.91	14.53	2.20	1.05	0.88	5.25
四川	23.87	13.55	2.58	1.52	1.47	4.74
贵州	26.18	14.75	2.46	1.71	2.02	5.25

续表

地区	CSR_all	CSR_stock	CSR_staff	CSR_exter	CSR_envir	CSR_socia
云南	27.25	12.20	3.55	2.74	2.92	5.84
西藏	27.02	15.34	2.62	2.13	1.80	5.14
陕西	22.22	11.91	2.99	1.40	1.73	4.19
甘肃	19.08	11.28	1.92	0.87	0.68	4.32
青海	24.20	10.50	3.60	2.42	3.57	4.11
宁夏	21.91	9.44	3.06	2.24	3.75	3.43
新疆	21.94	11.53	2.77	1.72	1.81	4.12

第四章 中国企业社会责任的空间互动效应

第一节 企业社会责任空间互动效应的理论分析

一、企业社会责任空间互动效应的研究进展和难点

从 20 世纪 90 年代开始，履行社会责任越来越受到我国企业的重视，如何有效引导和激励企业真正履行社会责任，成为当前学术界极为关注的话题。许多文献强调从企业治理结构特征角度，分析企业履行社会责任的影响因素。使用美国大型商业银行的数据研究表明，提高董事会独立性和董事会规模有利于促进企业履行社会责任（Jizi et al.，2014）。高管团队平均任职年限对企业社会责任披露有显著负向影响，但年龄和教育水平的影响不显著（王士红，2016）。此外，管理层的创新能力、管理能力等特征有助于提升企业社会责任水平（杨春方，2009）。更为细致的研究表明，自恋型 CEO 与傲慢型 CEO 相比，其所在上市公司会承担更多的社会责任，并且更容易受到同类上市公司社会责任决策的影响（Tang et al.，2018）。此外，由于女性高管的行为特征与男性高管有较大差异，许多文献将视角集中于女性高管，研究表明女性高管人数比例、持股比例与企业社会责任正相关（Cook and Glass，2018）。

当然，就像个人"做好事"可能受到他人影响一样，企业履行社会责任也可能受到各种外部因素的影响。政府、行业协会、工会等机构对企业履行社会责任有着重要影响，尤其是政府可以通过法律和相关激励政策，引导企业更多地履行社会责任（Hasan et al.，2018；宋建波和盛春艳，2009）。从实证研究视角来看，对欧洲 10 个国家 69 家上市公司的研究表明，企业社会责任履行水平与股东、供应商、员工、社区和消费者等利益相关者有显著的正相关关系（Vukic et al.，2018）。基于我国 12 个城市 1268 家企业的调查数据研究表明，外资企业通过供应链压力对我国企业

的社会责任表现有积极影响,且该影响仅在我国企业是外资企业供应商时才会显著(黄伟和陈钊,2015)。此外,我国民营上市公司为了实现避税,往往通过策略性慈善捐赠树立良好的企业形象(李增福等,2016),商业道德能够促进企业履行社会责任(Show,2009)。从企业所处的外部环境来看,修宗峰(2015)研究表明,地区幸福感对民营上市公司的社会责任有一定的负面效应。彭珏和陈红强(2015)则强调在市场化程度高的地区,内部控制对企业社会责任的促进作用更强。

综上所述,当前学术界分别从企业治理结构、外部利益相关者、内外部文化差异等方面,对企业社会责任的影响因素展开一系列的理论与实证研究。然而,被共同忽略的一个重要问题是,企业履行社会责任是否存在空间互动效应。现实中往往存在"物以类聚"的现象,社会责任表现优秀的模范企业会为周围企业树立良好榜样,督促周围企业承担更多的社会责任,其研究难点在于,如何量化一家企业从周围企业获得的社会责任榜样力量的强弱程度。基于上述分析,使用 2011~2017 年沪深 A 股非金融企业样本,采用空间面板数据模型,对企业社会责任的空间互动效应进行实证研究。本章尝试回答如下两个问题:一是构造微观层面的空间权重矩阵对企业社会责任的榜样力量进行量化,验证企业履行社会责任在空间上是否能够相互影响;二是使用王小鲁等(2017)制定的市场化指数,验证企业社会责任的空间互动效应在不同法制环境水平下是否存在差异。

二、基于空间经济学视角的企业社会责任互动效应

企业的经营目标在于实现股东价值最大化,而承担社会责任直接消耗了企业有限的经济资源,加重了企业的成本负担。但是,仍有诸多理论认为企业应该主动承担社会责任。例如,长期价值理论认为,尽管承担社会责任可能不利于短期价值,但却有利于促进企业的长期价值;利益相关者理论认为,企业除了向股东负责外,还需要考虑供应商、雇员、社区、债权人等利益相关者的利益;企业公民理论则指出,企业应该像公民一样享受权利、承担义务,为社会的和谐稳定贡献应有之力。因此,根据自身能力承担一定的社会责任,成为企业生存于社会的必然要求。本书理论分析中将作为法人的企业与自然人进行类比:经济学将自然人假设为实现自身利益最大化的经济人。但即便如此,马斯洛的需求层次理论仍然指出,个人除了生理需求、安全需求等低层次需求外,也会产生自我实现等高层次需求。对企业而言,如果说实现盈利只是满足低层次的为股东创造价值的需求,那么承担社会责任可以成为满足企业自我实现的高层次需求,在一

定程度上可以将履行社会责任看成企业的内在需求。

企业在日常经营过程中,需要与其他企业产生业务往来,并通过员工业务交流、新闻媒体报道等多种途径,对各自承担的社会责任情况进行沟通交流。如果履行社会责任是企业内在需求的话,那么企业之间就有可能对各自的社会责任履行情况进行攀比。因此,企业社会责任具有传染效应,企业社会责任的后果将会跨越企业边界,对其他同类企业产生影响(费显政等,2010;Goins and Gruca,2008)。在现实中往往可以观察到,当自然灾害发生或某个弱势群体需要帮助时,如果有一家企业伸出援助之手,其积极承担社会责任的事迹经过媒体报道,或者仅仅是员工私底下的沟通传递以后,往往就会有更多企业同时伸出援助之手。在此过程中,带头履行社会责任的企业显然树立了榜样作用,使得企业承担社会责任的积极性相互传递,整体上提高了社会福利水平。但是,根据空间计量经济学理论,尽管事物之间普遍关联,但空间上较近的事物之间的关联性比较远的事物更强。就像人的交际圈是有限的一样,企业之间关于履行社会责任的交流空间广度也是有限的,模范企业树立的榜样力量在空间上会随着距离的增加而衰减。因此,如果将空间相关企业定义为与一家企业在空间距离上相关联的企业,其空间相关强度与企业间的直线距离成反比,那么可以提出如下假设。

H1:企业履行社会责任具有空间互动效应,一家企业承担的社会责任水平与其空间相关企业的社会责任水平成正比。

三、企业社会责任空间互动效应的法制环境异质性

根据马斯洛的需求层次理论,人的需求是有层次递进关系的,只有当低层次的需求得到满足以后,高层次的需求才会出现。企业履行社会责任也是如此,它是企业实现社会价值的重要途径,但一般来说只有当企业具有良好的盈利能力,能够在市场竞争中占据主动地位时,才会产生较强的自我实现需求。相反,当企业的盈利能力较弱,甚至连年亏损,在市场竞争中处于不利地位时,企业更多考虑的是如何压缩成本、开拓市场,对于承担社会责任的需求往往非常薄弱。此时,即使企业承担了一定的社会责任,也往往是感受外部环境压力而不得不采取的措施。因此,企业在承担社会责任时,除了实现企业社会价值外,同时也可能具有股东价值最大化的双重属性,期望以短期的成本付出为企业带来长期的价值回报。

但是,履行社会责任能否为企业创造良好的市场声誉,并形成长期价值回报,在不同的法制环境下有着较大差异。我国地域辽阔,各地区的市

场化进程不尽相同，东部沿海地区的经济发展水平比较高，市场化程度也相对比较高，地方政府为了适应社会经济发展水平，往往致力于创造良好的地区法制环境，但中西部地区却恰好相反（李增福等，2016）。因此，在研究企业行为时，一个不可忽略的重要事项是考虑不同法制环境下的企业行为逻辑差异。法制环境好的地区意味着当地企业能够获得更多法律制度保障，市场竞争机制也更完善，此时履行社会责任的企业与不履行社会责任的企业相比，更容易获得市场利益相关者的认可，包括消费者、供应商、政府、社区等，更愿意与社会责任水平高的企业开展合作，从而为企业带来更多长期利益。相反，在法制环境差的地区，市场化程度相对较低，承担社会责任并不能为企业树立良好的社会形象，反而需要通过利益输送等灰色途径获得利益相关者的认可，此时企业的社会责任积极性相对较低。因此，可以预见的是，模范企业履行社会责任带给其他企业的榜样力量，在不同的法制环境下有着较大差异，提出如下假设。

H2：在法制环境较好的地区，企业社会责任具有空间互动效应；在法制环境较差的地区，企业社会责任不存在空间互动效应。

第二节 企业社会责任空间互动效应的研究设计

一、空间滞后项等变量构造

构建企业社会责任指数是评价我国企业履行社会责任水平的最佳方法，当前我国学术界在衡量企业社会责任水平时，主要使用和讯网提供的企业社会责任评分（冯丽艳等，2016；刘柏和卢家锐，2018）和润灵环球提供的企业社会责任评分（权小锋等，2015）。和讯网的企业社会责任评分原始数据主要来自企业财务报表，润灵环球的企业社会责任评分原始数据只来自企业社会责任报告，而我国A股市场每年公布社会责任报告的企业仍是少数，仅占全部上市公司的20%左右。由于数据分析时对于研究样本的数量和连续性有较高要求，因此选择样本覆盖面更广的和讯网企业社会责任评分作为衡量指标。具体而言，除了使用企业社会责任评分 CSR_all 作为被解释变量外，还分别以5个子项目股东责任评分 CSR_stock、员工责任评分 CSR_staff、利益相关者责任评分 CSR_exter、环境责任评分 CSR_envir 和公益责任评分 CSR_socia 作为被解释变量。

解释变量是企业社会责任空间滞后项 $W \cdot CSR$，其中，W 是空间权重矩阵，*CSR* 是上述 6 个企业社会责任水平指标。获取空间权重矩阵的步骤如下：首先，搜集整理上市公司披露的详细注册地址，通过百度地图"拾取坐标系统"获取上市公司的详细经纬度坐标数据；其次，根据两家上市公司的经纬度坐标数据计算它们的地面直线距离，并以该距离的倒数作为它们的空间距离权重；最后，将所有公司相互间的空间距离权重数据排成对称矩阵，即可得到空间权重矩阵。例如，假设样本中有 n 家上市公司，通过经纬度坐标数据计算得到的上市公司 i 和上市公司 j 的空间直线距离为 r_{ij}，那么 i 和 j 的空间权重系数为 $w_{ij} = 1/r_{ij}$，则可以定义空间权重矩阵如下：

$$W = \begin{pmatrix} w_{11} & \cdots & w_{1n} \\ \vdots & \ddots & \vdots \\ w_{n1} & \cdots & w_{nn} \end{pmatrix}$$

其中，对角线上的元素 $w_{11} = \cdots = w_{nn} = 0$。对上述矩阵进行标准化，得到的矩阵即为空间权重矩阵。可以看到，企业之间的空间距离越近则权重越大；反之则越小。因此，空间权重矩阵可以反映社会责任模范企业的榜样力量在空间上的影响力大小，空间距离越近的企业影响力越强；空间距离越远的企业影响力越弱。以空间权重矩阵 W 乘以企业社会责任水平 *CSR*，即可以得到企业社会责任的空间滞后项 $W \cdot CSR$，它反映一家企业的所有空间相关企业以空间距离权重加权后的总体社会责任水平。由于和讯网提供的企业社会责任评分信息丰富，对应不同的 *CSR* 具体衡量指标，$W \cdot CSR$ 涵盖 6 个不同的指标，分别是企业社会责任空间滞后项 $W \cdot CSR\_all$、股东责任空间滞后项 $W \cdot CSR\_stock$、员工责任空间滞后项 $W \cdot CSR\_staff$、利益相关者责任空间滞后项 $W \cdot CSR\_exter$、环境责任空间滞后项 $W \cdot CSR\_envir$ 和公益责任空间滞后项 $W \cdot CSR\_socia$。

参考现有文献（贾兴平和刘益，2014；王士红，2016；Tang et al.，2018），使用的控制变量包括：（1）反映企业股权性质的控制变量：国有股比重 *Stateshare* 和管理层持股比重 *Manashare*；（2）反映企业治理结构的控制变量：股权集中度 *Concentration* 和两职合一 *Duality*；（3）反映企业收益状况的控制变量：现金流充裕度 *Cash* 和资产收益率 *Roa*；（4）反映企业资产状况的控制变量：财务杠杆 *Leve* 和资产对数 $\ln\_Asset$；（5）反映企业获得税收激励程度的控制变量：有效税率 *Taxrate*。相关变量的计算方法如表 4-1 所示。

表 4-1　　　　　　　　　　　　变量定义

变量类型	变量代码	变量名称	变量定义
被解释变量	CSR_all	企业社会责任评分	和讯网提供的企业社会责任评分
	CSR_stock	股东责任评分	企业社会责任评分中的股东责任评分
	CSR_staff	员工责任评分	企业社会责任评分中的员工责任评分
	CSR_exter	利益相关者责任评分	企业社会责任评分中的利益相关者责任评分
	CSR_envir	环境责任评分	企业社会责任评分中的环境责任评分
	CSR_socia	公益责任评分	企业社会责任评分中的纳税与公益责任评分
解释变量	W·CSR	空间滞后项，具体包括 W·CSR_all、W·CSR_stock、W·CSR_staff、W·CSR_exter、W·CSR_envir、W·CSR_socia	空间权重矩阵乘以被解释变量
控制变量	Stateshare	国有股比重	国有股股数除以总股数
	Manashare	管理层持股比重	管理层持股股数除以总股数
	Concentration	股权集中度	第一大股东持股比例
	Duality	两职合一	董事长和总经理由一人担任时为1；否则为0
	Cash	现金流充裕度	经营活动产生的现金流净额除以资产总额
	Roa	资产收益率	净利润除以资产总额
	Leve	财务杠杆	负债总额除以资产总额
	ln_Asset	资产对数	资产总额的自然对数
	Taxrate	有效税率	所得税费用除以利润总额

二、空间面板数据模型设定

为了验证企业社会责任是否具有空间互动效应，构造如下空间面板数据模型：

$$CRS = \lambda W \cdot CSR + \beta_1 Stateshare + \beta_2 Manashare + \beta_3 Concentration + \beta_4 Duality + \beta_5 Cash + \beta_6 Roa + \beta_7 Leve + \beta_8 \ln\_Asset + \beta_9 Taxrate + \varphi \sum Year + \rho \sum Industry + \gamma + \mu \quad (4-1)$$

其中，$Year$ 为年度哑变量；$Industry$ 为行业哑变量；γ 为个体固定效应；μ 为随机扰动项。为了得到一致的估计结果，使用准最大似然估计法（quasi-maximum likelihood，QML）对该空间面板数据模型进行固定效应估计。基于研究目的，主要关注 λ 的参数估计结果：如果 λ 的系数显著为正，则表明企业社会责任存在正向空间互动效应，模范企业积极履行社会责任能够带动周围企业更多地履行社会责任；如果 λ 的系数显著为负，则表明企业社会责任存在负向空间互动效应，模范企业积极履行社会责任反而会降低周围企业的社会责任水平；如果 λ 的系数未通过显著性检验，则表明企业社会责任不存在空间互动效应，模范企业积极履行社会责任对周围企业的社会责任水平没有影响。

三、研究样本选择

以 2011~2017 年沪深 A 股上市公司作为研究样本，参照研究惯例剔除金融业上市公司样本，剔除资产总额、负债总额或所得税费用小于 0 的异常指标样本，并对连续型变量进行临界值为 2.5% 的 Winsor 缩尾处理。由于空间面板数据模型要求使用强平衡面板数据，一旦某个样本在某个年度缺失数据，就无法使用该数据集进行模型估计。根据和讯网提供的企业社会责任评分数据，为了最大限度地保证样本量，尝试不同的时间跨度组合，最终选择样本量最大的时间区间 2011~2017 年作为样本区间，共计 8225 个样本。企业社会责任评分数据来自和讯网官方网站；经纬度坐标数据根据详细注册地址查询百度地图获得；其他相关数据来自国泰安 CSMAR 数据库。

第三节 企业社会责任空间互动效应的实证结果

一、变量描述性统计分析

表 4-2 报告了变量的描述性统计结果，可以看到我国上市公司企业社会责任 CSR_all 的平均值为 29.35、中位数为 23.71，表明一半以上样本企业的社会责任水平低于总体平均值；而最大值为 73.78、最小值为 9.57，表明企业间的社会责任水平差异较大。从各社会责任子项目的统计指标来看，最大值和最小值的差异非常大，尤其是利益相关者责任 CSR_exter 和环境责任 CSR_envi 的最小值和中位数都等于 0，表明一半以上样本企业在这两项的得分等于 0，其社会责任表现亟待提高。其他变量的统计结果也可以看到，我国上市公司在股权结构、治理结构、收益状况、资产状况以及税负水平等方面都有着较大差异。

表4-2　　　　　　　　　变量的描述性统计结果

变量	平均值	标准差	中位数	最小值	最大值
CSR_all	29.35	17.00	23.71	9.57	73.78
CSR_stock	15.70	4.84	15.84	5.01	24.53
CSR_staff	3.14	3.44	1.81	0.06	13.00
CSR_exter	2.41	5.45	0.00	0.00	18.00
CSR_envir	2.37	5.56	0.00	0.00	20.00
CSR_socia	5.59	3.58	4.79	0.72	15.00
Stateshare	3.07	9.53	0.00	0.00	46.13
Manashare	13.32	20.10	0.36	0.00	63.88
Concentration	35.24	14.65	33.49	11.39	69.70
Duality	0.25	0.44	0.00	0.00	1.00
Cash	4.59	6.62	4.59	-11.47	19.20
Roa	0.05	0.04	0.04	0.00	0.15
Leve	41.01	20.15	40.01	7.01	80.59
ln_Asset	22.20	1.23	22.04	20.16	25.38
Taxrate	19.06	9.39	16.83	2.50	49.51

二、空间面板数据模型估计结果分析

表4-3报告了空间面板数据模型的固定效应估计结果。从列（1）可见，当被解释变量为企业社会责任评分 CSR_all 时，对应的空间滞后项 W·CSR_all 的系数为0.453，且在1%的显著性水平上显著，表明我国上市公司的企业社会责任在总体上存在正向互动效应，模范企业履行更多的社会责任，能够带动周围其他企业承担更多的社会责任。列（2）~列（6）显示的是被解释变量为企业社会责任评分 CSR_all 的五个子项目得分时的模型估计结果。其中，列（2）的被解释变量是股东责任评分 CSR_stock，对应的空间滞后项 W·CSR_stock 的系数尽管为正，但未通过显著性检验，表明我国上市公司的股东责任不存在空间互动效应，模范企业履行更多的股东责任，并不能通过树立榜样力量带动其他企业履行社会责任。列（3）~列（5）的被解释变量分别是员工责任评分 CSR_staff、利益相关者责任评分 CSR_exter 和环境责任评分 CSR_envir，它们对应的空间滞后项分别是 W·CSR_staff、W·CSR_exter 和 W·CSR_envir，也都在1%的显著性水平上显著为正，表明我国上市公司的员工责任、利益相关者责任和环境责任都具有空间互动效应，模范企业履行更多的员工责任、利益相关者

责任和环境责任,都能为其他企业树立良好的榜样力量,并激励其他企业更多地履行该三项责任。列(6)的被解释变量是公益责任 CSR_socia,对应的空间滞后项 W·CSR_socia 的系数显著为负,表明我国上市公司的公益责任存在负向空间互动效应,模范企业履行更多的公益责任,会降低周围企业的公益责任水平,可能的原因在于我国企业纳税意识相对薄弱,且政府对企业从事公益活动的政策支持力度仍有待提高,社会给予企业履行公益责任的正反馈相对较少。因此,表4-3的实证研究结果表明,从总体的企业社会责任评分角度来看,我国上市公司履行社会责任存在正向空间互动效应,模范企业积极履行社会责任能够带动周围企业更多地履行社会责任,从而证明假设H1在总体上是成立的。从企业社会责任评分的各个子项目来看,不同子项目的空间互动效应存在较大差异,其中员工责任、利益相关者责任和环境责任存在正向空间互动效应,与理论预期一致。但是,股东责任不存在空间互动效应,公益责任存在负向空间互动效应,与理论预期不一致。

表4-3 空间面板数据模型的固定效应估计结果

变量	(1) CSR_all	(2) CSR_stock	(3) CSR_staff	(4) CSR_exter	(5) CSR_envir	(6) CSR_socia
$W \cdot CSR$	0.453*** (2.74)	0.208 (1.17)	0.497*** (3.26)	0.409** (2.23)	0.546*** (4.03)	-0.482*** (-4.90)
Stateshare	0.005 (0.25)	0.005 (1.18)	0.001 (0.25)	0.001 (0.13)	-0.000 (-0.07)	-0.003 (-1.38)
Manashare	-0.042* (-1.96)	0.025*** (5.59)	-0.016*** (-3.59)	-0.024*** (-3.25)	-0.021*** (-2.75)	-0.001 (-0.46)
Concentration	-0.030 (-1.11)	0.037*** (6.58)	-0.017*** (-3.11)	-0.024** (-2.48)	-0.024** (-2.44)	-0.000 (-0.12)
Duality	-1.024** (-1.97)	-0.082 (-0.76)	-0.183* (-1.71)	-0.262 (-1.44)	-0.324* (-1.74)	-0.134** (-2.07)
Cash	0.022 (0.82)	-0.008 (-1.46)	0.005 (0.99)	0.009 (0.93)	0.009 (0.98)	0.003 (1.00)
Roa	103.897*** (16.63)	83.735*** (65.31)	5.692*** (4.43)	6.054*** (2.77)	6.135*** (2.74)	3.916*** (5.04)
Leve	-0.024 (-1.47)	-0.049*** (-14.42)	0.008** (2.49)	0.008 (1.36)	0.004 (0.66)	-0.000 (-0.04)

续表

变量	(1) CSR_all	(2) CSR_stock	(3) CSR_staff	(4) CSR_exter	(5) CSR_envir	(6) CSR_socia
ln_Asset	5.288*** (12.32)	1.655*** (18.77)	0.837*** (9.47)	1.122*** (7.47)	1.278*** (8.30)	0.409*** (7.66)
Taxrate	0.147*** (7.45)	-0.009** (-2.28)	-0.006 (-1.40)	-0.004 (-0.63)	-0.001 (-0.20)	0.177*** (71.96)
常数项	11.055*** (118.62)	2.269*** (118.72)	2.274*** (118.61)	3.870*** (118.63)	3.964*** (118.62)	1.376*** (118.63)
年度效应	控制	控制	控制	控制	控制	控制
行业效应	控制	控制	控制	控制	控制	控制
样本量	8225	8225	8225	8225	8225	8225
伪 R^2	0.221	0.586	0.143	0.135	0.113	0.372

注：***、**、*分别表示系数在1%、5%、10%的显著性水平上显著。

三、基于法制环境异质性的实证检验

为了验证在不同的法制环境下，我国企业社会责任是否依然存在空间互动效应，进一步使用王小鲁等（2017）编制的中国市场化指数中的"市场中介组织的发育和法律制度环境评分"对全国各省份进行排序，排序在前1/3的省份为法制环境较好的省份；排序在中间1/3的省份为法制环境中等的省份；排序在后1/3的省份为法制环境较差的省份。以企业注册地所在省份将全部样本分成三个子样本，得到法制环境较好、中等、较差三个子样本的样本量各为5719个、1932个和574个。表4-4~表4-6分别报告了基于不同法制环境子样本的空间面板数据模型的固定效应估计结果。

表4-4　　　　　基于法制环境较好子样本的模型估计结果

变量	(1) CSR_all	(2) CSR_stock	(3) CSR_staff	(4) CSR_exter	(5) CSR_envir	(6) CSR_socia
$W \cdot CSR$	0.436*** (2.61)	0.214 (1.27)	0.493*** (3.28)	0.378** (1.99)	0.539*** (4.01)	-0.467*** (-4.82)
Stateshare	0.033 (1.20)	0.006 (1.04)	0.007 (1.24)	0.013 (1.31)	0.010 (1.01)	-0.003 (-0.88)

续表

变量	(1) CSR_all	(2) CSR_stock	(3) CSR_staff	(4) CSR_exter	(5) CSR_envir	(6) CSR_socia
Manashare	-0.039 (-1.60)	0.018*** (3.67)	-0.016*** (-3.13)	-0.021** (-2.45)	-0.015* (-1.73)	-0.001 (-0.36)
Concentration	-0.070** (-2.13)	0.031*** (4.74)	-0.024*** (-3.60)	-0.034*** (-2.94)	-0.035*** (-3.00)	-0.005 (-1.31)
Duality	-0.998* (-1.65)	-0.158 (-1.32)	-0.137 (-1.09)	-0.285 (-1.33)	-0.269 (-1.25)	-0.093 (-1.27)
Cash	0.036 (1.12)	-0.010 (-1.52)	0.009 (1.40)	0.015 (1.27)	0.014 (1.25)	0.005 (1.21)
Roa	104.863*** (13.63)	83.358*** (54.85)	6.295*** (3.95)	6.815** (2.50)	5.446** (1.99)	3.806*** (4.10)
Leve	0.007 (0.33)	-0.047*** (-11.94)	0.016*** (3.91)	0.018** (2.51)	0.013* (1.82)	0.003 (1.21)
ln_Asset	5.062*** (9.48)	1.498*** (14.20)	0.794*** (7.19)	1.140*** (6.04)	1.264*** (6.65)	0.333*** (5.17)
Taxrate	0.146*** (5.48)	-0.015*** (-2.93)	-0.006 (-1.11)	-0.010 (-1.02)	-0.008 (-0.83)	0.194*** (59.96)
常数项	11.024*** (98.87)	2.177*** (98.98)	2.281*** (98.86)	3.899*** (98.88)	3.927*** (98.86)	1.333*** (98.89)
年度效应	控制	控制	控制	控制	控制	控制
行业效应	控制	控制	控制	控制	控制	控制
样本量	5719	5719	5719	5719	5719	5719
伪 R^2	0.213	0.571	0.141	0.135	0.104	0.351

注：***、**、*分别表示系数在1%、5%、10%的显著性水平上显著。

表4-4报告的是基于法制环境较好子样本的模型估计结果。从表4-4中列（1）~列（6）与表4-3中列（1）~列（6）的估计结果对比中可以看到，尽管各列的空间滞后项 $W·CSR$ 的系数在具体数值上有所差异，但系数的符号方向和显著性水平却完全一致，表明基于全样本实证研究证实的企业社会责任空间互动效应在法制环境较好的子样本中依然成立。可见，较好的法制环境为企业提供了健全的法律制度保障和完善的市场竞争机制，使履行社会责任的企业能够获得更高的市场认可度，从而激励企业积极履行社会责任。

表 4-5　　　　　　法制环境中等子样本的模型估计结果

变量	(1) CSR_all	(2) CSR_stock	(3) CSR_staff	(4) CSR_exter	(5) CSR_envir	(6) CSR_socia
$W \cdot CSR$	0.118 (0.62)	-0.109 (-0.53)	0.126 (0.65)	0.153 (0.80)	0.244 (1.33)	0.131 (0.62)
Stateshare	-0.065** (-2.08)	-0.003 (-0.46)	-0.009 (-1.45)	-0.024** (-2.23)	-0.026** (-2.29)	-0.009** (-2.17)
Manashare	-0.068 (-1.41)	0.044*** (4.03)	-0.020* (-1.94)	-0.042** (-2.52)	-0.048*** (-2.67)	-0.002 (-0.30)
Concentration	0.033 (0.61)	0.060*** (4.84)	-0.010 (-0.86)	-0.012 (-0.65)	-0.006 (-0.30)	0.005 (0.73)
Duality	-1.271 (-1.13)	0.123 (0.48)	-0.288 (-1.24)	-0.192 (-0.51)	-0.614 (-1.49)	-0.311** (-2.11)
Cash	-0.014 (-0.26)	-0.003 (-0.23)	-0.001 (-0.11)	-0.010 (-0.54)	-0.011 (-0.58)	0.007 (1.08)
Roa	98.253*** (8.21)	85.067*** (31.38)	3.793 (1.53)	3.605 (0.89)	6.998 (1.59)	1.676 (1.06)
Leve	-0.116*** (-3.38)	-0.051*** (-6.63)	-0.016** (-2.26)	-0.024** (-2.04)	-0.022* (-1.77)	-0.007 (-1.52)
ln_Asset	5.491*** (6.63)	2.019*** (10.77)	0.839*** (4.89)	1.043*** (3.72)	1.181*** (3.88)	0.485*** (4.46)
Taxrate	0.124*** (3.82)	-0.000 (-0.03)	-0.008 (-1.26)	-0.007 (-0.61)	-0.003 (-0.21)	0.145*** (33.90)
常数项	10.716*** (57.49)	2.423*** (57.49)	2.222*** (57.49)	3.634*** (57.48)	3.943*** (57.45)	1.408*** (57.52)
年度效应	控制	控制	控制	控制	控制	控制
行业效应	控制	控制	控制	控制	控制	控制
样本量	1932	1932	1932	1932	1932	1932
伪 R^2	0.205	0.590	0.108	0.088	0.092	0.401

注：***、**、*分别表示系数在1%、5%、10%的显著性水平上显著。

表 4-5 和表 4-6 分别报告了基于法制环境中等和较差的子样本的模型估计结果，可以看到除表 4-6 中列（4）的利益相关者责任评分 CSR_exter 的空间滞后项 $W \cdot CSR\_exter$ 显著为负外，其他所有空间滞后项 $W \cdot CSR$ 的系数都未通过显著性检验。表明当企业所处的法制环境中等或较差时，企业无法获得有效的法律制度保障，所处的市场竞争环境也不够

完善，使得企业履行社会责任不能获得市场认可，削弱了企业履行社会责任积极性。此时，即使模范企业积极承担社会责任，树立起了一定的榜样，但仍不足以激励其他企业承担社会责任。

表4-6　　　　　　　　法制环境较差子样本的模型估计结果

变量	(1) CSR_all	(2) CSR_stock	(3) CSR_staff	(4) CSR_exter	(5) CSR_envir	(6) CSR_socia
$W \cdot CSR$	-0.041 (-0.10)	0.189 (1.55)	0.266 (0.93)	-0.397* (-1.89)	0.091 (0.32)	0.216 (1.14)
$Stateshare$	0.091 (1.46)	0.041*** (3.17)	0.009 (0.71)	0.018 (0.83)	0.023 (1.06)	0.006 (0.68)
$Manashare$	-0.075 (-0.64)	0.006 (0.25)	-0.008 (-0.35)	-0.033 (-0.82)	-0.025 (-0.62)	-0.007 (-0.45)
$Concentration$	-0.162 (-1.17)	0.021 (0.71)	-0.051* (-1.87)	-0.078* (-1.65)	-0.091* (-1.90)	0.031* (1.68)
$Duality$	1.505 (0.60)	-0.137 (-0.26)	0.149 (0.30)	0.489 (0.57)	0.796 (0.91)	0.183 (0.54)
$Cash$	0.013 (0.13)	-0.014 (-0.71)	-0.007 (-0.38)	0.013 (0.40)	0.016 (0.48)	-0.009 (-0.71)
Roa	117.743*** (5.63)	82.883*** (18.88)	7.310* (1.80)	10.722 (1.49)	11.351 (1.57)	9.460*** (3.38)
$Leve$	0.027 (0.39)	-0.048*** (-3.24)	0.019 (1.39)	0.032 (1.32)	0.024 (1.00)	-0.000 (-0.02)
ln_Asset	4.390*** (2.61)	1.493*** (4.19)	0.687** (2.06)	0.420 (0.73)	0.888 (1.51)	0.843*** (3.70)
$Taxrate$	0.148*** (2.62)	-0.002 (-0.21)	0.003 (0.27)	0.009 (0.48)	0.020 (1.04)	0.133*** (17.17)
常数项	11.656*** (30.59)	2.456*** (31.34)	2.279*** (30.11)	4.039*** (29.69)	4.055*** (31.35)	1.566*** (30.81)
年度效应	控制	控制	控制	控制	控制	控制
行业效应	控制	控制	控制	控制	控制	控制
样本量	574	574	574	574	574	574
伪R^2	0.201	0.411	0.094	0.030	0.020	0.120

注：***、**、*分别表示系数在1%、5%、10%的显著性水平上显著。

因此，表4-4至表4-6的模型估计结果可以证明假设H2在总体上成立，法制环境在企业履行社会责任上扮演了非常重要的角色，好的法制环境能够使企业履行社会责任在空间上相互传递，模范企业的社会责任榜样力量能够得到有效发挥。

四、稳健性检验结果分析

为了确认研究结果的可靠性，进一步做如下稳健性检验。

1. 由于式（4-1）中不管个体效应 γ 是否与其他解释变量相关，固定效应估计结果都是一致的，因此表4-3~表4-6都采用固定效应方法进行估计。但是，当个体效应 γ 与其他解释变量不相关时，随机效应会比固定效应的估计结果更有效，因此进一步使用随机效应方法对模型进行估计（Lee and Yu，2010）。基于全样本的空间面板数据模型的随机效应估计结果如表4-7所示。可以看到表4-7中列（1）~列（6）的所有空间滞后项的系数符号和显著性水平都与表4-3的结果一致，表明我国上市公司企业社会责任的空间互动效应并不会因为估计方法的差异而发生变化。

表4-7　空间面板数据模型的随机效应估计结果

变量	(1) CSR_all	(2) CSR_stock	(3) CSR_staff	(4) CSR_exter	(5) CSR_envir	(6) CSR_socia
$W \cdot CSR$	0.377 *** (2.98)	0.050 (0.75)	0.463 *** (3.47)	0.433 *** (2.78)	0.571 *** (4.86)	-0.511 *** (-7.60)
控制变量	控制	控制	控制	控制	控制	控制
年度效应	控制	控制	控制	控制	控制	控制
行业效应	控制	控制	控制	控制	控制	控制
样本量	8225	8225	8225	8225	8225	8225
伪 R^2	0.308	0.626	0.203	0.176	0.187	0.543

注：*** 表示系数在1%的显著性水平上显著。

2. 式（4-1）是变量都为基数值的Level模型，为了尽可能避免模型可能存在遗漏变量等导致的内生性问题，参照潘奇（2018）、姜付秀等（2022）、陈丽红等（2022）、章君瑶等（2022）文献采用Change模型作为稳健性检验的方法，将所有连续型变量改为一阶差分值，得到空间面板数据模型的Change模型如下：

$$\Delta CRS = \lambda W \cdot \Delta CSR + \beta_1 \Delta Stateshare + \beta_2 \Delta Manashare + \beta_3 \Delta Concentration$$
$$+ \beta_4 \Delta Duality + \beta_5 \Delta Cash + \beta_6 \Delta Roa + \beta_7 \Delta Leve + \beta_8 \Delta \ln\_Asset$$
$$+ \beta_9 \Delta Taxrate + \varphi \sum Year + \rho \sum Industry + \gamma + \mu \quad (4-2)$$

对式（4-2）进行固定效应估计，结果如表4-8所示。可以看到，即使采用Change模型，表4-8中列（1）~列（6）的所有空间滞后项的系数符号和显著性水平都与表4-3的结果一致。

表4-8　　　　　空间面板数据模型的Change模型估计结果

变量	(1) ΔCSR_all	(2) ΔCSR_stock	(3) ΔCSR_staff	(4) ΔCSR_exter	(5) ΔCSR_envir	(6) ΔCSR_socia
$W \cdot \Delta CSR$	0.538 *** (4.25)	-0.104 (-0.46)	0.568 *** (4.66)	0.489 *** (3.43)	0.623 *** (6.07)	-0.332 * (-1.67)
控制变量	控制	控制	控制	控制	控制	控制
年度效应	控制	控制	控制	控制	控制	控制
行业效应	控制	控制	控制	控制	控制	控制
样本量	7050	7050	7050	7050	7050	7050
伪 R^2	0.134	0.306	0.108	0.107	0.102	0.390

注：***、*分别表示系数在1%、10%的显著性水平上显著。

3. 由于企业社会责任指数为基数值，不同企业的得分差异可能较大，进一步尝试将所有企业社会责任指数进行对数化，再进行固定效应估计，模型估计结果仍与表4-3一致，具有较强的稳健性。

4. 由于股权集中度和资产收益率在实证研究中存在不同的衡量方法，因此尝试将股权集中度的衡量方法替换为前三大股东持股比例之和、前五大股东持股比例之和以及前十大股东持股比例之和，将资产收益率的衡量方法替换为净利润除以期初资产总额和期末资产总额的平均值，但上述控制变量衡量方法的调整都不会改变研究结论。

5. 由于空间面板数据模型要求使用强平衡面板数据，为了最大限度地保留样本量，最终选择2011~2017年作为样本区间，得到1175个截面共计8225个样本用于模型估计。为验证研究结论的稳健性，尝试改变样本区间：当样本区间为2010~2017年时，得到962个截面共计7696个样本；当样本区间为2012~2017年时，得到1324个截面共计7944个样本。但估计结果表明，样本区间的变化不会改变研究结论。

6. 由于个别企业在样本期间内发生了行业变更，为了控制行业变更对企业履行社会责任产生的影响，在空间面板数据模型中加入了行业哑变量。但是，由于发生行业变更的企业毕竟是少数，导致行业哑变量在年度间的变异很小，而使用固定效应进行模型估计时，模型本身已经考虑了企业不随时间变化的个体异质性对于企业履行社会责任的影响，此时放入行业哑变量反而有可能增加模型估计方差，降低模型估计结果的精度。从对表4-3~表4-6的实际估计结果来看，各模型的行业哑变量基本上均未能通过显著性检验。因此，尝试删除行业哑变量，只控制年度效应进行模型估计，回归结果仍然与表4-3~表4-6一致，具有较强的稳健性。

第四节 企业社会责任空间互动效应的研究结论

空间计量方法是研究变量空间互动关系的重要方法，但目前大量的研究都只局限于省级或地市级宏观层面数据的实证研究，尚未有文献从微观层面上考虑企业履行社会责任的空间互动关系。本章使用2011~2017年沪深A股上市公司数据，以企业注册地址计算企业间的直线距离构造空间权重矩阵，对我国上市公司的社会责任是否可以相互传递进行实证研究。研究结果表明：我国企业社会责任具有空间互动效应，企业社会责任可以相互传递，从总体的企业社会责任评分、员工责任评分、利益相关者责任评分和环境责任评分来看，企业履行社会责任水平与其空间相关企业的社会责任水平成正比，模范企业履行社会责任能够带动周围其他企业更多地承担社会责任。同时，法制环境对于企业履行社会责任的空间互动效应有着重要影响，在法制环境较好的地区，企业社会责任可以相互传递；但在法制环境中等或较差的地区，企业社会责任不存在空间互动效应。

基于上述研究结论，本章的政策建议包括：（1）鉴于企业社会责任在总体上存在空间互动效应，应充分发挥模范企业的带头作用，加大对社会责任优秀企业的宣传力度，树立榜样力量，从而激励更多的企业积极履行社会责任。（2）鉴于法制环境对于企业社会责任的空间互动效应具有关键影响，我国各级政府应积极加强法制环境建设，发挥市场机制在资源配置中的决定性作用，从而促进企业社会责任空间互动效应的发挥。（3）鉴于作为企业社会责任子项目的股东责任不存在空间互动效应，我国应进一步完善公司治理结构，着力解决第一类和第二类代理问题，使企业管理层的经营决策能够真正体现广大股东的根本利益。(4) 鉴于作为企业社会责任子项目的公益责任存在空间上的负向互动效应，我国应加强国家税收政策的宣传工作，促进政府财政收支的透明化，强化企业纳税意识，并进一步提高企业从事公益活动的政策支持力度。

第五章 政府审计对企业社会责任的影响效应

第一节 政府审计与企业社会责任的理论分析

一、政府审计与企业社会责任的研究进展

近年来,企业社会责任表现越来越受到社会公众的关注,许多企业每年定期发布社会责任报告,但也有批评者认为,企业社会责任支出意味着对股东资金的不当使用(Friedman,1962;Linthicum et al.,2010)。实际上,企业履行社会责任往往被认为是实现股东价值最大化的重要途径,因为社会责任表现优异的企业往往能赢得更高的社会声誉,这将成为企业参与市场竞争的重要优势(Freeman,1984;Rhou et al.,2016)。与社会责任表现不佳的企业相比,社会责任表现优秀的企业更容易获得政府政策支持,更容易获得消费者信赖,也更容易获得资本市场青睐(张正勇和邓博夫,2018)。尽管如此,仍有大量企业在社会责任表现上较为短视,如地沟油、毒奶粉、问题疫苗等诸多负面新闻不断出现,给社会公众的生命健康带来极大危害的同时,也使"人民日益增长的美好生活需要和不平衡不充分的发展之间的矛盾"变得更加突出。我国政府在引导企业积极履行社会责任方面做了大量工作。例如,2005年将企业承担社会责任写入《公司法》,2009年要求三类企业强制披露社会责任报告,2016年开始实施《慈善法》。但是,我国企业履行社会责任水平仍有待提升,如何进一步引导我国企业履行社会责任,成为政策制定者亟须考虑的重要问题。

企业履行社会责任水平,受到诸多外部因素的影响,股东、供应商、社区、消费者等利益相关者能督促企业履行社会责任(Kim et al.,2018;Vukic et al.,2018)。同时,由于中国传统文化崇尚中庸思想,企业在履行社会责任时存在从众心理,容易受到同行业企业的社会责任表现影响

(刘计含和王建琼，2017)。就企业内部因素而言，许年行和李哲(2016)、王士红(2016)等文献研究发现，高管的贫困经历、受教育水平、任职年限等都有助于提升企业社会责任水平；王海妹等(2014)则研究发现，外资参股和机构持股提高了企业社会责任水平，但高管持股显著降低了企业社会责任水平。此外，企业文化特征也会促使企业积极承担社会责任（靳小翠，2017）。需要指出的是，履行社会责任也可能只是企业掩饰盈余管理的策略手段（Carey et al., 2017），并且由于企业在社会责任报告文字表述上有较高的自由度，会通过提供晦涩难懂的社会责任报告来掩饰企业履行社会责任不足的真实情况（Leung et al., 2015；Nazari et al., 2017）。因此，为了督促企业真正有效地投入到履行社会责任中，有必要采取外部审计方式，加大对企业履行社会责任情况的审计监督工作。审计在企业和社会之间扮演着重要角色，有助于通过改善治理结构来提升企业社会责任水平（Kurihama, 2007）。

实际上，政府也是推动企业积极承担社会责任的重要外部力量，中国政府在推动国有企业履行社会责任上发挥了非常积极的作用（Zeng et al., 2012；Lee et al., 2017；Li and Belal, 2018），政府采购是引导企业履行社会责任的重要途径（Snider et al., 2013），但黎文靖（2012）认为，我国企业履行社会责任是企业在政治干预下进行的政治寻租行为。除此之外，我国政府审计部门在社会主义市场经济背景下，针对国有企业开展政府审计工作产生的企业治理效应，也受到了学术界的广泛关注。研究发现，政府审计有助于推动中央企业完成经营业绩考核指标（蔡利和马可哪呐，2014），提升社会审计机构的审计效率（许汉友等，2018），提升非效率投资企业的腐败曝光概率（周微等，2017），抑制国有企业高管的超额在职消费（褚剑和方军雄，2016），并且媒体关注（池国华等，2018）、公众参与（郭芮佳等，2018）等外部因素能进一步提升政府审计功能。不过，也有文献认为我国政府审计的独立性有待进一步提高（Palmer, 2008；Xiao et al., 2016）。

企业应当积极履行社会责任已经越来越成为社会共识，其积极性受到内外部因素的共同影响。但从现有文献来看，学术界关于政府审计与企业治理的研究非常有限，政府审计如何影响企业的社会责任表现，能否真正提高企业的社会责任水平，尚无文献对此开展实证研究。本章可能的创新之处在于，对政府审计的企业社会责任促进效应进行深入和系统研究，探讨在不同的法制环境水平、流通股比重、企业所得税税负水平条件下，政府审计对企业社会责任表现的影响差异，并使用倾向得分匹配等方法，控制可能存在的样本选择偏差导致的内生性问题,为如何提升我国企业的社会责任水平提供有价值的政策建议。

二、政府审计对企业社会责任的影响机制

政府审计是由国家审计部门作为审计实施主体所开展的审计监督活动,主要发挥预防、揭示和抵御功能的"免疫系统",从而推动国家经济社会的健康运行和科学发展(刘家义,2012)。一直以来,我国政府非常重视政府审计在提高国家治理水平中的监督作用,尤其是 2003 年建立审计结果公开制度以来,审计署每年发布大量的审计结果公告,将政府审计过程中发现的问题向社会公开,形成强大的社会舆论氛围,实现政府审计效果的"乘数效应"。由于市场经济要求政府行政部门对社会经济的影响以宏观调控为主,减少对微观主体经济活动的直接干预,因此现实中我国政府的审计工作主要围绕政府职能部门展开,并在维护国家财政安全、抑制腐败等方面发挥了积极作用(刘雷等,2014;Zhu et al.,2016;郭芮佳等,2018;Kao et al.,2018)。此外,我国政府审计对象还包括了国有企业,主要原因在于我国实施社会主义市场经济体制,政府直接控股了大量控制国民经济命脉的大型国有企业,为了实现国有资产的保值增值,我国从 1999 年开始逐步建立国有企业及国有控股企业领导人员的任期经济责任审计制度,并从 2008 年开始定期在审计署网站公开上一年度实施的中央企业集团的审计结果公告。国家审计署明确指出,深化国有企业和国有资本审计,是贯彻落实习近平总书记 2018 年 5 月 23 日在中央审计委员会第一次会议上的重要讲话精神的具体举措,是促进经济高质量发展,推动国企改革、促进完善现代企业制度,促进权力规范运行和反腐倡廉的需要。

从审计署发布的中央企业审计结果公告来看,其审计目标主要以发现问题为主,包括财务管理、会计核算、经营管理、落实中央八项规定等方面,如果审计过程中发现企业存在上述问题,就会在审计结果公告中予以公开,从而将企业存在的问题报告给上级主管部门的同时,也曝光在社会公众视野中。与此相对比,注册会计师审计更多的是关注企业财务报表是否存在重大错报风险,两者的关注焦点完全不同。企业社会责任涉及的内容非常广泛,包括企业对股东、员工、社区、环境等多方面的责任,这对企业而言是一个加分项,如果企业高质量地履行了社会责任,可以赢得较好的社会声誉,但并不会体现在政府审计结果公告中。相反,当企业的社会责任表现较差,并因此违反法律法规时,政府审计工作将会发现其中存在的问题,并体现在审计结果公告中。例如,审计署 2018 年第 5 号公告

指出，神华集团在 2014~2016 年未按内部规定对 5 家存在环境保护问题的单位及相关责任人进行追责，也未按规定细化列示对外捐赠项目资金；审计署 2018 年第 17 号公告指出，中国化学工程集团所属的中国化学工程重型机械化有限公司少缴企业所得税 52.44 万元；审计署 2018 年第 23 号公告指出，中国交通建设集团有 9 个项目未经环境影响评价程序就开工建设，且未按规定返还工程保证金 20.98 亿元。可见，审计署对中央企业的审计内容，涉及企业履行社会责任的方方面面。同时，需要指出的是，尽管审计署以央企集团为单位发布审计结果公告，但由上述列举公告的内容可见，政府审计工作的对象除了央企集团本级外，还涵盖集团下属的所有控股子公司（蔡利和马可哪呐，2014；褚剑和方军雄，2016；周微等，2017）。这意味着政府审计的影响力，不仅可以通过股权控制链传导到央企集团下属的控股上市公司，也意味着审计署在审计过程中，可以根据工作需要对控股上市公司直接开展审计工作。因此，审计署开展的央企审计工作在内容上涵盖企业履行社会责任情况，在对象上涵盖央企控股上市公司，那么必然会对控股上市公司的社会责任表现产生影响。

  首先，政府审计强化国有上市公司的公共受托责任意识。政府的权力来自人民，国有企业是由政府代为行使所有权的"全民所有"企业，因此从法理上讲，政府从事公共行政管理活动，国有企业从事生产经营活动，都是接受了全体公民的共同委托，承担着公共受托责任（蔡春等，2009；刘雷等，2014）。一般来说，政府部门具有强烈的公共受托责任意识。例如，各级政府的财政收支预算和决算都需要通过各级人民代表大会批准，各级审计部门依法对政府行政机关开展审计工作，政府行政管理活动以社会福利最大化为终极目标，都体现了政府履行公共受托责任，并负有向全体公民公开受托责任履行情况的义务。但是，国有上市公司的公共受托责任意识相对薄弱：一方面，国资委代表全体公民履行出资人的管理职责，企业经营活动以达到国资委的经营业绩考核为导向；另一方面，国有上市公司的本质是具有营利性质的公司，企业经营活动以实现国有资产的保值增值为最终目标。显然，国有上市公司由于其股权性质的特殊性，应与政府行政部门一样具有强烈的公共受托责任意识，与民营上市公司相比应履行更多的企业社会责任。因此，通过建立审计署中央企业审计制度，可以将国有上市公司的生产经营活动纳入到政府审计制度框架中，与民营企业相比将会在监管制度上形成明显差异，即由于国有上市公司具有公共受托责任，需要接受政府审计部门的审计工作，从而强化国有上市公司的公共受托责任意识，督促企业更多地履行社会责任。从审计署发布的中央企业审计结果公告来看，政府审计工作的内容直接涉及企业履行社会责任的各个方面，企业在环境责任、供应商责任、纳税责任、捐赠责任等方面存在的问题都会在审计结果公告中披露，这也时刻提醒被审计企业树立公共受托责任意识的重要性。

其次，政府审计结果公告督促国有上市公司通过履行社会责任来重塑企业形象。政府审计主要以发现问题为目标，从2008年审计署发布的中央企业审计结果公告来看，企业只要被审计就一定会被发现问题，而随着审计结果公告的发布，企业社会形象必然受到影响。例如，审计署2018年第10号公告对武汉钢铁集团的审计结果显示，发现企业财务管理和会计核算问题5项、经营管理问题23项、落实中央八项规定问题3项，既有涉及金额十多亿元的大问题，也有仅几万元的小问题。随着我国政府审计制度的不断完善，审计结果运用已经逐渐形成制度保障，2015年发布的《关于完善审计制度若干重大问题的框架意见》、2019年发布的《党政主要领导干部和国有企事业单位主要领导人员经济责任审计规定》等文件都明确提出，将审计结果及整改情况作为领导干部考核、任免和奖惩的重要依据。因此，政府审计结果公告发布以后，如何消除由此带来的企业负面形象，成为企业领导干部必须深度思考的迫切问题，这也是关系到企业领导干部自身前途命运的重大问题。显然，企业必须对审计结果公告中存在的问题进行整改，但这对于恢复企业形象远远不够，积极履行社会责任成为企业重塑公众形象的重要途径。企业履行社会责任有助于在消费者心中树立积极的企业形象（黄苏萍，2012；Rhou et al.，2016），获得更多来自政府部门的认可（李增福等，2016），有效提升整体社会声誉（齐丽云等，2017；Kao et al.，2018）。因此，当政府审计结果公告发布以后，企业亟须采取措施重塑良好的社会形象，而积极承担社会责任，尤其是节能减排、慈善捐赠等能够获得较高社会关注度的活动，将会成为企业的必然选择。基于上述分析，提出如下假设。

H1：政府审计能在总体上提升企业的社会责任表现。

三、基于不同内外部因素的影响效应异质性

我国企业面临的外部环境和自身内部条件都有较大差异，它们对政府审计的企业社会责任促进效应具有调节作用。首先，地区法制环境是企业生存发展所面对的重要外部环境因素。依法治国是实现国家治理体系和治理能力现代化的主要路径，但在我国当前处于社会主义初级阶段的现实背景下，各地区的经济发展水平差异较大，东部沿海地区的经济发展水平相对较高，相应的法制环境建设比较完善；而经济发展水平相对落后的中西

部地区，法制环境水平有待进一步提升。当企业处于较好的法制环境中时，政府审计结果公告披露企业审计过程中发现的各种问题后，上级主管部门将更加及时地按照法律法规，对企业及相关责任领导进行处罚。同时，新闻媒体的跟踪报道、消费者的企业形象认知、资本市场的股票价格反应等，在较好的法制环境中将会对政府审计结果公告作出更加迅速且更为激烈的反馈。因此，较好的法制环境有利于发挥政府审计对于企业社会责任表现的促进作用；而较差的法制环境将不利于政府审计功能的发挥。

其次，流通股比重是企业股权结构特征的重要内容，直接影响企业的行为决策逻辑。尽管接受政府审计的国有上市公司实际控制人是中央企业集团，但我国国有上市公司的股权分置改革进程各不相同，导致不同企业间的流通股和非流通股比重差异较大。流通股比重高的国有上市公司，股票价格波动更容易受到投资者情绪的影响，在政府审计结果公告披露企业生产经营存在的各种问题后，面临来自上级监管部门和资本市场的双重压力。并且，实现国有资本的保值增值是企业管理层业绩考核的重要内容，如何尽快修复政府审计结果公告对企业形象造成的负面影响，重塑资本市场中广大流通股股东对于企业生产经营的信心，保持公司股票价格稳定，是管理层迫切需要考虑的问题。此时，企业有更大的动力履行社会责任，以重新塑造良好的企业市场形象，应对来自监管层和资本市场的共同压力。相反，当企业的流通股比重较低时，非流通股比重就相对较高，此时股票价格对于投资者情绪的反应并不敏感，企业主要面临来自监管层要求对审计结果公告中披露的问题进行有效整改的压力。于是，企业管理层将更多精力用于问题整改，对提升企业市场形象的社会责任表现的关注相对较少。因此，较高的流通股比重有利于发挥政府审计对企业社会责任表现的促进作用；而较低的流通股比重将不利于政府审计功能的发挥。

最后，企业所得税税负体现了宏观税收政策对于微观企业税收负担的影响水平，对政府审计的企业社会责任促进效应有着重要影响。对世界各国政府来说，通过制定税收优惠政策激励企业履行更多的社会责任几乎已成国际惯例，企业所得税则是最主要的政策承载税种。例如，我国企业所得税法规定，符合条件的公益性捐赠，在年度利润总额12%以内税前扣除，超过部分在3个年度内结转扣除。同时，企业购买特定的环境保护、节能节水和安全生产专用设备，按照设备投资额的10%抵免当年度应纳税额，不足抵免部分在5个年度内结转抵免。可见，我国政府制定的税收优惠政策，在降低企业所得税实际税负的同时，也必将激励企业积极履行社会责任。当企业所得税税负较轻时，表明企业享受的税收优惠水平相对较高，此时企业履行社会责任的积极性随之提高，当政府审计结果公告披露企业存在的各种问题后，企业有更大的动力通过履行社会责任来修复社会形象。相反，当企业所得税税负较重时，对企业生产经营带来的成本负担较大，降低了企业履行社会责任的积极性，此时将不利于政府审计功能的有效发挥。基于上述分析，提出如下假设。

H2a：在较好的法制环境条件下，政府审计将更有利于提升企业的社会责任表现。

H2b：在较高的流通股比重条件下，政府审计将更有利于提升企业的社会责任表现。

H2c：在较轻的企业所得税税负条件下，政府审计将更有利于提升企业的社会责任表现。

第二节 政府审计与企业社会责任的研究设计

一、政府审计指标的衡量方法

政府审计 $Audit$ 是本章的关键解释变量，其衡量指标涉及3个时间节点的选择问题。例如，审计署2016年在官方网站上公布的是，在2015年对中央企业集团2014年的生产经营情况进行审计而形成的审计结果公告。本例中审计署在2015年派遣审计人员入驻企业开展审计工作，是政府审计的实质性内容，将在此时点开始对企业生产经营决策逻辑产生直接影响，因此选择2015年作为衡量政府审计 $Audit$ 指标的时间节点。参考蔡利和马可哪呐（2014）、褚剑和方军雄（2016）等文献，构建 $Auditall$ 作为政府审计 $Audit$ 的衡量指标，从审计署派遣审计人员入驻被审计企业的年度开始，$Auditall$ 全部取值为1；之前年度则全部取值为0。

但是，该指标构造方法的潜在假设是，企业对政府审计具有长期记忆效应。例如，企业在2008年接受政府审计，那么政府审计对于企业社会责任表现的影响，将从2008年开始一直持续到样本区间末期。显然，将政府审计的影响效应假设为无限期并不合理，但如果仅仅将影响效应假设为一期也是不合理的。因为政府审计部门开展的审计工作，其审计结果直接影响企业管理层的业绩考核和职业发展前途，必然对企业管理层带来较为长期的影响。因此，为了考查政府审计指标衡量的稳健性，进一步构造如下三个衡量指标：$Audit1$，在企业接受政府审计的当年度取值为1，其他年度取值为0，即假设政府审计的影响效应仅持续一期，其估计结果作为对照；Audit3，在企业接受政府审计的当年度开始，连续三个年度取值为1，其他年度取值为0；Audit6，在企业接受政府审计的当年度开始，连续六个年度取值为1，其他年度取值为0。

二、政府审计与企业社会责任的模型设定

为了验证上述研究假设，提出如下多元回归模型：

$$CSR = \beta_0 + \beta_1 Audit + \beta_2 Double + \beta_3 Woman + \beta_4 Gov + \beta_5 Conc + \beta_6 Central + \beta_7 Roa + \beta_8 Flow + \beta_9 Scale + \beta_{10} Grow + \beta_{11} Bith + \beta_{12} Wage + \beta_{13} Tax + \gamma \sum Industry + \delta \sum Year + \varepsilon \quad (5-1)$$

式（5-1）中，被解释变量 CSR 是企业社会责任水平。李正和向锐（2007）认为，指数法是衡量企业社会责任的最佳方法。参考贾兴平和刘益（2014）、冯丽艳等（2016）、刘柏和卢家锐（2018）等文献，使用和讯网企业社会责任评分作为我国上市公司履行社会责任水平的衡量指标。

参考现有文献（王士红，2016；靳小翠，2017；Lee et al.，2017），使用的控制变量包括：（1）体现企业治理特征的控制变量：两职合一 Double、女性高管 Woman、高管政治联系 Gov、股权集中度 Conc、央企控股 Central；（2）体现企业经营状况的控制变量：总资产收益率 Roa、现金流充裕度 Flow、资产规模 Scale、企业成长性 Grow、企业成立年限 Bith；（3）体现企业成本结构的控制变量：员工工资成本 Wage、税费成本 Tax；（4）体现企业社会责任行业差异特征的行业哑变量 $\sum Industry$ 和体现年度变化特征的年度哑变量 $\sum Year$。上述变量的衡量方法如表5-1所示。

表5-1 变量定义

变量类型	变量代码	变量名称	变量定义
被解释变量	CSR	企业社会责任评分	和讯网提供的企业社会责任评分
解释变量	Auditall	效果持续长期的政府审计	政府审计当年及以后年度取值为1，否则为0
	Audit1	效果持续一期的政府审计	政府审计当年取值为1，否则为0
	Audit3	效果持续三期的政府审计	政府审计当年起三个年度取值为1，否则为0
	Audit6	效果持续六期的政府审计	政府审计当年起六个年度取值为1，否则为0

续表

变量类型	变量代码	变量名称	变量定义
控制变量	Double	两职合一	董事长和总经理由1人担任时为1，否则为0
	Woman	女性高管	董事长或总经理为女性时为1，否则为0
	Gov	高管政治联系	董事长或总经理担任副主任科员以上行政职务、各级人大代表、党代会代表时为1，否则为0
	Conc	股权集中度	前三大股东持股比例之和
	Central	央企控股	由中央企业集团控股时取值为1，否则为0
	Roa	总资产收益率	净利润除以资产总额
	Flow	现金流充裕度	经营活动净现金流除以资产总额
	Scale	资产规模	资产总额取自然对数
	Grow	企业成长性	营业收入增长率
	Bith	企业成立年限	样本年度减去企业注册年度后取对数
	Wage	员工工资成本	支付给职工以及为职工支付的现金流除以营业收入
	Tax	税费成本	支付的税费总额现金流除以营业收入
	$\sum Industry$	行业哑变量	属于特定行业时取值为1，否则为0
	$\sum Year$	年度哑变量	属于特定年度时取值为1，否则为0

三、研究样本选择

和讯网从2010年开始每年定期发布上市公司的企业社会责任评分，由于审计署关于中央企业审计结果的最新公告发布于2018年，根据政府审计指标构造规则，本章使用最新且数据跨度最长的2010~2017年沪深A股国有上市公司作为研究样本，删除金融业企业样本和相关变量数据缺失的样本，最终得到6538个样本。企业社会责任评分数据来自和讯网官方网站；政府审计数据根据审计署网站公布的历年政府审计结果公告，将公告中被审计中央企业与国有上市公司的实际控制人进行匹配，通过手工整理获得被审计的上市公司样本；其他数据来自国泰安CSMAR数据库。为了避免微观数据存在较为严重的离群值问题，对连续型变量进行临界值为0.025的Winsor缩尾处理。

第三节 政府审计与企业社会责任的实证结果

一、变量描述性统计分析

表 5-2 报告了变量的描述性统计结果。可以看到，企业社会责任评分 *CSR* 的平均值为 30.00，但中位数只有 23.11，表明至少一半以上企业的社会责任评分低于总体平均值，且最低分达到 -0.98，部分企业履行社会责任的情况非常糟糕；而最大值达到 74.05，部分企业的社会责任表现相对比较优秀。*Audit*1 的平均值为 0.03，表明假设政府审计的效果只持续一期时，3% 的样本公司属于被审计样本，即接受审计署政府审计的国有控股上市公司仅占全部国有上市公司的 3%。*Auditall* 的平均值为 0.14，表明当假设政府审计的效果长期持续时，属于被审计样本的上市公司为 14%。可见，由于我国国有上市公司数量众多，审计署开展的中央企业审计工作只能覆盖少数国有上市公司。*Double* 的平均值为 0.10，表明 10% 的国有上市公司的董事长和总经理由一人担任。*Woman* 的平均值为 0.07，表明只有 7% 的国有上市公司的董事长或者总经理为女性，女性高管仍占少数。*Gov* 的平均值为 0.31，表明 31% 的国有上市公司的董事长或总经理担任副主任科员以上行政职务，或担任各级人大代表或党代会代表，可见国有上市公司高管具有政治关联的比例非常高。其他变量的描述性统计也表明，我国国有上市公司在企业治理特征、经营状况、成本结构等方面都有较大差异。

表 5-2　　　　　　　　变量的描述性统计结果

变量	平均值	中位数	最小值	最大值	标准差
CSR	30.00	23.11	-0.98	74.05	21.23
Auditall	0.14	0.00	0.00	1.00	0.34
*Audit*1	0.03	0.00	0.00	1.00	0.16
*Audit*3	0.08	0.00	0.00	1.00	0.27
*Audit*6	0.12	0.00	0.00	1.00	0.33
Double	0.10	0.00	0.00	1.00	0.30
Woman	0.07	0.00	0.00	1.00	0.25
Gov	0.31	0.00	0.00	1.00	0.46

续表

变量	平均值	中位数	最小值	最大值	标准差
Conc	50.26	49.93	22.65	83.03	15.63
Central	0.04	0.00	0.00	1.00	0.20
Roa	2.92	2.70	-10.64	13.46	4.61
Flow	8.35	6.29	-40.10	56.90	18.02
Scale	22.56	22.37	20.21	25.82	1.34
Grow	12.91	8.32	-38.66	124.76	30.81
Bith	16.44	17.00	1.00	36.00	4.76
Wage	11.40	9.53	1.72	34.09	7.61
Tax	7.41	5.46	0.74	26.61	6.03

二、政府审计与企业社会责任的回归结果分析

使用2010~2017年沪深A股国有上市公司数据对式（5-1）进行回归分析，为了避免异方差可能导致的估计结果偏差，使用异方差稳健标准误对回归结果进行假设检验。表5-3报告了基于全样本的基准模型估计结果。表5-3中列（1）是解释变量为 Auditall 时的估计结果，其系数为1.836，且在1%的显著性水平上显著，表明经过政府审计的国有上市公司的企业社会责任评分，比未经过政府审计的国有上市公司显著高出1.836。列（2）的解释变量为 Audit1，此时假设政府审计效果持续一期，尽管 Audit1 的系数依然为正，但未能通过显著性检验。可能的原因是，政府审计对企业社会责任决策的影响不可能只持续一期，以此假设构造的 Audit1 的平均值仅为0.03，导致 Audit1 在样本间变异较小，从而掩盖了政府审计对于企业社会责任影响的真实效应。列（3）和列（4）分别是解释变量为 Audit3 和 Audit6 时的估计结果，它们分别假设政府审计的影响效应持续一届和两届董事会任期，此时 Audit3 和 Audit6 的系数分别为1.722和1.851。因此，从表5-3的估计结果可以看到，由于审计署针对中央企业集团开展政府审计工作，强化了被审计国有上市公司的公共受托责任意识，督促社会形象受损的上市公司通过积极履行社会责任来修复企业形象，从而有助于提升企业社会责任水平，验证了研究假设H1。

从控制变量的估计结果来看：Woman 在列（2）和列（3）中显著为负，女性高管反而降低了企业社会责任表现，这与黄荷暑和周泽将（2015）的研究结论有所不同；Gov 在列（1）~列（4）中都显著为正，表明具有政治联系的高管往往有较强的社会责任意识，从而提升了企业社会

责任水平；Roa 和 Scale 在列（1）~列（4）中都显著为正，表明盈利能力强、资产规模大的上市公司具有更高的财务自由度，有能力和意愿承担更多的社会责任；Bith 在列（1）~列（4）中都显著为负，表明国有上市公司的成立时间与其社会责任表现成反比，可能的原因是成立时间短的企业往往社会影响力也相对较低，亟须通过履行社会责任来获取市场关注，并树立良好的社会形象，进而有利于拓展企业经营业务。Tax 在列（1）~列（4）中都显著为正，表明企业成本结构中的税费成本越高，则履行的纳税责任越多，从而能够获得更高的社会责任评分。

表 5-3　　　　　　　　基于全样本的基准模型估计结果

变量	(1) CSR	(2) CSR	(3) CSR	(4) CSR
Auditall	1.836*** (2.66)			
Audit1		1.193 (0.90)		
Audit3			1.722** (1.99)	
Audit6				1.851*** (2.59)
Double	0.036 (0.05)	-0.050 (-0.07)	-0.015 (-0.02)	0.022 (0.03)
Woman	-1.242 (-1.55)	-1.378* (-1.73)	-1.319* (-1.65)	-1.259 (-1.57)
Gov	1.539*** (3.21)	1.479*** (3.09)	1.494*** (3.12)	1.540*** (3.21)
Conc	0.011 (0.64)	0.013 (0.76)	0.012 (0.71)	0.011 (0.64)
Central	-0.066 (-0.06)	0.203 (0.18)	0.058 (0.05)	-0.049 (-0.04)
Roa	1.607*** (31.29)	1.605*** (31.20)	1.605*** (31.23)	1.607*** (31.28)
Flow	-0.002 (-0.13)	-0.001 (-0.11)	-0.002 (-0.12)	-0.002 (-0.12)
Scale	5.605*** (28.01)	5.665*** (28.58)	5.641*** (28.36)	5.613*** (28.08)

续表

变量	(1) CSR	(2) CSR	(3) CSR	(4) CSR
$Grow$	-0.003 (-0.42)	-0.003 (-0.45)	-0.003 (-0.42)	-0.003 (-0.43)
$Bith$	-0.125** (-2.28)	-0.125** (-2.26)	-0.125** (-2.27)	-0.126** (-2.29)
$Wage$	-0.013 (-0.37)	-0.010 (-0.29)	-0.012 (-0.35)	-0.013 (-0.38)
Tax	0.274*** (5.88)	0.272*** (5.83)	0.275*** (5.89)	0.275*** (5.88)
常数项	-106.129*** (-23.99)	-107.533*** (-24.48)	-106.957*** (-24.28)	-106.325*** (-24.05)
年度效应	控制	控制	控制	控制
行业效应	控制	控制	控制	控制
样本量	6538	6538	6538	6538
调整后 R^2	0.352	0.352	0.352	0.352

注：***、**、* 分别表示系数在1%、5%、10%的显著性水平上显著。

三、基于法制环境异质性的实证检验

以王小鲁等（2017）发布的最新年度各省份"市场中介组织发育和法律制度环境评分"为依据，对31个省份进行排序，以排序前15位的为法制环境好的省份，排序后16位的为法制环境差的省份。根据国有上市公司注册地所在省份的分组情况，将全部样本分成法制环境好和差两个子样本，并基于这两个子样本对式（5-1）进行回归分析，估计结果如表5-4所示。

表5-4　　　　　　　基于法制环境子样本的模型估计结果

变量	法制环境好				法制环境差			
	(1) CSR	(2) CSR	(3) CSR	(4) CSR	(5) CSR	(6) CSR	(7) CSR	(8) CSR
$Auditall$	1.829** (2.24)				2.119 (1.61)			
$Audit1$		1.007 (0.65)				1.406 (0.57)		

续表

变量	法制环境好				法制环境差			
	(1) CSR	(2) CSR	(3) CSR	(4) CSR	(5) CSR	(6) CSR	(7) CSR	(8) CSR
Audit3			2.111** (2.04)				0.867 (0.55)	
Audit6				2.091** (2.46)				1.565 (1.17)
Double	-0.499 (-0.61)	-0.605 (-0.74)	-0.560 (-0.68)	-0.506 (-0.62)	1.414 (1.15)	1.342 (1.09)	1.369 (1.11)	1.394 (1.13)
Woman	-1.813** (-2.06)	-1.977** (-2.26)	-1.879** (-2.14)	-1.808** (-2.06)	1.035 (0.55)	0.963 (0.51)	0.970 (0.52)	1.004 (0.53)
Gov	1.585*** (2.81)	1.516*** (2.69)	1.544*** (2.75)	1.596*** (2.83)	0.827 (0.89)	0.783 (0.84)	0.783 (0.84)	0.816 (0.88)
Conc	0.019 (0.99)	0.021 (1.08)	0.020 (1.03)	0.019 (0.98)	-0.028 (-0.83)	-0.026 (-0.78)	-0.026 (-0.78)	-0.027 (-0.81)
Central	0.891 (0.62)	1.274 (0.88)	0.970 (0.68)	0.856 (0.60)	-2.167 (-1.25)	-2.034 (-1.18)	-2.023 (-1.17)	-2.115 (-1.22)
Roa	1.590*** (24.94)	1.587*** (24.87)	1.588*** (24.93)	1.590*** (24.95)	1.570*** (17.11)	1.568*** (17.06)	1.568*** (17.09)	1.571*** (17.11)
Flow	0.006 (0.40)	0.006 (0.39)	0.006 (0.38)	0.006 (0.40)	-0.014 (-0.65)	-0.013 (-0.61)	-0.013 (-0.61)	-0.013 (-0.63)
Scale	5.528*** (23.49)	5.610*** (24.18)	5.567*** (23.86)	5.529*** (23.53)	5.873*** (14.81)	5.876*** (14.81)	5.874*** (14.80)	5.872*** (14.80)
Grow	-0.005 (-0.52)	-0.005 (-0.56)	-0.005 (-0.54)	-0.005 (-0.53)	0.002 (0.18)	0.002 (0.20)	0.002 (0.20)	0.002 (0.18)
Bith	-0.036 (-0.58)	-0.034 (-0.55)	-0.035 (-0.56)	-0.037 (-0.60)	-0.439*** (-3.53)	-0.443*** (-3.56)	-0.442*** (-3.56)	-0.440*** (-3.54)
Wage	-0.053 (-1.28)	-0.051 (-1.23)	-0.052 (-1.27)	-0.053 (-1.29)	0.030 (0.49)	0.035 (0.58)	0.034 (0.56)	0.031 (0.51)
Tax	0.345*** (5.97)	0.343*** (5.93)	0.346*** (5.99)	0.345*** (5.98)	0.179** (2.21)	0.180** (2.22)	0.180** (2.22)	0.180** (2.22)
常数项	-104.451*** (-19.64)	-106.120*** (-20.10)	-105.264*** (-19.86)	-104.508*** (-19.67)	-108.170*** (-12.63)	-108.510*** (-12.67)	-108.424*** (-12.66)	-108.259*** (-12.64)

续表

变量	法制环境好				法制环境差			
	(1)	(2)	(3)	(4)	(5)	(6)	(7)	(8)
	CSR	CSR	CSR	CSR	CSR	CSR	CSR	CSR
年度效应	控制	控制	控制	控制	控制	控制	控制	控制
行业效应	控制	控制	控制	控制	控制	控制	控制	控制
样本量	4678	4678	4678	4678	1860	1860	1860	1860
调整后 R^2	0.357	0.357	0.357	0.358	0.333	0.332	0.332	0.332

注：***、** 分别表示系数在1%、5%的显著性水平上显著。

表5-4中列(1)~列(4)显示的是基于法制环境好的子样本的研究结果，此时列(1)、列(3)和列(4)中政府审计变量的估计结果都为正，也都在5%的显著性水平上显著，表明较好的法制环境能有效提升政府审计对企业履行社会责任的促进作用。相反，表5-4中列(5)~列(8)显示的是基于法制环境差的子样本的研究结果，它们的政府审计变量系数尽管也都为正，但都未通过显著性检验，表明较差的法制环境不利于发挥政府审计对企业履行社会责任的促进作用。可见，法制环境对于政府审计功能具有重要的调节作用，较好的法制环境有利于政府审计发现问题的及时解决，并提高市场对于政府审计结果的反馈力度和时效，最终提升政府审计对企业社会责任表现的促进作用，验证了研究假设H2a。

四、基于流通股比重异质性的实证检验

将流通股股数除以总股数计算得到流通股比重，并根据流通股比重的中位数，将全部样本分成流通股比重低和高两个子样本，表5-5报告了基于不同流通股比重子样本进行回归分析得到的估计结果。

表5-5　　　　基于流通股比重子样本的模型估计结果

变量	流通股比重低				流通股比重高			
	(1)	(2)	(3)	(4)	(5)	(6)	(7)	(8)
	CSR	CSR	CSR	CSR	CSR	CSR	CSR	CSR
Auditall	1.105 (1.18)				2.580** (2.52)			
Audit1		-1.201 (-0.70)				3.569* (1.77)		

续表

变量	流通股比重低				流通股比重高			
	(1)	(2)	(3)	(4)	(5)	(6)	(7)	(8)
	CSR	CSR	CSR	CSR	CSR	CSR	CSR	CSR
Audit3			0.708 (0.61)				2.900** (2.24)	
Audit6				0.992 (1.01)				2.697** (2.57)
Double	-0.511 (-0.58)	-0.566 (-0.64)	-0.549 (-0.62)	-0.525 (-0.60)	0.494 (0.47)	0.361 (0.34)	0.428 (0.40)	0.478 (0.45)
Woman	-0.616 (-0.57)	-0.763 (-0.70)	-0.706 (-0.65)	-0.642 (-0.59)	-2.140* (-1.81)	-2.246* (-1.90)	-2.176* (-1.85)	-2.148* (-1.82)
Gov	2.261*** (3.46)	2.211*** (3.39)	2.227*** (3.41)	2.254*** (3.45)	0.819 (1.16)	0.747 (1.06)	0.766 (1.08)	0.831 (1.17)
Conc	-0.045** (-2.03)	-0.044* (-1.95)	-0.045** (-1.99)	-0.045** (-2.01)	0.091*** (3.64)	0.094*** (3.74)	0.094*** (3.73)	0.091*** (3.64)
Central	-0.459 (-0.31)	-0.193 (-0.13)	-0.352 (-0.24)	-0.426 (-0.28)	0.565 (0.33)	0.861 (0.50)	0.712 (0.42)	0.567 (0.33)
Roa	1.618*** (22.14)	1.612*** (22.11)	1.616*** (22.16)	1.618*** (22.16)	1.579*** (21.72)	1.579*** (21.65)	1.573*** (21.60)	1.579*** (21.71)
Flow	0.004 (0.23)	0.005 (0.27)	0.005 (0.25)	0.004 (0.24)	-0.004 (-0.25)	-0.005 (-0.29)	-0.004 (-0.25)	(-0.25)
Scale	6.481*** (24.73)	6.532*** (25.38)	6.512*** (25.10)	6.490*** (24.78)	4.547*** (14.83)	4.622*** (15.12)	4.581*** (14.98)	4.556*** (14.89)
Grow	-0.017* (-1.95)	-0.017** (-1.98)	-0.017* (-1.95)	-0.017* (-1.96)	0.020* (1.66)	0.020 (1.63)	0.020* (1.66)	0.020* (1.67)
Bith	-0.231*** (-3.40)	-0.231*** (-3.41)	-0.231*** (-3.41)	-0.231*** (-3.41)	-0.017 (-0.18)	-0.012 (-0.13)	-0.010 (-0.11)	-0.016 (-0.17)
Wage	-0.026 (-0.55)	-0.025 (-0.54)	-0.025 (-0.54)	-0.026 (-0.55)	0.007 (0.14)	0.011 (0.23)	0.007 (0.14)	0.006 (0.13)
Tax	0.215*** (3.29)	0.216*** (3.31)	0.215*** (3.29)	0.215*** (3.29)	0.328*** (4.87)	0.324*** (4.80)	0.331*** (4.91)	0.329*** (4.88)

续表

变量	流通股比重低				流通股比重高			
	(1)	(2)	(3)	(4)	(5)	(6)	(7)	(8)
	CSR	CSR	CSR	CSR	CSR	CSR	CSR	CSR
常数项	-119.556***	-120.617***	-120.235***	-119.759***	-90.136***	-91.931***	-91.017***	-90.363***
	(-20.00)	(-20.46)	(-20.27)	(-20.04)	(-13.53)	(-13.81)	(-13.68)	(-13.58)
年度效应	控制	控制	控制	控制	控制	控制	控制	控制
行业效应	控制	控制	控制	控制	控制	控制	控制	控制
样本量	3269	3269	3269	3269	3269	3269	3269	3269
调整后 R^2	0.360	0.360	0.360	0.360	0.355	0.354	0.355	0.355

注：***、**、*分别表示系数在1%、5%、10%的显著性水平上显著。

表5-5中列（1）~列（4）显示的是基于流通股比重低的子样本的研究结果，此时政府审计的四个衡量指标在所有模型中都未通过显著性检验，表明较低的流通股比重意味着在政府审计结果公告发布时，企业管理层主要面临来自非流通股股东，即国资委等政府监管层对审计问题整改的压力，企业的应对策略以审计结果公告中指出的问题整改为主，此时政府审计对企业社会责任的促进作用难以得到有效发挥。相反，列（5）~列（8）显示的是基于流通股比重高的子样本的研究结果，此时政府审计的四个衡量指标在所有模型中都显著为正，且系数值都大于表5-3中对应的变量系数，表明在较高的流通股比重条件下，当政府审计结果公告披露企业存在各种问题后，企业不仅要面对来自政府监管层的问题整改压力，还要面对来自资本市场的企业社会形象修复压力，此时企业有足够的动力积极履行社会责任。可见，流通股比重对于政府审计功能具有重要的调节作用，较高的流通股比重有利于提升政府审计对企业社会责任表现的促进作用，从而验证了研究假设H2b。

五、基于企业所得税税负异质性的实证检验

将企业所得税费用除以利润总额计算得到企业所得税税负，并根据企业所得税税负的中位数，将全部样本分成企业所得税税负轻和重两个子样本，表5-6报告了基于不同企业所得税税负子样本进行回归分析得到的估计结果。

表 5-6　　　　基于企业所得税税负子样本的模型估计结果

变量	(1) CSR	(2) CSR	(3) CSR	(4) CSR	(5) CSR	(6) CSR	(7) CSR	(8) CSR
	企业所得税税负轻				企业所得税税负重			
Auditall	3.049*** (3.42)				0.630 (0.58)			
Audit1		0.643 (0.37)				1.631 (0.80)		
Audit3			2.246** (1.97)				1.271 (0.96)	
Audit6				2.863*** (3.11)				0.832 (0.74)
Double	0.871 (0.88)	0.658 (0.66)	0.717 (0.72)	0.822 (0.83)	-0.588 (-0.63)	-0.592 (-0.63)	-0.578 (-0.62)	-0.585 (-0.62)
Woman	0.268 (0.20)	-0.027 (-0.02)	0.098 (0.07)	0.229 (0.17)	-2.710*** (-2.72)	-2.736*** (-2.75)	-2.712*** (-2.73)	-2.704*** (-2.72)
Gov	2.012*** (2.86)	1.928*** (2.74)	1.930*** (2.74)	2.015*** (2.86)	0.687 (1.06)	0.666 (1.03)	0.684 (1.05)	0.693 (1.06)
Conc	-0.003 (-0.15)	-0.000 (-0.01)	-0.001 (-0.05)	-0.003 (-0.14)	0.020 (0.83)	0.020 (0.84)	0.019 (0.82)	0.019 (0.82)
Central	0.852 (0.59)	1.551 (1.08)	1.237 (0.87)	0.975 (0.68)	-1.347 (-0.79)	-1.273 (-0.74)	-1.366 (-0.80)	-1.375 (-0.80)
Roa	1.649*** (27.43)	1.648*** (27.36)	1.646*** (27.35)	1.649*** (27.41)	1.362*** (12.58)	1.360*** (12.57)	1.363*** (12.60)	1.363*** (12.59)
Flow	0.006 (0.34)	0.006 (0.33)	0.006 (0.34)	0.006 (0.35)	0.002 (0.14)	0.003 (0.15)	0.002 (0.13)	0.002 (0.13)
Scale	5.299*** (18.52)	5.382*** (18.91)	5.353*** (18.79)	5.311*** (18.57)	5.604*** (19.81)	5.623*** (20.31)	5.605*** (20.12)	5.601*** (19.88)
Grow	0.002 (0.15)	0.002 (0.22)	0.002 (0.21)	0.002 (0.16)	-0.016* (-1.67)	-0.016* (-1.69)	-0.016* (-1.66)	-0.016* (-1.67)
Bith	-0.260*** (-3.43)	-0.260*** (-3.40)	-0.258*** (-3.39)	-0.260*** (-3.43)	-0.016 (-0.20)	-0.016 (-0.20)	-0.017 (-0.21)	-0.017 (-0.21)

续表

变量	企业所得税税负轻				企业所得税税负重			
	(1)	(2)	(3)	(4)	(5)	(6)	(7)	(8)
	CSR	CSR	CSR	CSR	CSR	CSR	CSR	CSR
Wage	0.032 (0.70)	0.038 (0.84)	0.034 (0.73)	0.031 (0.67)	-0.015 (-0.30)	-0.015 (-0.29)	-0.015 (-0.29)	-0.015 (-0.29)
Tax	0.244*** (3.31)	0.248*** (3.36)	0.252*** (3.42)	0.249*** (3.38)	0.258*** (4.17)	0.258*** (4.17)	0.258*** (4.18)	0.258*** (4.17)
常数项	-99.890*** (-16.06)	-101.847*** (-16.44)	-101.183*** (-16.32)	-100.184*** (-16.11)	-99.175*** (-13.95)	-99.651*** (-14.23)	-99.208*** (-14.10)	-99.101*** (-13.98)
年度效应	控制	控制	控制	控制	控制	控制	控制	控制
行业效应	控制	控制	控制	控制	控制	控制	控制	控制
样本量	3269	3269	3269	3269	3269	3269	3269	3269
调整后 R^2	0.382	0.380	0.380	0.382	0.280	0.281	0.281	0.281

注：***、**、*分别表示系数在1%、5%、10%的显著性水平上显著。

表5-6中列（1）~列（4）显示的是基于企业所得税税负轻的子样本的研究结果，此时政府审计变量在列（1）、列（3）和列（4）中都显著为正，且系数值都大于表5-3中对应的变量系数，表明企业所得税税负较轻的企业，在政府审计过程中发现生产经营中存在问题后，有更高的积极性履行社会责任。但是，列（5）~列（8）的结果显示，当企业所得税税负较重时，企业履行社会责任的积极性随之降低，导致政府审计变量的系数未能通过显著性检验。可见，企业所得税税负在政府审计中能够发挥重要的调节作用，较轻的企业所得税税负有助于提升政府审计对企业社会责任表现的促进作用，从而验证了研究假设H2c。

六、稳健性检验结果分析

（一）因变量为评分等级的排序模型估计结果

我国国有上市公司的社会责任评分等级分布并不均衡，总体等级偏低。为了测试研究结论的稳健性，使用企业社会责任评分等级作为被解释变量，将A、B、C、D、E五个等级分别取值为5、4、3、2、1，即企业社会责任评分等级越高则取值越大。此时，多元回归模型转变为排序模型，表5-7报告了使用最大似然估计法对排序模型进行估计得到的结果。表5-7中列（1）、列（3）和列（4）结果显示，政府审计变量的系数都在1%的显著性水平上显著为正,表明政府审计提高了企业获得更高的社会责任评分等级的概率,即政府审计对于企业社会责任表现具有明显的促进作用。

表5-7 基于企业社会责任评分等级的排序模型估计结果

变量	(1) CSR	(2) CSR	(3) CSR	(4) CSR
Auditall	0.178*** (3.69)			
Audit1		0.113 (1.24)		
Audit3			0.167*** (2.94)	
Audit6				0.182*** (3.66)
控制变量	控制	控制	控制	控制
年度效应	控制	控制	控制	控制
行业效应	控制	控制	控制	控制
样本量	6538	6538	6538	6538
伪 R^2	0.167	0.166	0.166	0.167

注:***表示系数在1%的显著性水平上显著。

(二) 基于政府审计一阶前推项的估计结果

在构造政府审计变量时,存在三个不同的时间节点可供选择,上述研究都是以审计署派遣审计人员入驻企业开展审计工作的年度作为时间节点。不过,政府审计对企业社会责任表现的影响在审计实施前一年就可能已经产生,原因是审计署对于中央企业的审计计划在上年末或当年初就已经制定并公布,被审计企业极有可能提前获得将要被审计的计划安排,从而在审计实施前一年就开始积极履行社会责任,使企业在接受政府审计时有较好的社会责任表现。基于存在该情况的可能性,进一步以政府审计实施前一年作为构造政府审计变量的时间节点,即以 Auditall、Audit1、Audit3、Audit6 的一阶前推项作为政府审计的衡量指标进行稳健性测试,表5-8报告了模型估计结果。从表5-8中可以看到,列(1)、列(3)和列(4)中政府审计变量的系数仍然显著为正,其结果与表5-3中对应模型的估计结果一致,表明政府审计对企业社会责任的促进作用在审计实施前一年就已产生。

表 5-8　　　　　基于政府审计一阶前推项的模型估计结果

变量	(1) CSR	(2) CSR	(3) CSR	(4) CSR
F. Auditall	1.910*** (2.73)			
F. Audit1		0.733 (0.49)		
F. Audit3			1.575* (1.81)	
F. Audit6				1.962*** (2.72)
控制变量	控制	控制	控制	控制
年度效应	控制	控制	控制	控制
行业效应	控制	控制	控制	控制
样本量	5425	5425	5425	5425
调整后 R^2	0.373	0.372	0.372	0.373

注：***、*分别表示系数在1%、10%的显著性水平上显著。

(三) 不同政府审计衡量指标的估计结果

为了进一步考察政府审计衡量指标的稳健性，分别构造 Audit2、Audit4 和 Audit5 三个指标，它们分别在企业接受政府审计的当年度开始，连续二个、四个和五个年度取值为1；其他年度取值为0。表5-9报告了使用不同政府审计衡量指标的估计结果，从列 (1) ~ 列 (3) 中政府审计衡量指标的系数全都显著为正，表明政府审计对企业社会责任的促进效应具有较强的稳健性，不受政府审计衡量指标差异的影响。

表 5-9　　　　　不同政府审计衡量指标的估计结果

变量	(1) CSR	(2) CSR	(3) CSR
Audit2	2.019** (2.05)		
Audit4		1.821** (2.32)	
Audit5			2.055*** (2.76)

续表

变量	(1)	(2)	(3)
	CSR	*CSR*	*CSR*
控制变量	控制	控制	控制
年度效应	控制	控制	控制
行业效应	控制	控制	控制
样本量	6538	6538	6538
调整后 R^2	0.352	0.352	0.352

注：***、** 分别表示系数在1%、5%的显著性水平上显著。

(四) 倾向得分匹配估计结果

中央企业规模庞大、数量众多，审计成本较高，因此审计署每年以国企领导人的任中审计与离任审计为主，随机选择中央企业开展财务收支审计工作 (褚剑和方军雄, 2016), 不存在依据中央企业的社会责任表现挑选审计对象的可能性，从而避免了样本选择偏差导致的内生性问题。为了更加充分地规避可能存在的样本选择偏差风险，使用倾向得分匹配方法进行倾向得分估计 (Rosenbaum and Rubin, 1983), 进一步测试政府审计效应的稳健性。倾向得分匹配的基本原理是，根据一系列可观测变量对经政府审计的实验组样本与未经政府审计的对照组样本进行匹配，使匹配后的实验组样本和对照组样本在可观测变量上不存在显著差异，此时如果两组样本的社会责任表现存在显著差异，那么该平均处理效应 (average treatment effect, ATT) 只能来自两组样本在是否获得政府审计上的差异，从而验证政府审计对企业社会责任的影响。

使用 Probit 模型进行样本匹配，表 5-10 报告了当政府审计指标为 *Auditall* 时的样本匹配结果。倾向得分匹配使用的可观测变量除了式 (5-1) 中可能对企业是否被审计产生影响的两职合一 *Double*、高管政治联系 *Gov*、股权集中度 *Conc*、总资产收益率 *Roa*、现金流充裕度 *Flow*、资产规模 *Scale* 和未列示的17个行业哑变量 $\sum Trade$ 外，还包括是否违规 *Violate*, 当企业由于违规被证券交易所、证监会、财政部等政府监管部门处罚时取值为1，否则取值为0; 董事长或总经理变更 *Change*, 当董事长或总经理当年度发生变更时取值为1，否则取值为0; 内部控制质量 *Inter*, 由迪博内部控制指数衡量。可以看到，在倾向得分匹配前，除 *Violate* 和 *Inter* 在实验组和对照组间不存在显著差异外，其他可观测变量都存在显著差异，此时即使实验组和对照组的企业社会责任表现具有显著差别，该差别也可能是由这些可观测变量引起的，并不一定是由政府审计造成的。但是，经过倾向得分匹配后，所有可观测变量在实验组和对照组之间不存在显著差异，满足了倾向得分估计的前提要求。当政府审计指标为 Audit1、Audit3 和 Audit6 时，样本匹配结果与表 5-10 一致，可观测变量在倾向得分匹配后不存在显著差异。

表 5-10　　　　政府审计指标为 Auditall 时的样本匹配结果

变量	匹配前 平均值 实验组	匹配前 平均值 对照组	t 值	匹配后 平均值 实验组	匹配后 平均值 对照组	t 值
Double	0.056	0.102	-4.32***	0.056	0.061	-0.42
Gov	0.224	0.322	-5.89***	0.223	0.224	-0.04
Conc	54.643	49.723	8.78***	54.631	54.155	0.62
Roa	2.478	2.977	-2.98***	2.479	2.580	-0.45
Flow	9.488	8.146	2.07**	9.488	9.148	0.43
Scale	23.078	22.491	12.24***	23.075	22.989	1.19
Violate	0.110	0.120	-0.81	0.110	0.111	-0.05
Change	0.334	0.242	5.89***	0.334	0.337	-0.15
Inter	640.000	640.910	-0.15	640.080	641.600	-0.17

注：***、** 分别表示系数在 1%、5% 的显著性水平上显著。

表 5-11 报告了基于卡尺匹配方法的倾向得分估计结果，当政府审计的衡量指标为 Auditall 时，倾向得分匹配前实验组比对照组的企业社会责任得分高 3.147，且在 1% 的显著性水平上显著，表明接受政府审计的国有上市公司比未接受政府审计的国有上市公司在企业社会责任得分上高 3.147，但无法得出该差异是由政府审计导致的结论。但是，经过倾向得分匹配后实验组比对照组的企业社会责任得分高 1.826，且在 5% 的显著性水平上显著，根据表 5-10 显示此时实验组和对照组的可观测变量不存在显著差异，那么它们的企业社会责任得分差异必然是由政府审计导致的，即政府审计 Auditall 的平均处理效应达到了 1.826。同样的，当政府审计衡量指标分别为 Audit3 和 Audit6 时，平均处理效应分别达到 3.686 和 1.980。可见，在使用倾向得分匹配方法避免可能存在的样本选择偏差问题后，政府审计对于企业社会责任表现的促进作用依然显著存在，进一步验证了研究结论的稳健性。

表 5-11　　　　　　　　　　倾向得分估计结果

政府审计指标	类型	实验组	对照组	平均处理效应	标准误	t 值
Auditall	匹配前	32.797	29.649	3.147	0.771	4.08***
	匹配后	32.816	30.981	1.826	0.869	2.10**
Audit1	匹配前	32.535	30.039	2.496	1.626	1.53
	匹配后	32.535	29.988	2.547	1.665	1.53
Audit3	匹配前	34.161	29.742	4.419	0.994	4.45***
	匹配后	34.161	30.476	3.686	1.083	3.40***
Audit6	匹配前	32.617	29.718	2.899	0.800	3.62***
	匹配后	32.627	30.646	1.980	0.895	2.21**

注：***、**分别表示系数在1%、5%的显著性水平上显著。

第四节　政府审计与企业社会责任的研究结论

如何激励企业开展社会责任工作，是各国政府政策制定部门需要关注的重要问题。一般而言，政府审计部门只以行政机关作为被审计对象开展审计工作，本章以我国社会主义市场经济条件下特有的审计署中央企业财务收支审计工作为事件切口，实证分析了政府审计对国有上市公司的企业社会责任表现的影响效应。研究结果表明：（1）政府审计能在总体上提升国有上市公司的社会责任表现，原因在于政府审计有助于强化国有上市公司的公共受托责任意识，并在政府审计结果公告披露企业存在的问题后，督促企业通过积极履行社会责任来修复社会形象。（2）在较好的法制环境条件下，政府审计过程中发现的问题能更加及时地获得监管层、新闻媒体、消费者、资本市场的反馈，督促企业认真整改存在的问题，有助于提升政府审计对企业社会责任的促进作用。（3）在较高的流通股比重条件下，企业同时面临来自国资委等监管层和资本市场的双重压力，有更强的动机通过承担社会责任来重新树立广大流通股股东对企业生产经营的信心，有助于提升政府审计对企业社会责任的促进作用。（4）较轻的企业所得税税负意味着企业可能享受一定程度的税收优惠政策，有更高的积极性承担社会责任，有助于提升政府审计对企业社会责任的促进作用。（5）基于排序模型、改变政府审计衡量指标、倾向得分匹配等方法的稳健性测试表明，政府审计对于企业履行社会责任表现的促进作用具有较强的稳健性。

政策建议包括：(1)鉴于政府审计对国有上市公司履行社会责任存在的促进作用，我国政府应加强审计署的中央企业审计工作，并将该项工作由审计署层面向地方审计部门推广，逐步建立起各级审计部门对各级国资委所属国有企业的政府审计制度。由于政府审计工作需要耗费大量人力物力成本，可以每年按照一定比例随机抽取被审计企业，并将审计结果及时向社会公布，强化国有企业的公共受托责任意识，并充分发挥新闻媒体在政府审计结果宣传和问题后续整改中的监督作用。(2)各级人大应加大法律法规制度供给力度，监督现有法律法规体系在各地区的实施情况，为政府审计功能的有效发挥创造良好的法律制度环境。(3)我国作为社会主义市场经济国家，在坚持国有经济控制国民经济命脉的大前提下，应不断丰富和完善国有企业的股权结构，发挥社会资本在激活国有经济活力与完善企业治理结构中的重要作用，通过股权分置改革建立非流通股股东和流通股股东的利益平衡协商机制，解决部分国有上市公司非流通股比重过高的历史遗留问题，逐步提高国有上市公司的流通股比重，发挥资本市场对于企业治理和社会责任意识的促进作用。(4)企业所得税是我国各类税收优惠政策的主要承载税种，应积极发挥税收优惠政策对于企业履行社会责任积极性的促进作用，加强相关税收优惠政策的宣传和执行力度。

第六章 股东责任：外部压力与企业绩效

企业绩效是企业履行股东责任水平的重要指标，股东压力和债权人压力作为企业面临的重要外部压力，会对企业履行股东责任产生什么样的影响？本章从股东和债权人压力两个方面，围绕外部压力对企业绩效的影响效应和作用机制进行理论和实证研究。

第一节 外部压力与企业绩效的理论分析

一、外部压力与企业绩效的研究进展

利益相关者是企业外部压力的主要来源，企业与利益相关者之间存在隐性或显性的契约关系，利益相关者向企业提供重要资源，企业制定发展战略时应充分考虑不同利益相关者的诉求，实现企业可持续发展的战略目标（Donaldson and Preston，1995）。然而在全球范围内，企业罔顾利益相关者正当权益的事件时有发生。例如，大众汽车的"排放门"事件、Facebook 的用户隐私泄露事件等，无不反映企业与利益相关者之间的互惠关系受到挑战。

外部压力与企业绩效关系已然成为当前的研究热点。大量研究表明，政府、股东、消费者等外部利益相关者的压力，是提升企业经营绩效的驱动因素。例如，政府通过执行法律法规督促企业合法经营；股东追求可持续发展目标，致力于提升企业长期绩效；消费者消费决策和公共舆论压力，促使企业提供高质量的产品和服务等。因此，满足外部利益相关者诉求，有助于企业提高市场份额，形成品牌效应，进而提升企业绩效水平（Cheng et al.，2004；蒋雨思，2015）。但是，也有部分研究指出，外部压力会对企业价值产生负面影响。一方面，不同利益相关者的诉求差异巨大。例如，消费者寻求价廉质优的产品，但股东注重降低产品的生产成

本，两者间的诉求冲突并不利于企业价值提升。另一方面，管理者过分注重平衡不同利益相关者诉求，可能会增加企业经营成本，降低企业绩效水平（贾兴平等，2016）。关于外部压力与企业绩效关系的研究结论差异，可能的原因在于部分研究忽略了不同利益相关者的诉求差异和作用机制差异。为此，部分学者尝试引入绿色管理行为、企业社会责任等中介变量（李卫宁和吴坤津，2013；贾兴平等，2016），探索外部压力对企业绩效的作用机制。

目前，尚未有文献从研发投入视角，分析外部压力对企业绩效的影响机制。本章从股东和债权人压力两个方面，探讨外部压力对企业绩效的内在作用机制，研究结果表明，外部压力显著影响企业绩效。其中，股东压力能够提升企业绩效，债权人压力会抑制企业绩效。就具体影响机制而言，外部压力主要通过研发投入这一中介变量对企业绩效产生影响。可能的边际贡献在于：第一，现有研究尚未从股东和债权人压力的角度，探讨研发投入在外部压力与企业绩效间的中介作用，本章对此展开的比较分析从实证角度丰富了相关研究文献。第二，研究发现股东和债权人压力对企业绩效的影响效应并不一致，其结论在企业平衡不同利益相关者诉求冲突时具有重要参考价值。

二、外部压力对企业绩效的影响效应

外部压力是由于企业面临资源约束，各利益相关者对企业的期望、权利和责任存在差异，导致不同利益相关者的诉求难以同时满足而产生的压力（Murillo-Luna et al.，2008）。股东和债权人作为企业重要的利益相关者，对于企业经营绩效有着极大影响。

股东压力对企业绩效的影响主要体现在三个方面。第一，股东压力有助于引导企业发展战略。股东作为企业所有者，追求自身财富最大化目标（刘雪梅，2012），不仅注重企业当期收益，更会权衡企业面临的经营风险，关注企业长期收益。企业面临较大的股东压力时，会更加主动地将发展战略与股东目标紧密结合，从而提升企业绩效。第二，股东压力有助于分散和降低经营风险（黄灿和李善民，2019；王晓艳和温东子，2020）。当股东压力较小时，企业管理者承受大部分经营风险，可能导致管理者在面临重大投资决策时犹豫不决、错失投资良机。但是，当企业面临的股东压力较大时，机构投资者等股东对企业投资决策具有更强的影响力，能够运用自身专业能力、信息获取优势、关系网络等资源降低投资风险，从而提升企业绩效。第三，股东压力有助于减少委托代理问题（王晓艳和温东子，2020）。较大的股东压力意味着股东具有较高的积极性关注企业经营活动，能够通过参与股东诉讼、抑制内部控制缺陷等措施监督企业管理者，在一定程度上减少委托代理问题，有效降低监督和管理成本，从而提升企业绩效。

债权人压力对企业绩效的影响主要体现在如下三个方面。第一，债权人压力会增加企业财务风险（Huang and Song，2006）。企业债务融资比率较大时，出于控制信贷风险等因素考虑，债权人会索要较高的贷款利率，高杠杆压力使企业难以在偿还债务与提升企业价值之间实现平衡，定期还本付息与项目投资期限错配也极大地提高了财务风险，不利于提升企业绩效。第二，债权人压力会增加企业融资成本。由于风险与收益不匹配，获取固定利息的债权人不希望企业将贷款资金投资于高风险项目，但股东为了获得更高收益，倾向于投资高风险项目。因此，不同利益相关者的诉求冲突加剧了利益冲突，当企业面临的债权人压力较大时，债权人为了避免高风险投资带来的风险，倾向于增加融资成本，挤占企业投资现金流，降低企业投资高风险项目的积极性。不断增加的融资成本使企业的边际成本超过边际收益，最终对企业发展产生消极影响。第三，债权人压力对企业科技创新产生消极影响。依赖于债权融资的企业家更倾向于成为风险规避型企业家，使得股权融资比债权融资能更好地分散创新风险，而债权融资具有较低的风险容忍度，不利于企业开展科技创新，从而长期而言降低企业绩效（张岭，2020）。基于上述分析，提出如下假设。

H1：股东压力有助于提升企业绩效，但债权人压力会降低企业绩效。

三、影响机制：基于研发投入的中介效应分析

（一）外部压力对研发投入的影响效应

自熊彼特提出"创新理论"以来，大量学者研究表明，股东资金是企业研发资金最重要的来源。然而，由于企业创新活动需要大量的前期成本和沉没成本，债权人资金依然成为企业研发资金的重要补充来源（Himmelberg and Petersen，1994；Bejaković，2002）。由于股东和债权人对风险和收益的预期差异，股东和债权人压力对企业研发投入的影响也不相同。

就股东而言，首先，创新活动契合股东的收益预期（秦德智等，2019）。股东作为企业所有者，从整体利益出发，关注企业可持续发展。企业创新活动尽管周期较长，但也能为企业带来较高的预期收益，能够获得股东的广泛支持。其次，股东具有风险偏好特征（杨慧辉等，2020）。

企业创新活动的高风险性，与股东的风险偏好一致，有利于股东发挥股权融资低成本的优势，为企业研发活动提供持续资金来源。最后，创新活动将为股东带来异质性资源（Hall and Oriani，2006）。企业研发强度的增加往往伴随着研发效率的提升，能够加速企业创新成果转化。创新活动形成的专利等知识产权为企业带来稀缺的异质性资源，有助于企业占据市场份额，赢得竞争优势，促进长远发展。因此，较大的股东压力有助于推动企业加大研发投入。

就债权人而言，首先，创新活动的风险与收益不匹配（Stiglitz，1985）。企业开展科技创新活动，债权人难以分享研发活动带来的巨额收益，只能获得定额本息。但是，无论创新活动成功还是失败，债权人都将承担创新风险，可能丧失固定收取的本金和利息。基于风险与收益不平衡的现实，当企业面临的债权人压力较大时，研发投入强度将会降低。其次，债权人存在风险厌恶特征（Bejaković，2002；徐飞，2019）。债权人属于风险厌恶者，而高风险性是企业创新活动的重要特征，创新活动的收益不确定性使其风险超出了债权人预期。最后，定期偿还本息挤占了企业投资现金流（Cornell and Shapiro，1988）。创新活动要求企业拥有持续稳定的现金流，当企业债务融资压力较大时，定期偿还本息将会挤占企业投资现金流，使企业面临较大的融资约束，陷入现金流不足的窘境。因此，较大的债权人压力将会促使企业降低研发投入。

（二）研发投入对企业绩效的影响效应

创新是企业可持续发展的原动力，企业积极开展科技创新活动，加大研发投入，能够有效提升企业绩效。主要体现在：第一，研发投入能使企业形成独有的、难以模仿的核心资源，增强企业市场竞争力（Segarra and Teruel，2014）。增加研发资金投入可以有效提升企业创新成果产出，帮助企业形成差异化的产品和服务，助推企业提高市场份额，形成竞争优势，并为企业带来长期稳定的现金流。同时，增加研发人才投入能为企业培养高素质人才团队，形成核心竞争力，最终服务于改善产品、优化管理等，从而提升企业绩效。第二，研发投入能够显著提升企业全要素生产率（Amable et al.，2016；Baumann and Kritikos，2016）。研发投入有利于降低企业生产成本，减少对外部资金、劳动力的依赖，提升企业资源整合能力，使企业在短期内迅速提高产品生产效率，并在长期发展中形成规模效应。基于上述分析，提出如下假设。

H2：股东压力通过促进企业研发投入来提升企业绩效，债权人压力通过抑制企业研发投入来降低企业绩效。

第二节 外部压力与企业绩效的研究设计

一、变量定义

参照王雁南等（2019）、涂咏梅和张楠（2019）、柳卸林等（2019）文献，采用市场绩效 $TobinQ$ 作为被解释变量企业绩效的衡量指标。$TobinQ$ 为企业市场价值与资产重置成本的比值，反映资本市场投资者对于企业价值的判断，其数值大于 1 表明企业市场绩效较好；反之表明企业价值不被市场投资者看好。由于外部压力对企业市场绩效的影响在时间上具有滞后性，在计量模型回归时使用被解释变量的 $t+1$ 期数据。

参照王霞等（2013）、李慧云等（2018）文献，分别采用机构投资者持股比例 $Share$ 和融资负债率 $Loan$ 作为解释变量股东和债权人压力的衡量指标。就股东压力而言，机构投资者不仅具有专业知识素养和信息获取优势，而且往往以长期持股为目的，有充分的能力和动机影响企业投资决策，进而帮助企业提升绩效水平。因此，$Share$ 的符号预期为正。就债权人压力而言，债权人对企业经营业务的关注度会随着贷款比例的增加而提高，从而随着融资负债率的提升，企业经营决策受到的债权人压力束缚越大。因此，$Loan$ 的符号预期为负。

参照陈东和法成迪（2019）、杨兵和杨杨（2020）等文献，采用研发费用与营业收入的比值作为中介变量研发投入的衡量指标，其数值越大则表明企业的研发投入强度越大。参照周阳敏等（2019）、解学梅等（2020）文献，控制了反映企业基本特征、财务特征和股权结构的控制变量。其中，反映企业基本特征的变量包括资产规模 $Size$、企业年龄 Age 和财务杠杆 Lev；反映企业财务特征的变量包括经营现金流 $Cashflow$、每股收益 $Earning$、营业净利率 $Profit$ 和资产收益率 Roa；反映企业股权结构的变量包括股权集中度 Con 和管理层持股比重 $Mana$。具体的变量定义如表 6-1 所示。

表 6-1　　　　　　　　　　变量定义

变量名称	变量代码	变量定义
市场绩效	$TobinQ$	企业市场价值/重置资本成本
股东压力	$Share$	机构投资者持股比例

续表

变量名称	变量代码	变量定义
债权人压力	$Loan$	（长期借款+短期借款）/负债总额
研发投入	Rd	研发费用/营业收入
企业规模	$Size$	资产总额对数
企业年龄	Age	企业成立年限
财务杠杆	Lev	负债总额/资产总额
经营现金流	$Cashflow$	经营活动净现金流/营业收入
每股收益	$Earning$	净利润/总股数
营业净利率	$Profit$	净利润/营业收入
资产收益率	Roa	净利润/总资产
股权集中度	Con	前五大股东持股比例
管理层持股比重	$Mana$	管理层持股比例
行业哑变量	$\sum Trade$	属于特定行业时取值为1，否则为0
年度哑变量	$\sum Year$	属于特定年度时取值为1，否则为0

二、基于中介效应检验框架的模型设定

为验证上述研究假设，建立如下三个待检验模型：

$$TobinQ_{i,t+1} = \beta_0 + \beta_1 Share_{i,t} + \beta_2 Control_{i,t} + \sum Year_t + \sum Trade_i + \varepsilon_{i,t} \quad (6-1)$$

$$Rd_{i,t} = \beta_0 + \beta_1 Share_{i,t} + \beta_2 Control_{i,t} + \sum Year_t + \sum Trade_i + \varepsilon_{i,t} \quad (6-2)$$

$$TobinQ_{i,t+1} = \beta_0 + \beta_1 Share_{i,t} + \beta_2 Rd_{i,t} + \beta_3 Control_{i,t} + \sum Year_t + \sum Trade_i + \varepsilon_{i,t} \quad (6-3)$$

作为解释变量的外部压力包括股东和债权人压力两个方面，上述式（6-1）~式（6-3）中的股东压力 $Share$ 均可替换为债权人压力 $Loan$。式（6-1）用来检验假设 H1，即外部压力是否会影响企业绩效。根据上述理论分析，当解释变量为股东压力 $Share$ 时，β_1 显著为正；当解释变量为债权人压力 $Loan$ 时，β_1 显著为负。

在式（6-1）中系数 β_1 通过显著性检验的前提下，可以使用式（6-2）和式（6-3）来检验外部压力对企业绩效的作用机制（温忠麟等，2004）。式（6-2）反映了解释变量对中介变量 Rd 的影响，如果式（6-2）中解释变量的系数 β_1 显著，则在式（6-3）中同时引入解释变量和中介变量，

研究它们对被解释变量的影响是否显著。如果解释变量和中介变量的系数同时显著，说明存在部分中介效应；如果解释变量系数不显著，中介变量系数显著，说明存在完全中介效应；如果中介变量系数不显著，说明不存在中介效应。根据上述理论分析，当解释变量为股东压力 Share 时，式（6-2）中系数 β_1 显著为正；式（6-3）中系数 β_1 和 β_2 也显著为正。当解释变量为债权人压力 Loan 时，式（6-2）中系数 β_1 显著为负；式（6-3）中系数 β_1 显著为负、系数 β_2 显著为正。

三、研究样本选择

本章选取 2009~2019 年沪深 A 股上市公司为研究样本，并剔除 ST 与 *ST 样本、金融业样本以及相关变量数据缺失样本，最终获得 11192 个观测值。为排除极端值对研究结果稳健性的影响，参照研究惯例对所有连续型变量进行临界值为 2.5% 的 Winsor 缩尾处理。全部数据来自国泰安 CSMAR 数据库。

第三节　外部压力与企业绩效的实证结果

一、变量描述性统计分析

表 6-2 列示了变量的描述性统计结果。可以看到，市场绩效 TobinQ 的最小值和最大值分别为 0.946 和 6.180，表明我国上市公司的企业绩效差异较大。股东压力 Share 的最小值和最大值分别为 0.000 和 0.254，债权人压力 Loan 的最小值和最大值分别为 0.000 和 0.769，表明样本企业面临的股东压力和债权人压力也存在较大差异。中介变量 Rd 的均值为 0.043，中位数为 0.035，说明大部分样本企业的研发投入强度低于总体平均值，我国上市公司存在研发投入不足的现象。此外，我国上市公司在企业规模 Size、企业年龄 Age、经营现金流 Cashflow、每股收益 Earning、资产负债率 Lev、股权集中度 Con 等指标上也存在较大的样本间差异。

表 6-2　　　　　　　　　　变量的描述性统计

变量	均值	标准差	中位数	最小值	最大值
TobinQ	2.057	1.173	1.650	0.946	6.180
Share	0.070	0.068	0.049	0.000	0.254

续表

变量	均值	标准差	中位数	最小值	最大值
$Loan$	0.307	0.229	0.305	0.000	0.769
Rd	0.043	0.039	0.035	0.001	0.181
$Size$	22.150	1.270	21.970	19.910	25.210
Age	15.870	5.684	15.830	1.580	50.670
Lev	0.434	0.213	0.431	0.070	0.847
$Cashflow$	0.042	0.068	0.042	-0.118	0.201
$Earning$	0.788	1.163	0.438	-1.406	7.497
$Profit$	0.087	0.123	0.073	-0.468	0.438
Roa	0.044	0.046	0.039	-0.094	0.166
Con	0.542	0.155	0.547	0.243	0.836
$Mnan$	0.098	0.171	0.000	0.000	0.614

二、外部压力与企业绩效的回归结果分析

表6-3列示了外部压力与企业绩效的回归结果，其中，列（1）和列（2）的解释变量为股东压力 $Share$，列（3）和列（4）的解释变量为债权人压力 $Loan$。当使用混合回归方法对模型进行估计时，列（1）中股东压力 $Share$ 的系数为2.127，在1%的显著性水平上显著；当使用面板数据随机效应模型时，列（2）中股东压力 $Share$ 的系数为1.864，同样在1%的显著性水平上显著。可见，随着股东压力的增加，企业可以通过分散经营风险、降低融资成本、减少委托代理问题等途径，提升企业的市场绩效。当使用混合回归方法时，列（3）中债权人压力 $Loan$ 的系数为 -0.462；使用面板数据随机效应模型时，列（4）中债权人压力 $Loan$ 的系数为 -0.314，均在1%的显著性水平上显著。可见，债权人压力增加了企业的融资成本和财务风险，从而降低企业的市场绩效。上述实证结果验证了假设H1。此外，从控制变量的回归结果来看，企业规模 $Size$、每股收益 $Earning$、营业净利率 $Profit$ 和管理层持股比重 $Mana$ 的系数大多显著为负，财务杠杆 Lev、经营现金流 $Cashflow$ 和资产收益率 Roa 的系数大多显著为正。

表6-3 外部压力与企业绩效的回归结果

变量	(1) TobinQ	(2) TobinQ	(3) TobinQ	(4) TobinQ
Share	2.127*** (15.05)	1.864*** (11.80)		
Loan			-0.462*** (-9.29)	-0.314*** (-4.92)
Size	-0.468*** (-39.11)	-0.481*** (-24.84)	-0.454*** (-38.20)	-0.481*** (-24.49)
Age	-0.000 (-0.08)	-0.000 (-0.04)	-0.002 (-1.35)	-0.003 (-0.95)
Lev	0.080 (1.14)	0.289*** (3.45)	0.282*** (3.58)	0.446*** (4.15)
Cashflow	0.929*** (6.21)	0.702*** (4.84)	0.742*** (4.63)	0.581*** (3.66)
Earning	-0.100*** (-9.57)	-0.067*** (-6.23)	-0.111*** (-10.28)	-0.075*** (-6.26)
Profit	-0.472*** (-3.14)	-0.758*** (-5.12)	-0.502*** (-3.09)	-0.764*** (-4.90)
Roa	5.863*** (13.92)	5.060*** (11.06)	6.474*** (14.51)	5.418*** (10.56)
Con	0.234*** (3.76)	-0.057 (-0.61)	0.020 (0.32)	-0.211** (-2.16)
Mnan	-0.974*** (-16.96)	-0.907*** (-11.41)	-0.978*** (-16.05)	-0.957*** (-10.83)
常数项	11.828*** (44.45)	12.139*** (25.88)	11.928*** (43.20)	12.438*** (25.33)
行业效应	控制	控制	控制	控制
年度效应	控制	控制	控制	控制
样本量	11192	11192	10492	10492
调整后 R^2	0.467	0.515	0.468	0.522

注：***、**分别表示系数在1%、5%的显著性水平上显著。

三、中介效应检验结果分析

表 6-4 列示了研发投入作中介变量的中介效应检验回归结果。列 (1)~列 (3) 的解释变量为股东压力 Share，列 (1) 中股东压力 Share 的系数为 0.037，在 1% 的显著性水平上显著，表明股东压力有效提高了企业的研发投入。列 (2) 采用混合回归方法估计结果显示，股东压力 Share 和研发投入 Rd 的系数分别为 1.901 和 4.786。列 (3) 采用面板数据随机效应模型估计结果显示，股东压力 Share 和研发投入 Rd 的系数分别为 1.887 和 3.558，它们均在 1% 的显著性水平上显著。可见，根据温忠麟等 (2004) 总结的中介效应检验机制，研发投入在股东压力对企业绩效的影响效应中发挥了部分中介作用，即股东压力对企业绩效的提升作用，一部分是通过提升企业研发投入而实现的。

表 6-4　　　　　　　　中介效应的检验回归结果

变量	(1) Rd	(2) TobinQ	(3) TobinQ	(4) Rd	(5) TobinQ	(6) TobinQ
Share	0.037*** (6.48)	1.901*** (10.79)	1.887*** (9.82)			
Loan				-0.008*** (-3.77)	-0.288*** (-5.05)	-0.219*** (-3.01)
Rd		4.786*** (11.27)	3.558*** (5.93)		5.065*** (11.07)	3.877*** (6.06)
Size	-0.001*** (-2.98)	-0.439*** (-31.45)	-0.441*** (-21.35)	-0.001** (-2.06)	-0.427*** (-29.97)	-0.440*** (-20.53)
Age	-0.001*** (-8.85)	-0.004* (-1.77)	-0.003 (-0.96)	-0.001*** (-9.37)	-0.006*** (-2.95)	-0.005 (-1.58)
Lev	-0.046*** (-15.87)	0.115 (1.47)	0.180* (1.83)	-0.041*** (-12.91)	0.250*** (2.86)	0.273** (2.39)
Cashflow	0.028*** (4.58)	0.918*** (4.81)	0.922*** (5.03)	0.022*** (3.60)	0.852*** (4.20)	0.882*** (4.44)
Earning	0.000 (1.09)	-0.127*** (-10.01)	-0.084*** (-6.60)	-0.000 (-0.54)	-0.147*** (-11.16)	-0.094*** (-6.52)

续表

变量	(1) Rd	(2) TobinQ	(3) TobinQ	(4) Rd	(5) TobinQ	(6) TobinQ
Profit	0.059*** (6.96)	-0.773*** (-4.04)	-0.896*** (-4.61)	0.064*** (7.47)	-0.779*** (-3.78)	-0.992*** (-4.70)
Roa	-0.205*** (-12.22)	7.848*** (14.89)	6.387*** (11.35)	-0.186*** (-10.94)	8.730*** (15.79)	7.027*** (11.17)
Con	-0.012*** (-4.82)	0.364*** (4.81)	0.141 (1.29)	-0.015*** (-5.74)	0.156** (2.02)	-0.060 (-0.53)
Mnan	0.010*** (4.07)	-0.957*** (-15.15)	-0.839*** (-10.06)	0.008*** (3.08)	-0.938*** (-14.06)	-0.846*** (-9.34)
常数项	0.081*** (6.87)	10.805*** (34.05)	10.905*** (21.83)	0.079*** (6.47)	10.827*** (32.53)	11.139*** (21.10)
行业效应	控制	控制	控制	控制	控制	控制
年度效应	控制	控制	控制	控制	控制	控制
样本量	7715	7715	7715	6975	6975	6975
调整后 R^2	0.446	0.486	0.524	0.450	0.498	0.533

注：***、**、*分别表示系数在1%、5%、10%的显著性水平上显著。

列（4）~列（6）的解释变量为债权人压力 Loan，列（4）中债权人压力 Loan 的系数为-0.008，在1%的显著性水平上显著，表明债权人压力抑制了企业的研发投入。列（5）采用混合回归方法估计结果显示，债权人压力 Loan 和研发投入 Rd 的系数分别为-0.288和5.065。列（6）采用面板数据随机效应模型估计结果显示，债权人压力 Loan 和研发投入 Rd 的系数分别为-0.219和3.877，同样在1%的显著性水平上显著。可见，研发投入在债权人压力对企业绩效的影响效应中发挥了部分中介效应作用，即债权人压力降低企业绩效，一部分是通过降低企业研发投入而实现的。上述实证结果验证了假设 H2。

四、稳健性检验结果分析

（一）工具变量法

由于企业绩效也可能影响企业面临的外部压力，为了降低可能存在双向因果关系的内生性风险，采用外部压力的行业年度均值作为工具变量，使用工具变量法进行稳健性检验。表6-5列示了工具变量法的回归结果，分别采用混合回归方法和面板数据随机效应模型进行估计。列（1）和列（2）中股东压力 Share 的系数分别为 2.393 和 2.182，均在 1% 的显著性水平上显著。列（3）和列（4）中债权人压力 Loan 的系数分别为 -0.584 和 -0.638，前者在 5% 的显著性水平上显著；后者在 10% 的显著性水平上显著。可见，即使考虑可能存在双向因果关系的内生性问题，股东压力仍然有助于提升企业绩效，债权人压力仍然降低企业绩效，与前文研究结论一致。

表 6-5　　　　　　　　　　　工具变量法的回归结果

变量	(1) TobinQ	(2) TobinQ	(3) TobinQ	(4) TobinQ
Share	2.393*** (3.91)	2.182*** (3.72)		
Loan			-0.584** (-1.97)	-0.638* (-1.80)
控制变量	控制	控制	控制	控制
行业效应	控制	控制	控制	控制
年度效应	控制	控制	控制	控制
样本量	11192	11192	10492	10492
调整后 R^2	0.467	0.515	0.467	0.525

注：***、**、* 分别表示系数在 1%、5%、10% 的显著性水平上显著。

（二）倾向得分匹配法

为了缓解样本选择偏误导致的内生性风险，进一步采用倾向得分匹配法进行稳健性检验。首先，根据股东压力和债权人压力的中位数进行分组，将高于中位数的样本视为股东或债权人压力较高的处理组；低于中位数的样本视为股东或债权人压力较低的对照组，并据此生成各自的哑变量。其次，以反映样本是否属于处理组的哑变量作为被解释变量，以企业规模 Size、经营现金流 Cashflow、每股收益 Earning 等作为解释变量，进行 Logit 回归，并以拟合值作为样本的倾向得分值。依据样本的倾向得分值，按照一对一匹配的原则进行样本匹配。最后，按照样本匹配后的结果，重新对模型进行回归。

表 6-6 列示了倾向得分匹配后的模型估计结果。当分别采用混合回归估计方法和面板数据随机效应模型时，列（1）和列（2）中股东压力 Share 的系数分别为 1.749 和 1.803，均在 1% 的显著性水平上显著。列

(3) 和列 (4) 中债权人压力 Loan 的系数分别为 -0.326 和 -0.378，同样在 1% 的显著性水平上显著。因此，在考虑了样本选择偏误导致的内生性问题后，股东压力依然能够提升企业绩效，债权人压力依然能够抑制企业绩效，与前文研究结论一致。

表 6-6 倾向得分匹配的回归结果

变量	(1) TobinQ	(2) TobinQ	(3) TobinQ	(4) TobinQ
Share	1.749*** (5.87)	1.803*** (5.89)		
Loan			-0.326*** (-3.20)	-0.378*** (-3.50)
控制变量	控制	控制	控制	控制
行业效应	控制	控制	控制	控制
年度效应	控制	控制	控制	控制
样本量	2640	2640	2365	2365
调整后 R^2	0.465	0.453	0.474	0.478

注：*** 表示系数在 1% 的显著性水平上显著。

第四节 外部压力与企业绩效的研究结论

提升企业绩效是企业履行股东责任的重要途径，本章以 2009~2019 年沪深 A 股上市公司为研究样本，实证检验外部压力对企业绩效的影响效应。实证研究表明，外部压力显著影响企业绩效，其中，股东压力有助于提升企业绩效，但债权人压力会降低企业绩效。中介效应分析表明，研发投入在外部压力对企业绩效的作用机制中具有中介效应，即股东压力通过促进企业研发投入而提升企业绩效，债权人压力通过抑制企业研发投入而降低企业绩效。

基于上述研究结论，研究启示包括：

一、平衡不同利益相关者间的诉求冲突

企业应建立多方利益相关者框架，完善与利益相关者的沟通机制，深入了解不同利益相关者的诉求差异，并将利益相关者价值导向与企业文化

相融合。此外，利益相关者在追求利益最大化时，不仅应着眼于企业当前发展现状，更应关注企业长期发展潜力，形成契合企业发展理念的一致性目标。

二、鼓励企业加大研发投入

进一步发挥国家高新区的引领和示范作用，推动建立经济高质量发展理念，激发企业创新活动积极性。同时，不断落实企业科技创新政策，包括强化研发费用加计扣除政策，完善知识产权保护政策等。

第七章　环境责任：外部审计与重污染企业科技创新

重污染企业是环境污染物的主要排放主体，督促重污染企业积极开展科技创新活动，可以有效提升企业生产技术水平，提高资源和能源使用效率，从而有效降低环境污染物的排放规模，切实履行企业环境责任。本章以企业外部审计特征作为关键解释变量，围绕外部审计对企业研发资金和研发人员投入的影响效应进行理论和实证研究，进而论证外部审计在促进重污染企业积极履行环境责任中的重要作用。

第一节　外部审计与重污染企业科技创新的理论分析

一、外部审计与重污染企业科技创新的研究进展

改革开放以来的工业化发展，使我国经济在相当长时期内保持高速增长，居民生活水平也随之大幅提升。然而，不得不承认的是，长期以来的粗放型经济增长模式也透支了自然资源和生态环境。随着我国社会主义市场经济发展进入新时代，社会公众对美好生活追求有了更高期待，实现经济高质量发展成为我国当前经济发展的重要目标。经济高质量发展具有多维性特征（金碚，2018），保护和提高公众赖以生存的生态环境，是实现经济高质量发展的重要标志。生态环境恶化的主要原因在于，人类在生活和生产过程中排放大量环境污染物，超出了自然环境的自我净化能力。因此，为了提高生态环境水平，主要有降低污染物排放量和加大污染物治理力度两种思路，从源头上减少人类社会的污染物排放量，则是提高生态环境水平，实现经济高质量发展的根本出路。由于行业特性差异，电力、钢铁等行业是支撑国民经济发展的基础性行业，也是污染物排放严重的重污染行业（罗党论和赖再洪，2016；尹建华等，2020），降低重污染企业的

污染物排放水平，实现重污染企业绿色转型，是我国当前推进环境污染治理的重中之重。

重污染企业绿色转型，可以通过绿色并购、科技创新等途径实现。潘爱玲等（2019）研究表明，绿色并购只是重污染企业转移舆论焦点的策略工具，难以促成重污染企业实质性绿色转型。吴超等（2018）则认为，通过科技创新来驱动重污染行业绿色转型，是新时代经济发展的必然选择。现有文献主要从行业（Miao et al.，2017；徐建中和王曼曼，2018；Ilg，2019）或省级（钱丽等，2015；罗良文和梁圣蓉，2016；岳鸿飞，2018）层面，对我国重污染企业的科技创新活动展开实证研究。在重污染企业的科技创新行为特征上，李婉红（2017）指出我国重污染企业的科技创新产出，在省级层面上表现出空间依赖性，在地理空间上存在集聚现象。关于重污染企业开展科技创新的影响因素，既包括企业性质（Zhang et al.，2003）、董事会特征（王锋正和陈方圆，2018）、公司治理水平（Amore and Bennedsen，2016）、环保意识（Saunila et al.，2018）等企业自身内部因素，也包括政府环境规制（Stucki et al.，2018）、环境税（李红侠，2014）、研发补助（张杰等，2015）等政策因素，以及知识产权保护（王锋正等，2018）、绿色供应链（Seman et al.，2012）、利益相关者压力（Li et al.，2017；Kawai et al.，2018）等外部社会经济环境因素。

上市公司作为公开发行股票的公众企业，每年需要定期发布反映企业经营状况的财务报告，并接受第三方会计师事务所的独立审计。因此，企业接受的外部审计情况，也会对企业经营决策逻辑产生重大影响。总体来说，学术界主要关注外部审计的公司治理效应，如魏锋（2012）研究表明，外部审计有助于降低管理层与股东之间的代理冲突；而方红星等（2009）研究发现，外部审计并不能对内部控制信息自愿披露起到促进作用。关于外部审计对企业科技创新决策的影响，现有文献主要从政府审计和事务所审计两个视角展开研究。褚剑等（2018）、潘孝珍和燕洪国（2018）、胡志颖和余丽（2019）等文献基于审计署开展的中央企业审计工作，研究表明政府审计有助于促进企业科技创新。徐经长和汪猛（2017）、王文娜等（2020）文献研究表明，高质量的事务所审计有助于促进企业科技创新。实际上，由于重污染企业开展科技创新活动的成功概率比较低，缺乏必要的资金投入（李斌等，2013），如何提升重污染企业的科技创新积极性，受到了社会各界的广泛关注，但目前关于外部审计对重污染企业科技创新的影响效应研究极为有限。

本章从事务所审计视角出发，使用沪深A股上市公司研究表明，外部审计有效促进重污染企业的创新资金和人员投入,且该促进作用具有明显的股权异质性和法制环境异质性。本章的增量贡献是:(1)鉴于重污染企业是我国环境污染物的主要排放主体,将研究主题聚焦于重污染企业的科技创新活动,以促进我国重污染企业实质性绿色转型,这对我国打赢污染防治攻坚战,促进生态文明建设,实现经济高质量发展有着重要意义。(2)从股权性质和法制环境的视角,深入挖掘外部审计对重污染企业科技创新投入的影响效应异质性,这为我国制定重污染企业科技创新的差异化政策提供了理论和现实依据。(3)从重污染企业科技创新成功率、创新专利成果等方面,深入刻画重污染企业科技创新行为特征,并全面论证外部审计对重污染企业科技创新活动所发挥的关键影响效应。

二、外部审计对重污染企业科技创新的影响效应

上市公司作为公众企业,通常由管理层作出日常经营决策,拥有企业股权的广大资本市场投资者并不直接参与企业日常决策,也就无法直接获取企业日常经营信息。因此,上市公司的股东和管理层在企业经营状况方面存在信息鸿沟,企业定期发布的财务报告在缩小外部投资者的信息不对称中发挥着关键作用。为了保障上市公司提供财务报告的真实性和可靠性,世界各国普遍要求由注册会计师对财务报告开展外部审计工作,并根据审计情况发表审计意见。

对于忽视科技创新、污染物排放严重的重污染企业来说,高质量的外部审计工作将使企业的环境污染行为充分暴露在公众视野中。企业财务报告除了提供利润表、资产负债表、现金流量表等常规格式数据外,还需要通过报表附注、管理层讨论与分析等内容,对企业具体经营情况、固有风险和不确定性、未来发展前景等信息进行披露。随着我国居民生活水平的提高,社会公众对环境质量的要求越来越高,而重污染企业由于自身行业特性,不可避免地向环境中大规模排放污染物,使得社会公众对重污染企业的环境污染行为越来越发自内心地厌恶。在此背景下,重污染企业如果忽视科技创新,继续不加收敛地排放污染物,将给企业长远发展埋下隐患,而外部审计能督促企业更加充分、客观地披露企业可能面临的长期经营风险。因此,外部审计将充分暴露重污染企业的环境污染行为,使消费者、供应商、社区等企业利益相关者产生排斥感,拒绝与企业开展商业合作,并最终影响企业经营业绩。此外,资本市场投资者主要关注自身资本的保值增值,外部审计降低了市场投资者与企业管理层的信息不对称,使投资者的股票价格预期因涵盖环境污染因素而降低,并在曝出特定重大污

染事件时导致股票价格剧烈波动。

对于积极开展科技创新，努力减少污染物排放的重污染企业来说，外部审计将帮助企业树立更好的环境责任形象。许多重污染企业为了树立良好社会形象，契合国家经济结构转型升级的现实需要，在生产经营过程中非常重视节能减排，有较高积极性将大量研发资金投入科技创新活动中。对此类重污染企业而言，如何将自身开展科技创新活动、履行企业环境责任的信息，有效传导给资本市场投资者和社会公众，也是企业管理层极为关注的问题。上市公司财务报告需要经过注册会计师审计的根本逻辑在于，取得标准无保留意见的财务报告获得了会计师事务所的信誉认证，而外部审计质量越高则表明财务报告披露的信息越准确、可靠。因此，通过外部审计的"认证效应"和"信息传递效应"，既会使污染物排放严重的重污染企业自尝恶果，也会使积极降低污染物排放规模的重污染企业树立更好的环境责任形象，从而引导重污染企业加大科技创新投入，从根本上降低环境污染物的排放水平。

此外，重污染企业的科技创新活动也可能存在研发操纵的行为。例如，通过虚增研发费用、操纵研发支出的费用化和资本化水平等，不利于企业真正开展有效的科技创新活动（陈玲芳和张慧珍，2022）。注册会计师在开展外部审计过程中，尤其注重对企业面临经营风险相关问题的审计，降低年报重大错报风险，而科技创新活动本身具有较高的风险性，必将引起外部审计人员的重视。具有研发审计专长的注册会计师有助于提升研发信息的审计质量，增强研发信息在创新资源配置过程中的积极作用（徐畅和呼建光，2021）。因此，高质量的外部审计将有助于威慑或发现重污染企业科技创新过程中的研发操纵行为，督促企业切实将研发的人力和财力资源投入科技创新活动中。基于上述理论分析，提出如下待检验假设。

H1：外部审计有助于促进重污染企业开展科技创新。

三、外部审计影响效应的股权性质异质性

根据控股股东的股权性质差异，我国上市公司可以分成国有上市公司和非国有上市公司，前者控股股东为中央或地方各级国资委；后者控股股东包括民营企业、个人或外资等。不同股权性质企业的经营决策逻辑差异较大，这也导致外部审计对重污染企业的科技创新促进作用存在较强的股权异质性。

地方政府的政策导向和行为偏好，往往通过国资委的股权控制链传导

给上市公司。我国各级地方政府的行政长官往往面临晋升锦标赛的激励模式（周黎安，2007），对任期内保持辖区经济稳定和增长有着高度诉求，各级国资委控股的国有上市公司则是地方政府可以调动的重要经济资源。尽管重污染企业会对地区生态环境产生一定的负面影响，但往往也是支撑地区经济发展的支柱产业，为本地区提供稳定的就业和税源，地方政府官员更期望这些企业增加投资，扩大生产经营规模。然而，科技创新活动往往具有资金投入大、收益期长、风险性高等特点，企业在现金流并不充裕的情况下，更偏向于将有限的资金用于扩大再生产，以满足地方官员的地区经济持续增长诉求，没有动力将有限的资金投入科技创新中。可见，不同股权性质企业的科技创新意愿存在差异，外部审计对重污染企业的科技创新促进作用，受限于国有上市公司自身较低的创新意愿，在实际中往往难以有效发挥。

况且，根据前文理论分析，外部审计对重污染企业科技创新的作用机理，更多的是通过将企业污染物排放情况、环境责任履行情况等信息传递给资本市场，以市场治理机制倒逼重污染企业科技创新，实现企业绿色生产。资本市场的主要功能是帮助企业获得股权融资，但我国国有企业普遍存在预算软约束问题（徐朝阳，2014；郑志刚等，2020），地方政府在国有企业存在资金需求时，可以通过帮助企业获取银行贷款或直接提供财政补贴等方式，在一定程度上降低国有上市公司对于资本市场直接融资功能的依赖。此时，即使外部审计在总体上具有企业科技创新促进作用，但对国有控股重污染公司而言却难以有效发挥。

相反，非国有重污染上市公司在当前越来越重视绿色生产的社会环境下，往往具有更强烈的危机意识，企业更希望通过加大科技创新投入来提升绿色生产效率，降低资源和能源消耗水平，从根本上减少污染物排放规模。可见，非国有重污染上市公司本身具有较高的科技创新意愿，这为外部审计发挥重污染企业的科技创新促进作用提供了前提条件。同时，与国有上市公司相比，非国有上市公司面临更强的融资约束，更渴望通过资本市场进行直接融资。非国有重污染上市公司为了降低融资成本，获取更大融资规模，必然重视将自身积极信息有效传递给资本市场投资者。此外，重污染企业由于行业特性，污染物排放规模往往远高于普通企业，给社会公众留下的污染制造者印象根深蒂固，亟须通过向市场传达企业正在积极研发新产品、新工艺、新技术的态度，树立起履行环境保护责任的社会形象，而外部审计正是帮助企业传达内部信息的可靠途径。基于上述理论分析，提出如下待检验假设。

H2：外部审计对重污染企业的科技创新促进作用存在股权异质性。具体而言，外部审计能有效提升非国有重污染上市公司的科技创新水平，但却不能提升国有重污染上市公司的科技创新水平。

四、外部审计影响效应的法制环境异质性

我国幅员辽阔，不同地区的经济水平、风俗习惯、行政效率等各不相同，这也使得各地企业面临的法制环境差异较大。不同企业在各自特定的法制环境中开展生产经营活动，其经营决策逻辑也必然受到外部法制环境影响，导致外部审计对重污染企业的科技创新促进作用存在较强的法制环境异质性。

为了促进产业结构转型升级，实现经济高质量发展，全国人大制定颁布了《环境保护法》《科学技术进步法》等法律文件，国务院及其下属的生态环境部、科学技术部等中央部委也出台了大量环境保护、科技创新相关的行政法规和部门规章，这构成了国家层面的环境保护与科技创新的法律制度框架。然而，国家层面的法律制度框架能否得到有效实施，却严重依赖于各级地方政府是否切实贯彻执行了法律法规文件。在较好的法制环境条件下，中央和上级政府制定的法律法规可以在本地区得到贯彻实施，一旦本地重污染上市公司出现污染物排放超标等环境违法行为，地方政府相关执法部门将快速、有效地对责任人进行处罚，使重污染企业为自身的环境违法行为付出代价。同时，较好的法制环境也意味着，如果重污染企业积极开展科技创新活动，努力提升资源和能源使用效率，那么企业也能根据相关制度安排获得更多的创新政策支持。因此，在较好的法制环境条件下，重污染上市公司为了避免污染事件处罚，争取政府政策支持，往往具有更高的科技创新意愿，这为外部审计发挥重污染企业的科技创新促进作用提供了基础条件。此外，在较好的法制环境条件下，注册会计师在审计过程中挖掘出的企业污染物排放、科技创新活动等信息，可以得到相关政府职能部门的快速回应，并引起新闻媒体的同步跟踪报道，进而强化外部审计的重污染企业科技创新促进作用。

相反，在法制环境较差的地区，立法机关和上级政府部门制定的法律法规难以有效实施，地方政府行政部门的行政权力反而对辖区内企业的经营决策有着极大影响。地方政府为了促进地区经济发展，往往要求作为地方经济重要支柱的各类重污染企业扩大生产经营规模。对于重污染企业而言，在面对较差的法制环境时，更多的是调整和适应环境，将有限的资金投入扩大再生产而非助力绿色生产的科技创新中，配合地方政府官员参与

晋升锦标赛。此时，企业自身科技创新意愿较低，外部审计的重污染企业科技创新促进作用也就丧失基础条件。并且，较差的法制环境也意味着，注册会计师在审计过程中发现的企业环境污染行为难以得到政府主管部门的及时回应，企业开展科技创新活动也难以树立正面的环境社会责任形象，外部审计对重污染企业科技创新的影响机制难以有效发挥。基于上述理论分析，提出如下待检验假设。

H3：外部审计对重污染企业的科技创新促进作用存在法制环境异质性。具体而言，在较好的法制环境中，外部审计能够有效提升重污染上市公司的科技创新水平；反之，在较差的法制环境中，外部审计不能提升重污染上市公司的科技创新水平。

第二节 外部审计与重污染企业科技创新的研究设计

一、外部审计与重污染企业科技创新的模型设定

为检验上述研究假设，即外部审计能否促进重污染企业科技创新，以及该促进作用是否存在股权异质性和法制环境异质性，构造如下计量模型：

$$Rd = \alpha_0 + \alpha_1 Audit + \alpha_2 \ln\_Asset + \alpha_3 Age + \alpha_4 Cashflow \\ + \alpha_5 Leverage + \alpha_6 Duality + \alpha_7 Concen \\ + \alpha_8 \sum Industry + \alpha_9 \sum Year + \varepsilon \qquad (7-1)$$

被解释变量 Rd 反映重污染企业的科技创新活动情况，科技创新需要投入大量的财力和人力资源，且它们也是企业科技创新决策时面临的关键约束条件，因此分别使用研发资金投入 Rd_Spend 和研发人员投入 Rd_Person 作为 Rd 的具体衡量指标。其中，Rd_Spend 由研发费用除以营业收入计算得到；Rd_Person 由研发人员数除以员工总数计算得到。

解释变量 $Audit$ 反映重污染企业接受会计师事务所外部审计的情况，分别使用十大事务所 $Audit\_Big10$（Teoh and Wong，1993；武恒光和郑方松，2017）和审计费用 $Audit\_Cost$（O'Sullivan，2000；徐经长和汪猛，2017）作为具体衡量指标。其中，$Audit\_Big10$ 是哑变量，当为企业提供年报审计服务的会计师事务所，在当年度属于中国注册会计师协会发布的业务收入前10位排名事务所时，$Audit\_Big10$ 取值为1；否则取值为0。会

计师事务所规模越大，开展审计工作时独立性越强，审计意见的社会公信力更高，也更能为客户提供高质量的审计服务。Audit_Cost 由企业支付给会计师事务所的审计费用总额除以营业收入计算得到，通过剔除业务规模对审计费用的影响，能在一定程度上反映会计师事务所的审计服务质量。根据研究假设 H1，当使用全部重污染上市公司作为研究样本时，预期 $Audit\_Big10$ 和 $Audit\_Cost$ 的系数符号显著为正。

为进一步研究外部审计对重污染企业科技创新促进作用可能存在的异质性，分别使用国有股权 Soe 和法制环境 Legal 作为分类变量，对式（7-1）进行分样本回归。Soe 是反映股权性质的哑变量，当企业控股股东为各级国资委时，Soe 取值为 1；否则取值为 0。Legal 是衡量企业所处地区法制环境的哑变量，参照李增福等（2016）、潘孝珍和燕洪国（2018）等文献，根据王小鲁等（2017）提供的"市场中介组织的发育和法律制度环境评分"对 30 个样本省份进行排序，将排序前 15 位的作为法制环境较好的省份，当重污染企业的注册地位于法制环境较好省份时，Legal 变量取值为 1；否则取值为 0。根据研究假设 H2 和假设 H3，预期只有在 Soe 取值为 0 和 Legal 取值为 1 的子样本中，$Audit\_Big10$ 和 $Audit\_Cost$ 的系数符号才显著为正。

参考现有文献（Stucki et al.，2018；潘孝珍和燕洪国，2018；胡志颖和余丽，2019），使用的控制变量包括资产规模 ln_Asset，由资产总额取对数衡量；企业年龄 Age，由样本所在年度减去企业成立年度计算得到，它们共同反映企业基本经营特征。现金流 Cashflow，由经营活动现金流净额除以营业收入衡量；资产负债率 Leverage，由负债总额除以资产总额衡量，它们共同反映企业基本财务特征。两职合一 Duality，当年度董事长和总经理由同一人担任时取值为 1，否则为 0；股权集中度 Concen，由第一大股东的持股比例衡量，它们共同反映企业治理结构特征。此外，模型中也加入了行业哑变量和年度哑变量，以控制科技创新活动可能存在的行业效应和年度效应。

二、研究样本选择

使用 2008～2019 年沪深 A 股重污染上市公司作为研究样本。关于重污染企业的甄别，参考苏冬蔚和连莉莉（2018）、刘常建等（2019）文献，根据原环保部 2008 年发布的《上市公司环保核查行业分类管理名录》中指定的火电、钢铁、水泥、电解铝、煤炭、冶金、建材、采矿、化工、石化、制药、轻工、纺织、制革等 14 个行业，与证监会发布的 2012 年版

《上市公司行业分类指引》中的二级行业分类细目进行匹配，将属于环保核查行业范围的企业界定为重污染上市公司。全部数据来自国泰安 CSMAR 数据库，由于 2018 年以前上市公司年报中的利润表并无研发费用科目，相关数据需通过查阅年报附注获取，因此 2018 年以前的上市公司研发费用、研发人员数的披露并不全面。为最大限度保留样本容量，在执行回归分析时都保留各自模型中的最大样本量。为降低极端值的不利影响，对所有连续型变量进行临界值为 1% 的 Winsor 缩尾处理。

第三节 外部审计促进重污染企业科技创新的实证结果

一、变量描述性统计分析

表 7-1 报告了变量的描述性统计结果。可以看到，研发资金投入 Rd_Spend 的平均值为 3.02%，表明我国重污染上市公司的研发费用平均只占营业收入的 3.02%，科技创新财力投入整体偏低，最大值和最小值分别为 13.69% 和 0.02%，表明不同企业的科技创新财力投入差异较大。研发人员投入 Rd_Person 的平均值为 10.69%，表明我国重污染上市公司中从事研发工作的人员数占到全部员工数的 10.69%，且最大值和最小值分别为 36.02% 和 0.28%，不同企业间的研发人员投入差异非常大。十大事务所 $Audit\_Big10$ 的平均值为 0.54，表明我国 54% 的重污染上市公司由排名前十的会计师事务所开展年报审计工作。审计费用 $Audit\_Cost$ 的平均值为 0.08%，表明重污染上市公司的审计费用占营业收入的 0.08%。此外，其他控制变量的描述性统计结果也显示，我国上市公司在基本经营特征、基本财务特征和治理结构特征方面也存在较大差异。

表 7-1　　　　　　　变量的描述性统计结果

变量	解释	平均值	中位数	最小值	最大值	标准差
Rd_Spend	研发资金投入（%）	3.02	2.97	0.02	13.69	2.44
Rd_Person	研发人员投入（%）	10.69	10.28	0.28	36.02	7.22
$Audit\_Big10$	十大事务所（哑变量）	0.54	1.00	0.00	1.00	0.50
$Audit\_Cost$	审计费用（%）	0.08	0.04	0.00	1.29	0.16
ln_Asset	资产规模（数值）	22.03	21.85	19.31	25.97	1.30

续表

变量	解释	平均值	中位数	最小值	最大值	标准差
Age	企业年龄（数值）	15.90	16.00	1.00	39.00	5.57
Cashflow	现金流（%）	9.87	9.01	-55.24	64.30	16.31
Leverage	资产负债率（%）	43.07	42.02	4.50	106.17	22.21
Duality	两职合一（哑变量）	0.25	0.00	0.00	1.00	0.43
Concen	股权集中度（%）	21.43	17.38	0.16	69.40	18.01
Soe	国有股权（哑变量）	0.39	0.00	0.00	1.00	0.49
Legal	法制环境（哑变量）	0.71	1.00	0.00	1.00	0.45

二、外部审计与重污染企业科技创新的回归结果分析

表7-2报告的是使用2008~2019年沪深A股重污染上市公司作为研究样本，对式（7-1）进行回归分析得到的模型估计结果。为剔除可能存在的异方差问题，使用异方差稳健标准误进行假设检验。列（1）~列（4）报告的是解释变量为十大事务所 Audit_Big10 时的模型估计结果：列（1）和列（2）中 Audit_Big10 的系数都显著为正，表明经十大事务所审计的重污染上市公司，具有更高的研发资金投入水平；列（3）和列（4）中 Audit_Big10 的系数都至少在10%的显著性水平上显著为正，表明经十大事务所审计的重污染上市公司，具有更高的研发人员投入水平。列（5）~列（8）报告的是解释变量为审计费用 Audit_Cost 时的模型估计结果：列（5）~列（7）中 Audit_Cost 的系数都在1%的显著性水平上显著，表明审计费用有效提升了重污染上市公司的研发资金和人员投入水平。可见，十大事务所 Audit_Big10 和审计费用 Audit_Cost 作为反映重污染上市公司外部审计的衡量指标，都有效提升了重污染上市公司的科技创新投入，从而验证了假设 H1。

表7-2　　　　　　　　　　基准模型估计结果

变量	(1) Rd_Spend	(2) Rd_Spend	(3) Rd_Person	(4) Rd_Person	(5) Rd_Spend	(6) Rd_Spend	(7) Rd_Person	(8) Rd_Person
Audit_Big10	0.138*** (2.87)	0.168*** (3.53)	0.363* (1.88)	0.514** (2.41)				
Audit_Cost					6.552*** (9.56)	4.527*** (6.21)	10.396*** (6.19)	2.888 (1.59)

续表

变量	(1) Rd_Spend	(2) Rd_Spend	(3) Rd_Person	(4) Rd_Person	(5) Rd_Spend	(6) Rd_Spend	(7) Rd_Person	(8) Rd_Person
ln_Asset		-0.278*** (-10.57)		-0.861*** (-7.86)		-0.122*** (-3.74)		-0.748*** (-6.02)
Age		-0.051*** (-9.53)		-0.069*** (-3.28)		-0.053*** (-10.02)		-0.066*** (-3.13)
Cashflow		0.017*** (6.88)		0.029*** (3.28)		0.017*** (7.13)		0.029*** (3.31)
Leverage		-0.018*** (-11.44)		-0.049*** (-7.59)		-0.018*** (-11.91)		-0.050*** (-7.64)
Duality		0.337*** (6.00)		0.519** (2.25)		0.294*** (5.25)		0.547** (2.38)
Concen		-0.009*** (-6.09)		-0.022*** (-3.31)		-0.008*** (-5.39)		-0.021*** (-3.23)
常数项	1.234*** (4.98)	8.990*** (14.88)	4.933** (2.31)	28.497*** (9.17)	1.198*** (4.64)	5.434*** (7.09)	5.056** (2.25)	26.287*** (7.50)
年度效应	控制	控制	控制	控制	控制	控制	控制	控制
行业效应	控制	控制	控制	控制	控制	控制	控制	控制
样本量	8030	6786	5117	3927	7858	6625	5099	3912
调整后 R^2	0.250	0.340	0.156	0.216	0.295	0.355	0.169	0.215

注：***、**、*分别表示系数在1%、5%、10%的显著性水平上显著。

三、基于股权性质异质性的实证检验

表7-3报告的是按照重污染上市公司是否为国有控股进行分组得到的模型估计结果。可以看到，列（1）和列（3）使用国有重污染上市公司的子样本进行回归分析，此时十大事务所Audit_Big10的系数尽管为正，但都未通过显著性检验，表明对于国有重污染上市公司而言，以事务所规模衡量的外部审计并不能有效提升企业的研发资金和人员投入水平。相反，列（2）和列（4）使用非国有重污染上市公司的子样本进行回归分析，此时Audit_Big10的系数都显著为正，表明对非国有重污染上市公司而言，以事务所规模衡量的外部审计可以有效提升企业的研发资金和人员投入水平。

列（5）~列（8）使用审计费用 Audit_Cost 作为外部审计衡量指标。对比列（5）和列（6）可以看到，尽管使用国有重污染上市公司和非国有重污染上市公司子样本估计得到的 Audit_Cost 系数都显著为正，但前者系数为 1.781，后者系数为 4.991，且 Chow 检验显示卡方值为 283.17，在 1% 的显著性水平上拒绝两者系数相等的原假设，表明非国有上市公司子样本中 Audit_Cost 的系数显著高于国有上市公司子样本。因此，即使 Audit_Cost 可以同时提高国有和非国有重污染上市公司的研发资金投入水平，但它对非国有重污染上市公司的创新促进作用显著高于国有重污染上市公司，仍然存在明显的股权异质性。对比列（7）和列（8）可以发现，Audit_Cost 降低了国有重污染上市公司的研发人员投入水平，但可以有效提高非国有重污染上市公司的研发人员投入水平。可见，外部审计对重污染上市公司的科技创新促进作用存在明显的股权异质性，验证了假设 H2。

表 7-3　　　　　　　　　　基于股权性质的分组回归结果

变量	(1) Rd_Spend Soe=1	(2) Rd_Spend Soe=0	(3) Rd_Person Soe=1	(4) Rd_Person Soe=0	(5) Rd_Spend Soe=1	(6) Rd_Spend Soe=0	(7) Rd_Person Soe=1	(8) Rd_Person Soe=0
Audit_Big10	0.100 (1.35)	0.177*** (2.91)	0.392 (1.01)	0.510** (2.00)				
Audit_Cost					1.781** (2.11)	4.991*** (5.92)	-13.215*** (-3.18)	5.197** (2.48)
ln_Asset	-0.248*** (-7.90)	-0.271*** (-6.49)	-0.888*** (-5.53)	-0.852*** (-5.49)	-0.203*** (-5.84)	-0.065 (-1.27)	-1.191*** (-6.17)	-0.640*** (-3.62)
Age	-0.070*** (-7.96)	-0.044*** (-6.69)	-0.198*** (-4.57)	-0.019 (-0.75)	-0.072*** (-8.15)	-0.046*** (-7.02)	-0.186*** (-4.24)	-0.017 (-0.68)
Cashflow	0.011*** (3.25)	0.018*** (5.51)	0.003 (0.21)	0.038*** (3.56)	0.011*** (3.26)	0.018*** (5.90)	-0.001 (-0.07)	0.038*** (3.68)
Leverage	-0.014*** (-7.46)	-0.019*** (-8.26)	-0.035*** (-3.41)	-0.051*** (-5.85)	-0.015*** (-7.57)	-0.018*** (-8.57)	-0.037*** (-3.57)	-0.052*** (-6.04)
Duality	0.139 (1.17)	0.376*** (5.83)	0.464 (0.84)	0.520** (2.01)	0.150 (1.27)	0.331*** (5.12)	0.525 (0.93)	0.550** (2.14)
Concen	-0.005** (-2.42)	-0.008*** (-3.99)	-0.015 (-1.23)	-0.020** (-2.45)	-0.005** (-2.22)	-0.007*** (-3.72)	-0.019 (-1.58)	-0.020** (-2.41)

续表

变量	(1) Rd_Spend Soe=1	(2) Rd_Spend Soe=0	(3) Rd_Person Soe=1	(4) Rd_Person Soe=0	(5) Rd_Spend Soe=1	(6) Rd_Spend Soe=0	(7) Rd_Person Soe=1	(8) Rd_Person Soe=0
常数项	8.916*** (11.17)	10.051*** (9.38)	31.105*** (6.93)	26.329*** (5.72)	7.895*** (8.73)	5.374*** (4.20)	39.949*** (7.31)	20.974*** (4.15)
年度效应	控制	控制	控制	控制	控制	控制	控制	控制
行业效应	控制	控制	控制	控制	控制	控制	控制	控制
样本量	2234	4552	1198	2729	2207	4418	1191	2721
调整后 R^2	0.324	0.303	0.166	0.214	0.326	0.324	0.174	0.215

注：***、**分别表示系数在1%、5%的显著性水平上显著。

四、基于法制环境异质性的实证检验

表7-4报告的是按照重污染上市公司所处的法制环境水平进行分组得到的模型估计结果。对比列（1）~列（4）可以看到，当重污染上市公司处于较好的法制环境时，列（1）和列（3）中 Audit_Big10 的系数都显著为正，而当样本处于较差的法制环境时，列（2）和列（4）中 Audit_Big10 的系数都未通过显著性检验。可见，Audit_Big10 只有在较好的法制环境条件中，才能有效提升重污染上市公司的研发资金和人员投入水平，但在较差的法制环境中无法促进重污染企业科技创新。

对比列（5）和列（6）可以看到，不管使用位于较好法制环境的子样本，还是使用位于较差法制环境的子样本，回归分析得到的 Audit_Cost 系数都在1%的显著性水平上显著为正。不过，当使用较好法制环境子样本时，Audit_Cost 的系数值为5.110；当使用较差法制环境子样本时，Audit_Cost 的系数值为3.170。Chow 检验显示卡方值为208.5，在1%的显著性水平上拒绝两者系数相等的原假设。可见，与较差的法制环境相比，外部审计在较好的法制环境下对企业科技创新具有更高的促进作用。列（7）和列（8）的对比结果与列（1）~列（4）的结果一致，即只有使用位于较好法制环境子样本时，Audit_Cost 的系数才显著为正；当使用位于较差法制环境子样本时，外部审计无法有效提升重污染上市公司的科技创新人员投入水平。可见，外部审计对重污染上市公司的科技创新促进作用，依赖于企业所处的法制环境水平，存在显著的法制环境异质性，从而验证了假设 H3。

表7-4　　　　　　　　　基于法制环境的分组回归结果

变量	(1) Rd_Spend Legal=1	(2) Rd_Spend Legal=0	(3) Rd_Person Legal=1	(4) Rd_Person Legal=0	(5) Rd_Spend Legal=1	(6) Rd_Spend Legal=0	(7) Rd_Person Legal=1	(8) Rd_Person Legal=0
Audit_Big10	0.228*** (4.13)	-0.111 (-1.13)	0.583** (2.34)	-0.042 (-0.10)				
Audit_Cost					5.110*** (5.83)	3.170*** (2.99)	4.408** (2.21)	-1.163 (-0.36)
ln_Asset	-0.311*** (-9.44)	-0.202*** (-4.13)	-0.841*** (-6.39)	-0.835*** (-4.23)	-0.133*** (-3.41)	-0.105* (-1.75)	-0.666*** (-4.54)	-0.874*** (-3.69)
Age	-0.038*** (-6.68)	-0.109*** (-7.43)	-0.018 (-0.79)	-0.303*** (-6.21)	-0.040*** (-7.11)	-0.109*** (-7.47)	-0.014 (-0.59)	-0.302*** (-6.27)
Cashflow	0.021*** (6.73)	0.010** (2.43)	0.031*** (2.79)	0.030** (2.23)	0.019*** (6.56)	0.011*** (2.78)	0.028*** (2.60)	0.030** (2.19)
Leverage	-0.017*** (-8.54)	-0.015*** (-5.96)	-0.046*** (-5.73)	-0.039*** (-3.35)	-0.016*** (-9.05)	-0.015*** (-5.73)	-0.047*** (-5.89)	-0.040*** (-3.39)
Duality	0.269*** (4.49)	0.586*** (3.87)	0.437* (1.72)	0.386 (0.69)	0.217*** (3.64)	0.518*** (3.38)	0.435* (1.72)	0.388 (0.70)
Concen	-0.008*** (-4.94)	-0.013*** (-4.14)	-0.020*** (-2.58)	-0.034*** (-2.72)	-0.007*** (-4.22)	-0.011*** (-3.77)	-0.019** (-2.45)	-0.034*** (-2.75)
常数项	9.590*** (12.50)	7.829*** (7.22)	27.200*** (7.51)	31.381*** (7.24)	5.555*** (5.93)	5.404*** (4.04)	23.580*** (5.87)	32.352*** (5.98)
年度效应	控制	控制	控制	控制	控制	控制	控制	控制
行业效应	控制	控制	控制	控制	控制	控制	控制	控制
样本量	5038	1748	2940	987	4900	1725	2927	985
调整后 R^2	0.332	0.375	0.221	0.259	0.352	0.380	0.220	0.259

注：***、**、*分别表示系数在1%、5%、10%的显著性水平上显著。

五、关于创新绩效的进一步研究

重污染上市公司的科技创新活动，除了从创新投入视角进行衡量外，还可以从创新产出视角展开研究。进一步从创新成功率和创新专利成果两个方面，深入分析外部审计对重污染上市公司科技创新行为的影响效应。

(一) 外部审计对科技创新成功率的效应分析

根据《企业会计准则第6号——无形资产》相关规定，我国企业的科技创新资金投入中，能够形成无形资产的应当资本化，按照受益期进行摊销；不能形成无形资产的应当费用化，计入企业当期损益。因此，以资本化研发投入除以科技创新资金投入总额，计算得到 $Rd\_Capital$ 作为企业科技创新成功率的衡量指标。由于科技创新资金从投入到达到资本化条件可能存在一定的时间差，因此在模型估计时同时使用 $Rd\_Capital$ 的当期项和一阶前推项，表7-5报告了模型估计结果。表7-5中列（1）和列（2）的系数都未通过显著性检验；列（3）和列（4）的系数则都在1%的显著性水平上显著为正。可见，以十大事务所 $Audit\_Big10$ 作为外部审计衡量指标时，外部审计未能有效提升重污染上市公司的科技创新成功率；但以审计费用 $Audit\_Cost$ 作为外部审计衡量指标时，外部审计不仅能提升重污染上市公司当期的科技创新成功率，还能有效提升下一期的科技创新成功率。

表7-5　　　　　外部审计对科技创新成功率的模型估计结果

变量	(1) $Rd\_Capital$	(2) $F.\ Rd\_Capital$	(3) $Rd\_Capital$	(4) $F.\ Rd\_Capital$
$Audit\_Big10$	-0.251 (-0.44)	-0.086 (-0.16)		
$Audit\_Cost$			14.247 *** (2.94)	11.820 *** (2.90)
$\ln\_Asset$	2.497 *** (7.46)	2.080 *** (6.74)	2.904 *** (7.92)	2.457 *** (7.37)
Age	-0.017 (-0.32)	0.006 (0.12)	-0.020 (-0.37)	0.008 (0.16)
$Cashflow$	0.021 (0.90)	0.025 (1.27)	0.019 (0.84)	0.024 (1.20)
$Leverage$	0.042 ** (2.40)	0.040 *** (2.61)	0.043 ** (2.49)	0.040 *** (2.63)
$Duality$	1.079 * (1.74)	0.886 (1.61)	0.818 (1.34)	0.706 (1.28)
$Concen$	-0.040 ** (-2.27)	-0.043 *** (-2.60)	-0.032 * (-1.81)	-0.041 ** (-2.49)

续表

变量	(1)	(2)	(3)	(4)
	Rd_Capital	F. Rd_Capital	Rd_Capital	F. Rd_Capital
常数项	-23.436 (-1.17)	-38.718*** (-5.56)	-60.271*** (-7.01)	-47.841*** (-6.26)
年度效应	控制	控制	控制	控制
行业效应	控制	控制	控制	控制
样本量	3631	4272	3617	4255
调整后 R^2	0.137	0.142	0.138	0.144

注：***、**、*分别表示系数在1%、5%、10%的显著性水平上显著。

(二) 外部审计对创新专利成果的效应分析

重污染上市公司投入大量资金和人员开展科技创新活动，其显性成果是取得各项专利，从而提升企业资源和能源使用效率，降低环境污染物排放水平。进一步以企业申请专利数作为被解释变量，验证外部审计对企业创新成果产出的影响效应。由于专利类型包括发明专利、实用新型专利和外观设计专利，不同专利的原创性和含金量也大不相同，使用的被解释变量包括专利总数 Patent_A、发明专利数 Patent_I、实用新型专利数 Patent_U 和外观设计专利数 Patent_D。考虑到科技创新投入需要经过一定时间才能形成专利，对上述指标取一阶前推项。只有发明专利和实用新型专利，才能对企业生产技术和工艺水平产生实质性影响，才能帮助企业实现绿色生产。因此，预期外部审计能够提升重污染上市公司的专利总数、发明专利数和实用新型专利数，但对外观设计专利无影响。

表7-6报告了外部审计对创新专利成果的模型估计结果。十大事务所 Audit_Big10 的系数只在列(1)~列(3)中显著为正，但在列(4)中未能通过显著性检验，表明 Audit_Big10 可以有效提升重污染上市公司的申请专利总数，具体而言是提升了申请发明专利和实用新型专利数，但对外观专利数无影响。审计费用 Audit_Cost 的系数在列(5)~列(7)中显著为正，但在列(8)中显著为负，表明 Audit_Cost 可以有效提升重污染上市公司的申请专利总数，具体而言是提升了申请发明专利和实用新型专利数，但却降低了外观专利数。可见，外部审计不仅提升了重污染上市公司的专利申请总数，还有助于优化企业专利结构，促使重污染企业将更多创新资源投入到能够实现实质性绿色转型的科技创新项目中。

表 7-6　　　　　　　　外部审计对创新专利成果的模型估计结果

变量	(1) F.Patent_A	(2) F.Patent_I	(3) F.Patent_U	(4) F.Patent_D	(5) F.Patent_A	(6) F.Patent_I	(7) F.Patent_U	(8) F.Patent_D
Audit_Big10	6.275** (2.43)	3.152** (2.32)	2.860** (2.09)	0.264 (0.70)				
Audit_Cost					60.531*** (3.37)	19.936** (2.17)	44.968*** (4.13)	-4.373*** (-2.98)
ln_Asset	37.228*** (14.14)	17.966*** (11.22)	17.664*** (13.68)	1.599*** (7.70)	40.466*** (13.68)	19.242*** (11.03)	19.722*** (13.28)	1.502*** (6.74)
Age	-0.698* (-1.69)	-0.417* (-1.93)	-0.098 (-0.42)	-0.183*** (-3.86)	-0.739* (-1.73)	-0.427* (-1.90)	-0.124 (-0.53)	-0.188*** (-3.88)
Cashflow	-0.467*** (-2.99)	-0.360*** (-3.21)	-0.101* (-1.80)	-0.006 (-0.66)	-0.481*** (-2.83)	-0.372*** (-3.05)	-0.098 (-1.60)	-0.011 (-1.02)
Leverage	-0.777*** (-7.65)	-0.371*** (-6.29)	-0.366*** (-7.07)	-0.041*** (-4.70)	-0.797*** (-7.47)	-0.385*** (-6.16)	-0.372*** (-6.95)	-0.041*** (-4.53)
Duality	-1.268 (-0.52)	0.481 (0.34)	-3.059*** (-2.72)	1.310*** (2.61)	-2.055 (-0.78)	0.080 (0.05)	-3.335*** (-2.74)	1.199** (2.28)
Concen	0.738*** (5.21)	0.398*** (4.35)	0.315*** (4.86)	0.025* (1.79)	0.766*** (5.27)	0.409*** (4.35)	0.333*** (5.01)	0.024* (1.68)
常数项	-781.296*** (-13.32)	-389.456*** (-10.79)	-358.452*** (-12.53)	-33.388*** (-7.18)	-854.440*** (-13.01)	-417.898*** (-10.61)	-405.773*** (-12.46)	-30.769*** (-6.12)
年度效应	控制	控制	控制	控制	控制	控制	控制	控制
行业效应	控制	控制	控制	控制	控制	控制	控制	控制
样本量	6083	6083	6083	6083	5779	5779	5779	5779
调整后 R^2	0.382	0.325	0.351	0.067	0.384	0.326	0.353	0.067

注：***、**、*分别表示系数在1%、5%、10%的显著性水平上显著。

六、稳健性检验结果分析

外部审计对重污染企业科技创新活动的促进作用，也可能面临样本选择偏差导致的内生性问题。原因在于，重污染企业本身具有较高的污染物排放水平，往往有较高的积极性改善自身社会形象，当在科技创新方面有较好表现时，企业更愿意使用高质量的外部审计来向资本市场传递积极信号。因此，上述研究结论存在的潜在风险是，接受十大会计师事务所审计、审计费用较高的重污染上市公司，本身就比其他公司具有更高的科技创新水平。为了避免上述样本选择偏差可能带来的内生性问题，进一步使用倾向得分匹配法进行稳健性检验。

具体步骤是，将哑变量 Audit_Big10 视为被解释变量，以 ln_Asset、Age、Cashflow、Leverage、Duality、Concen 作为协变量，使用 Probit 模型进行回归分析，并以模型估计结果计算得到的拟合值作为倾向得分值，作为每家上市公司选择前十大会计师事务所开展年报审计的概率。将 Audit_Big10 等于 1 的上市公司作为实验组，为它一对一匹配一个倾向得分值最为接近，但 Audit_Big10 等于 0 的样本作为对照组。由于实验组和对照组的倾向得分值相近，表明它们的协变量不应存在显著差异，从而有理由认为它们选择前十大会计师事务所进行年报审计的概率应当相近，而不会受到企业自身科技创新水平的影响，从而避免样本选择偏差问题。对于连续型变量 Audit_Cost，根据其数值由大到小进行排序，将 Audit_Cost 数值大于中位数的样本作为实验组，取值为 1；否则作为对照组，取值为 0，从而构造一个反映是否属于较高审计费用样本的哑变量，用以进行 Probit 模型估计，进而进行倾向得分匹配。

表 7-7 报告了使用 Audit_Big10 进行倾向得分匹配前后的协变量平衡性检验结果。可以看到，在倾向得分匹配前，除了资产负债率 Leverage 外的所有协变量在实验组和对照组间存在显著差异，但是经过倾向得分匹配后，所有协变量在实验组和对照组间都不存在显著差异，满足倾向得分匹配估计的协变量平衡性要求。当使用 Audit_Cost 作为外部审计衡量指标时，协变量平衡性检验结果与表 7-7 一致，不再赘述。

表 7-7　　倾向得分匹配前后的协变量平衡性检验结果

变量	匹配前 平均值 实验组	匹配前 平均值 对照组	t 值	匹配后 平均值 实验组	匹配后 平均值 对照组	t 值
ln_Asset	22.166	21.901	8.63***	22.166	22.149	0.60
Age	2.769	2.716	5.57***	2.769	2.766	0.39
Cashflow	10.254	9.073	3.38***	10.254	10.655	-1.27
Leverage	39.119	38.532	1.14	39.119	39.371	-0.55
Duality	0.310	0.269	3.62***	0.310	0.304	0.59
Concen	21.851	21.027	1.82*	21.851	21.748	0.26

注：***、*分别表示系数在1%、10%的显著性水平上显著。

表 7-8 报告倾向得分匹配前后的平均处理效应估计结果。根据科技创新和外部审计衡量指标的不同组合，倾向得分匹配前的平均处理效应分

别为 0.177、0.350、1.283 和 2.666，其中除 0.350 未通过显著性检验外，其他平均处理效应都通过显著性检验。由于它们都是倾向得分匹配前的平均处理效应，并不能完全排除样本选择偏差带来的估计结果偏差。但是，倾向得分匹配后的平均处理效应分别为 0.207、0.884、0.573 和 2.296，且都通过显著性检验。可见，样本选择偏差导致一定程度高估了外部审计对重污染企业科技创新的促进作用，但经过倾向得分匹配以排除可能存在的样本选择偏差问题后，平均处理效应依然显著为正，表明外部审计确实有效促进了重污染企业开展科技创新活动。

表7-8　　　　倾向得分匹配前后的平均处理效应估计结果

被解释变量	解释变量	类型	实验组	对照组	平均处理效应	t 值
Rd_Spend	Audit_Big10	匹配前	3.010	2.833	0.177	3.02***
		匹配后	3.010	2.803	0.207	2.98***
Rd_Person	Audit_Big10	匹配前	10.629	10.279	0.350	1.48
		匹配后	10.629	9.745	0.884	3.10***
Rd_Spend	Audit_Cost	匹配前	3.554	2.271	1.283	23.23***
		匹配后	3.545	2.972	0.573	3.14**
Rd_Person	Audit_Cost	匹配前	11.694	9.028	2.666	11.76***
		匹配后	11.698	9.402	2.296	2.49**

注：***、**分别表示系数在1%、5%的显著性水平上显著。

第四节　外部审计与重污染企业科技创新的研究结论

推动重污染企业科技创新是转变我国经济增长方式，提升资源和能源使用效率，降低环境污染物排放水平的重要路径，也是重污染企业积极履行环境责任的重要方式。由会计师事务所进行财务报告审计工作所形成的外部审计治理机制，可以通过"认证效应"和"信息传递效应"，督促重污染上市公司开展更多的科技创新活动。本章基于2008~2019年沪深A股重污染上市公司的实证研究表明，外部审计可以有效促进重污染企业增加科技创新资金和人员投入，且该促进作用具有明显的股权异质性和法制环境异质性，即外部审计能够有效提升非国有控股和位于较好法制环境的重污染上市公司的科技创新投入水平，但对国有控股和位于较差法制环境的重污染上市公司的科技创新投入激励效应不足。考虑样本选择偏差可能导致的内生性问题，基于倾向得分匹配的稳健性检验表明，上述研究结论具有较强的稳健性。从科技创新成功率和创新专利成果的视角进一步研究表明，外部审计能有效提升重污染上市公司的科技创新成功率和专利申请数，有助于优化企业专利申请结构，促进重污染企业实质性绿色转型。基于上述研究结论，政策建议包括：

一、有效提升外部审计机构的审计独立性

外部审计能够促进重污染企业科技创新，通过提高会计师事务所的独立性水平，向资本市场传递真实、可靠的审计意见，能对重污染企业的环境污染活动产生威慑力，不断督促重污染企业通过科技创新实现绿色转型。外部审计独立性的提升依赖于政府监管部门建立起有效的审计机构监管机制，尤其是加大对疏于履行职责而导致审计失败事务所的行政处罚力度，维护所有从事外部审计工作的会计师事务所的整体社会声誉。

二、大力完善国有重污染上市公司的公司治理机制

对于国有重污染上市公司来说，所有者主体缺位、预算软约束等问题，导致外部审计功能赖以发挥的资本市场治理机制难以有效运行，这需要通过完善公司治理机制予以纠正。面对所有者主体缺位的问题，应建立起各级国资委作为出资人对于企业管理团队经营绩效考核的科学评价体系，将重污染企业的污染物排放水平、科技创新水平、能源消耗水平等纳入管理团队绩效考核指标，并结合地区环境污染水平和压力承受能力调整其指标权重。面对预算软约束的问题，应摆正政府与市场的互动关系，确立国有企业与非国有企业的平等市场主体地位，政府在制定引导企业市场行为的各项政策时，对国有企业和非国有企业一视同仁，不因企业股权性质而区别对待。

三、努力加强各地区的法律制度环境建设

当前我国正在推进全面依法治国，在中央层面加强法律制度顶层设计，并在整体上形成了较为完善的法律制度体系。但是，由于我国地区经济水平、人文习俗、行为习惯等各不相同，法律制度体系在各地区的执行力度差异较大。我国应全面营造法律至上、敬畏法律的社会氛围，加强社会主义基层民主政治建设，将全面依法治国理念向法制环境薄弱地区纵深推进，做到有法必依、执法必严，全面提升各地区的法律制度环境，为外部审计发挥其企业治理效应，促进重污染企业开展科技创新活动创造良好的法制环境基础。

第八章 纳税责任：税收征管经历高管与企业避税

纳税责任是企业社会责任的重要组成部分，要求企业必须及时足额地向政府依法缴纳税款，但现实中企业激进避税，乃至违背税收法律法规的现象却时有发生。高管作为企业避税行为的主要决策者，其过往经历对于企业履行纳税责任有着关键影响，本章围绕高管税收征管经历对企业避税的影响效应进行理论和实证研究。

第一节 税收征管经历高管与企业避税的理论分析

一、高管特征与企业避税的研究进展

税收是政府组织财政收入的主要形式，也是政府提供公共商品的主要资金来源，税收问题也就成为社会关注的热门话题。目前，我国税收法规立法层次有待提升，税收法律体系还不完善，企业避税问题仍然较为严峻，这不仅造成国家财政收入损失，而且也导致企业间税负不公平，降低社会资源配置效率，进而影响实体经济长远发展。企业避税问题一直以来广受学界关注，传统理论认为避税能增加企业现金流，给企业经营业绩带来"正效应"，但随着现代有效税收理论的发展，企业避税的"负效应"被越来越多地证实。激进避税不利于企业长远发展，如何确定影响企业避税的关键因素，有效抑制企业激进避税决策，是当前亟待研究的重要课题。

关于避税问题的研究，现有文献主要聚焦于企业避税的影响因素和经济后果。从企业避税的影响因素来看，包括管理层薪酬（Armstrong et al.，2012）、战略差异度（袁蓉丽等，2019）、社会保险缴费负担（魏志华和夏太彪，2020）等因素会促进企业避税，包括税收执法效率（Desai et al. , 2007；曾亚敏和张俊生，2009）、审计委员会（王雄，2018）、政府补助（邓博夫等，2019）等因素会抑制企业避税。从企业避税的经济后果来看，适度避税可以增加企业现金流，缓解企业融资约束（Graham and Tucker, 2006；Law and Mills, 2015），但是激进避税将会产生大量消极影响。例如，增加企业债务资本成本、降低债务融资能力（姚立杰等，2018），影响企业经营绩效、降低企业价值（汪猛和徐经长，2016）。近期研究开始关注管理层的个人特征与企业避税的关系。基于高层梯队理论，由于企业内外部环境的复杂性和高管个人认知的局限性，高管职业背景、性格和避税经验等个人特质会影响其战略选择，从而影响企业避税决策（Dyreng et al. , 2010；Armstrong et al. , 2012）。例如，基于管理层能力、女性CEO 和 CFO（曾爱民等，2019）、学者型 CEO（张晓亮等，2020）等视角，对企业避税决策的影响机制进行实证研究。然而，目前尚未有文献研究税收征管经历高管对企业避税行为的影响效应。

理论上，税收征管经历高管可能对企业避税产生正反两个方面的影响。一方面，税收征管经历高管有一定的税收征管经验，更容易把握企业避税空间，并借助其过往职业经历为企业搭建公共社会资本，从而助推企业避税。另一方面，税收征管经历高管对避税成本和风险有更深刻的理解，加之避税带有"不道德"标签，税收征管经历高管可能基于企业声誉和个人声誉考虑，降低企业避税程度。目前，我国约有 4.2% 的上市公司聘请了税收征管经历高管。那么，这些税收征管经历高管对企业避税会产生何种影响？其影响效应在不同外部环境下存在差异吗？基于 2011~2019 年沪深 A 股上市公司的实证研究表明，税收征管经历高管能抑制企业避税，且该抑制效应在税收征管力度大、金融市场化程度高、法制环境好的环境下更加明显。进一步分析发现，在税收征管经历高管中，董事会成员和监事会成员对企业避税具有显著影响，高级管理人员的影响不显著，且税收征管经历高管能为企业带来更多的名义税率优惠。

本章的研究贡献在于：首先，拓展了企业避税的影响因素研究。虽然目前已有大量学者从各方面研究企业避税的影响因素，但从管理层个人特质视角展开的研究近几年才开始出现，本研究首次检验了税收征管经历高管对企业避税的影响效应。其次，丰富了公司治理机制研究。从董事会成员、监事会成员和高级管理人员区分不同类型高管的税收征管经历，进而分析他们对企业避税决策的影响差异，对于完善公司治理机制、提升公司治理效率有着重要的启示意义。

二、税收征管经历高管对企业避税的影响效应

避税可以增加企业现金流,缓解融资约束(Law and Mills,2015),而充裕的现金流能使企业把握更多的投资机会。同时,企业避税行为也会导致代理成本、股价下跌损失、财务报告成本、企业内部人寻租和声誉损失等非税成本。短视的管理层往往更多的是看到避税带来的现金流收益,却忽视其潜在的风险和成本(陈胜蓝和贾思远,2016),从而使得企业避税行为盛行。但从公共利益视角来看,企业避税降低了政府财政收入来源,不利于地方公共设施建设,影响当地经济发展(李吉园等,2020)。相反,企业积极纳税能与当地政府建立良好的政企关系,获得更多的政府支持。因此,税收征管经历高管可能会基于不同的视角考虑,作出不同的企业避税决策。

本书认为,税收征管经历高管能有效抑制企业的避税行为。首先,税收征管经历高管会基于对避税风险和避税成本的认知降低企业避税程度。税收征管经历高管可能亲身经历甚至主导企业的税务稽查和处罚工作,对企业避税风险和避税成本往往有更深刻的认知。实施激进避税会给企业带来诸多负面影响。其一,避税游走在税收法律法规的边缘,与偷税漏税的边界往往难以精准把握,随着避税激进程度的增加,企业被税务机关查处并予以行政处罚甚至刑事处罚的概率也会提高,由此带来一系列涉税风险。其二,企业避税也会给企业带来股价下跌损失、资本成本提高等非税成本(Hanlon and Heitzman,2010)。例如,企业避税会降低会计信息质量,影响投资者的投资决策,进而提高企业的外部融资难度和成本。其三,企业避税增加了交易复杂性,降低了会计信息透明度,为管理层寻租提供掩护,进而加剧了股东和高管之间的代理问题。因此,虽然企业避税能给企业带来一定收益,但同时也伴随着一系列避税风险和避税成本,税收征管经历高管基于对避税收益、避税风险和避税成本的权衡,会减少企业的避税行为。

其次,声誉机制也能促使税收征管经历高管抑制企业避税。企业避税通过减少企业自身税负来降低国家税收收入,在某种意义上违背了税收公平原则,采取激进避税的企业往往会被标注"不道德"标签(赵纯祥等,2019)。如果企业避税触犯法律法规,被税收征管部门处罚,会使企业和高管自身声誉都遭受损失。可见,企业避税行为不利于企业和高管树立并维护良好的社会声誉。税收征管经历高管作为曾经的公职人员,对纳税义务有更强的责任感,如果实施激进避税策略,被曝光后会引发更大的社会

舆论攻击，给当事人造成巨大的心理压力。因此，税收征管经历高管会更加珍视企业和自身声誉。为了维护声誉，税收征管经历高管可能质疑甚至阻止企业采取激进避税策略，主动迎合社会舆论，依法缴纳税款。基于上述分析，提出如下假设。

H1：税收征管经历高管会抑制企业的避税行为。

三、基于不同外部环境的影响效应异质性

我国企业面临的外部环境存在较大差异，它们对税收征管经历高管的企业避税抑制效应具有调节作用。首先，较大的税收征管力度有利于发挥税收征管经历高管的企业避税抑制效应。一方面，企业面临的税收征管力度越大则避税风险越大。税务机关规范企业纳税行为主要依靠税务稽查和税收行政处罚两种机制，当税收征管力度较大时，税务机关会对企业进行更加全面细致的税务稽查，也会采取更加严厉的避税惩罚措施，企业在税务稽查中被发现避税问题的可能性更大，避税行为遭受的处罚力度也更大。另一方面，较大的税收征管力度也会增加企业避税成本。企业避税的潜在成本和机会成本会随着所在地税收征管力度的增加而增加，表现为税收征管力度越大，避税成本越高（蔡宏标和饶品贵，2015）。原因在于，在税收征管力度较大时，企业通过避税来降低税负的难度增加，要想防止被税务主管部门发现和查处，需要设计更复杂和隐秘的避税手段，这无疑会增加企业避税成本。可见，在税收征管力度较大时，企业避税风险和避税成本都会增加，税收征管经历高管对企业避税的抑制作用也将更加显著。

其次，较高的金融市场化程度有利于发挥税收征管经历高管的企业避税抑制效应。一方面，当金融市场化程度较高时，企业面临的融资约束较少，会降低企业避税的边际收益。较高的金融市场化程度，意味着企业外部融资环境较好，外部融资成本也相应较低。企业可以用更低成本的外部融资替代避税行为带来的内部融资，这意味着企业通过避税获取内部融资的边际收益随之降低。另一方面，当金融市场化程度较高时，融资过程往往更加规范，这也使得企业避税的边际成本随之增加。企业避税时往往需要对相应收入与成本项目进行会计操作（Chen and Chu, 2005; Frank et al., 2009），降低会计信息质量。然而，企业在进行银行借款或发行债券等外部融资时，会计信息质量是投资者重要的参考依据，直接影响企业的融资成本和规模（姚立杰和夏冬林，2009）。随着金融市场化程度的提高，将会降低企业和投资者的信息不对称，企业避税的边际成本也会越来越

大。因此，综合来看，在金融市场化程度较高时，避税的边际收益降低且边际成本增加，使得企业的主观避税动机减弱，税收征管经历高管对企业避税的抑制作用更强。

最后，较好的法制环境水平有利于发挥税收征管经历高管的企业避税抑制效应。法制环境作为一种正式制度，会对企业的避税活动产生重要影响。在法制环境较好的条件下，企业信息披露更加健全，信息透明度相对更高，来自外界的监管会使企业避税难度加大。并且，法制环境较好的地区，司法制度往往更加健全和完善，能更好地保障债权人权益，在一定程度上缓解企业面临的融资约束，进而降低企业避税动机。此外，在法制环境较好的地区，政府监管水平和执法力度更强，可以约束管理层的机会主义行为，使企业避税成本增加。同时，较好的法制环境限制了税务机关与企业"征纳合谋"的寻租行为，减少了企业避税空间。因此，在法制环境较好的地区，税收征管经历高管对企业避税的抑制作用更加显著。基于上述分析，提出如下假设。

H2a：在较大的税收征管力度条件下，税收征管经历高管对企业避税的抑制作用更强。

H2b：在较高的金融市场化程度条件下，税收征管经历高管对企业避税的抑制作用更强。

H2c：在较好的法制环境条件下，税收征管经历高管对企业避税的抑制作用更强。

第二节 税收征管经历高管与企业避税的研究设计

一、税收征管经历高管与企业避税的模型设定

为了检验上述假设，提出如下模型：

$$\begin{aligned} Etr/Etr\_mean = & \beta_0 + \beta_1 Taxdir + \beta_2 Soe + \beta_3 Duality + \beta_4 Stockhd \\ & + \beta_5 Hitech + \beta_6 \ln\_Size + \beta_7 Lev + \beta_8 Mb + \beta_9 Inv \\ & + \beta_{10} Ppe + \beta_{11} Intang + \gamma \sum Industry \\ & + \delta \sum Year + \varepsilon \end{aligned} \quad (8-1)$$

式（8-1）中变量定义如下。

1. 被解释变量。企业所得税是各国企业开展避税活动的主要税种，

国外文献大多采用企业所得税实际税率作为企业避税的衡量指标（刘行和叶康涛，2013）。然而，我国企业所得税税收优惠政策繁多，不同企业的名义税率也不尽相同（吴联生，2009），使该指标难以准确反映企业避税水平。参照袁蓉丽等（2019）的研究，采用名义所得税率与实际所得税率之差 Etr 来衡量企业避税，Etr 越大则企业避税程度越大。同时，由于企业税负的跨年波动因素，采用 Etr 的三期移动平均值 Etr_mean 作为企业避税的另一衡量指标（Dyreng et al.，2010；刘行和叶康涛，2013；袁蓉丽等，2019）。

2. 解释变量。税收征管经历高管 $Taxdir$ 是反映企业是否聘任税收征管经历高管的虚拟变量。具体而言，通过阅读上市公司董事、监事和高级管理人员的工作简历，将曾经在各级税务机关工作视为有税收征管经历。如果企业当年的董事、监事和高级管理人员中具有税收征管经历，$Taxdir$ 取值为1；否则取值为0。

3. 控制变量。为了控制影响企业避税的其他因素，参考现有文献对于企业避税的研究，加入如下控制变量：国有股权 Soe、两职合一 $Duality$、股权集中度 $Stockhd$、高新技术企业 $Hitech$、公司规模 ln_Size、资产负债率 Lev、市净率 Mb、存货比率 Inv、固定资产比率 Ppe、无形资产比率 $Intang$。此外，控制了行业效应和年度效应。具体变量定义如表8–1所示。

表8–1　　　　　　　　　　变量定义

变量代码	变量名称	变量定义
Etr	企业避税	名义所得税率–实际所得税率
Etr_mean	企业避税	Etr 的三期移动平均值
$Taxdir$	税收征管经历高管	当企业高管具有税收征管经历时取值为1，否则取值为0
Soe	国有股权	当企业股权性质为国有时取值为1，否则取值为0
$Duality$	两职合一	当董事长与总经理由一人担任时取值为1，否则取值为0
$Stockhd$	股权集中度	第一大股东持股比例
$Hitech$	高新技术企业	当企业为高新技术企业时取值为1，否则取值为0
ln_Size	公司规模	总资产的自然对数
Lev	资产负债率	总负债/总资产
Mb	市净率	总市值/总资产
Inv	存货比率	存货净额/总资产
Ppe	固定资产比率	固定资产/总资产
$Intang$	无形资产比率	无形资产/总资产

二、研究样本选择

使用沪深 A 股上市公司作为研究样本,样本区间为 2011~2019 年,所有数据均来自国泰安 CSMAR 数据库。按照研究惯例,剔除以下样本:(1) 金融行业上市公司样本;(2) 数据缺失的公司样本;(3) 被 ST 处理的公司样本,最终获得 22966 个研究样本。此外,为了消除极端值的影响,对所有连续型变量进行临界值为 1% 的 Winsor 缩尾处理。

第三节 税收征管经历高管与企业避税的实证结果

一、变量描述性统计分析

表 8-2 中的描述性统计结果显示,企业避税的两个指标 *Etr* 和 *Etr_mean* 的平均值分别为 0.037 和 0.038,表明我国上市公司普遍存在避税现象。*Etr* 的最小值为 -0.634,最大值为 0.767;*Etr_mean* 的最小值为 -0.498,最大值为 0.666,说明不同上市公司的避税程度相差较大。*Taxdir* 的平均值为 0.042,表明我国大约有 4.2% 的上市公司聘请了拥有税收征管经历的高管。*Soe* 的平均值为 0.361,表明我国国有上市公司占比达到 1/3 以上。*Duality* 的平均值为 0.311,表明我国 31.1% 上市公司的董事长和总经理由同一人担任。*Hitech* 的平均值为 0.404,表明我国上市公司中高新技术企业占比较高。其余变量的描述性统计结果也显示,我国上市公司在企业治理特征和财务状况等方面都有较大差异。

表 8-2　　　　　　　　　描述性统计

变量	观测值	平均值	标准差	最小值	最大值
Etr	22966	0.037	0.155	-0.634	0.767
Etr_mean	16237	0.038	0.106	-0.498	0.666
Taxdir	22966	0.042	0.200	0	1
Soe	22966	0.361	0.480	0	1
Duality	22966	0.311	0.463	0	1
Stockhd	22966	0.351	0.149	0.088	0.750
Hitech	22966	0.404	0.491	0	1

续表

变量	观测值	平均值	标准差	最小值	最大值
ln_Size	22966	22.141	1.292	19.871	26.135
Lev	22966	0.415	0.207	0.050	0.870
Mb	22966	3.544	2.86	0.641	17.231
Inv	22966	0.146	0.138	0	0.726
Ppe	22966	0.213	0.162	0.002	0.701
Intang	22966	0.046	0.049	0	0.316

二、税收征管经历高管与企业避税的回归结果分析

基于全样本的基准模型回归结果如表 8-3 所示，其中列（1）和列（3）未加入控制变量；列（2）和列（4）加入所有控制变量。结果显示，列（1）~列（4）中 Taxdir 的系数分别为 -0.012、-0.013、-0.011 和 -0.012，且都通过显著性检验，表明税收征管经历高管能有效抑制企业避税，假设 H1 得以证实。可见，税收征管经历高管在进行避税决策时，更多考虑了避税的成本和风险，以及避税对企业和自身声誉的不利影响，积极推动企业依法履行纳税义务。

表 8-3　　　　　　　　基于全样本的基准模型回归结果

变量	Etr (1)	Etr (2)	Etr_mean (3)	Etr_mean (4)
Taxdir	-0.012** (-2.30)	-0.013** (-2.49)	-0.011*** (-2.60)	-0.012*** (-2.85)
Soe		-0.001 (-0.28)		-0.002 (-1.16)
Duality		0.001 (0.66)		0.001 (0.78)
Stockhd		-0.029*** (-4.14)		-0.029*** (-5.01)
Hitech		-0.005** (-2.07)		-0.004** (-2.21)
ln_Size		-0.001 (-1.01)		-0.001 (-0.61)

续表

变量	Etr		Etr_mean	
	(1)	(2)	(3)	(4)
Lev		0.011		0.002
		(1.47)		(0.39)
Mb		0.004 ***		0.004 ***
		(7.32)		(8.53)
Inv		-0.059 ***		-0.059 ***
		(-4.98)		(-6.36)
Ppe		0.025 ***		0.018 **
		(2.68)		(2.43)
Intang		-0.052 **		-0.073 ***
		(-2.06)		(-3.66)
常数项	0.161 ***	0.193 ***	0.154 ***	0.180 ***
	(10.38)	(6.64)	(12.27)	(7.51)
年度效应	控制	控制	控制	控制
行业效应	控制	控制	控制	控制
样本量	22966	22966	16237	16237
调整后 R^2	0.045	0.052	0.078	0.092

注：*** 、** 分别表示系数在 1%、5% 的显著性水平上显著。

三、基于外部环境异质性的实证检验

（一）基于不同税收征管力度子样本的研究结果分析

对于税收征管力度的衡量，参照曾亚敏和张俊生（2009）的研究，设定税收负担比率的估计模型为：

$$P\_Tax_{i,t} = \beta_0 + \beta_1 GDP_{i,t} + \beta_2 Ind\_1_{i,t} + \beta_3 Ind\_2_{i,t} + \varepsilon_{i,t} \quad (8-2)$$

其中，$P\_Tax_{i,t}$ 由各省份税收收入总额除以地区生产总值计算得到；GDP 由人均地区生产总值取对数衡量；$Ind\_1_{i,t}$ 和 $Ind\_2_{i,t}$ 分别表示第一产业和第二产业占地区生产总值的比重。对式（8-2）进行估计后，用实际税收负担比率减去模型估计得到的税收负担比率预测值，即式（8-2）模型估计得到的残差作为税收征管力度 Taxenforce 的衡量指标，其数值越大则表明该地区的税收征管力度越大，并根据 Taxenforce 按年度和省份分类计算中位数，根据上市公司注册地所在省份的 Taxenforce 数值，将全部样本分为税收征管力度较大和较小两个子样本，分别使用两个子样本对式 (8-1) 进行回归，估计结果如表 8-4 所示。

表 8-4 中列（1）~列（4）是基于税收征管力度较大子样本的估计结果，$Taxdir$ 系数分别为 -0.016、-0.016、-0.015 和 -0.015，且均通过了显著性检验，表明当企业面临的税收征管力度较大时，税收征管经历高管能够有效抑制企业的避税行为。相反，表 8-4 中列（5）~列（8）是基于税收征管力度较小子样本的估计结果，$Taxdir$ 系数分别为 -0.003、-0.006、-0.003 和 -0.005，且均未通过显著性检验，表明在税收征管力度较小的环境中，税收征管经历高管对企业避税的抑制作用不显著。可见，税收征管力度对税收征管经历高管的企业避税抑制效应具有重要的调节作用，较大的税收征管力度增加了企业的避税风险和避税成本。税收征管经历高管对避税的风险和成本更为敏感，基于避税利弊的权衡，会减少企业的避税行为，验证了研究假设 H2a。

表 8-4　　　　　基于税收征管力度子样本的模型回归结果

变量	税收征管力度较大				税收征管力度较小			
	Etr		Etr_mean		Etr		Etr_mean	
	(1)	(2)	(3)	(4)	(5)	(6)	(7)	(8)
$Taxdir$	-0.016**	-0.016***	-0.015***	-0.015***	-0.003	-0.006	-0.003	-0.005
	(-2.57)	(-2.62)	(-2.98)	(-3.08)	(-0.36)	(-0.67)	(-0.45)	(-0.71)
Soe		0.005		0.001		-0.010**		-0.009***
		(1.35)		(0.44)		(-2.28)		(-2.69)
$Duality$		0.002		0.000		0.002		0.005
		(0.75)		(0.14)		(0.45)		(1.54)
$Stockhd$		-0.032***		-0.032***		-0.030**		-0.027***
		(-3.85)		(-4.74)		(-2.30)		(-2.62)
$Hitech$		-0.003		-0.003		-0.007*		-0.005
		(-1.19)		(-1.47)		(-1.74)		(-1.63)
ln_Size		-0.001		-0.000		-0.004*		-0.003*
		(-0.52)		(-0.17)		(-1.84)		(-1.95)
Lev		0.013		0.005		0.020		0.009
		(1.29)		(0.70)		(1.56)		(0.84)
Mb		0.003***		0.003***		0.005***		0.005***
		(5.36)		(5.55)		(4.98)		(6.16)

续表

变量	税收征管力度较大				税收征管力度较小			
	Etr		*Etr_mean*		*Etr*		*Etr_mean*	
	(1)	(2)	(3)	(4)	(5)	(6)	(7)	(8)
Inv		-0.055 *** (-3.95)		-0.063 *** (-5.81)		-0.066 *** (-2.94)		-0.056 *** (-3.24)
Ppe		0.020 * (1.75)		0.009 (1.00)		0.025 (1.60)		0.020 * (1.65)
Intang		-0.064 ** (-2.07)		-0.077 *** (-3.04)		-0.026 (-0.59)		-0.052 (-1.59)
常数项	0.173 *** (11.70)	0.197 *** (5.99)	0.164 *** (15.39)	0.186 *** (6.93)	0.156 *** (7.18)	0.244 *** (4.83)	0.150 *** (9.00)	0.228 *** (5.59)
年度效应	控制	控制	控制	控制	控制	控制	控制	控制
行业效应	控制	控制	控制	控制	控制	控制	控制	控制
样本量	14397	14397	9787	9787	8569	8569	6450	6450
调整后 R^2	0.046	0.051	0.086	0.097	0.050	0.060	0.089	0.110

注：***、**、* 分别表示系数在1%、5%、10%的显著性水平上显著。

（二）基于不同金融市场化程度子样本的研究结果分析

参考朱红军等（2006）、邓建平和曾勇（2011）等文献，使用王小鲁等（2019）发布的《中国分省份市场化指数报告（2018）》中的"金融市场化指数"来衡量金融市场化程度，根据各省份的金融市场化指数排序，将排序前10位的省份定义为金融市场化程度较高的省市；其余省份定义为金融市场化程度较低的省份。根据上市公司注册地所在省份的分组情况，将所有样本分为金融市场化程度较高和较低两个子样本，并分别使用两个子样本对式（8-1）进行回归，估计结果如表8-5所示。

表8-5中列（1）~列（4）显示的是基于金融市场化程度较高的子样本的估计结果，*Taxdir* 系数分别为-0.021、-0.021、-0.022和-0.023，且均在1%的显著性水平上显著，表明在金融市场化程度较高的环境中，税收征管经历高管能够有效抑制企业避税。相反，列（5）~列（8）显示的是基于金融市场化程度较低的子样本的估计结果，*Taxdir* 系数分别为0.002、0.001、0.004和0.002，且均未通过显著性检验。上述结果表明，在金融市场化程度较高的环境中，企业避税的边际收益降低而边际成本增加，基于成本收益的考量，税收征管经历高管会进一步降低企业避税程度，验证了研究假设H2b。

表 8-5　基于金融市场化程度子样本的模型回归结果

变量	金融市场化程度较高				金融市场化程度较低			
	Etr		Etr_mean		Etr		Etr_mean	
	(1)	(2)	(3)	(4)	(5)	(6)	(7)	(8)
$Taxdir$	-0.021***	-0.021***	-0.022***	-0.023***	0.002	0.001	0.004	0.002
	(-3.32)	(-3.42)	(-4.21)	(-4.36)	(0.22)	(0.08)	(0.59)	(0.35)
Soe		0.004		-0.000		-0.005		-0.005
		(1.00)		(-0.05)		(-1.19)		(-1.48)
$Duality$		0.001		-0.001		0.004		0.009***
		(0.37)		(-0.58)		(1.10)		(2.86)
$Stockhd$		-0.043***		-0.047***		-0.003		0.007
		(-4.99)		(-6.47)		(-0.20)		(0.68)
$Hitech$		-0.005**		-0.005**		-0.003		-0.001
		(-2.00)		(-2.30)		(-0.73)		(-0.45)
$\ln\_Size$		0.000		0.001		-0.004*		-0.004**
		(0.02)		(0.59)		(-1.90)		(-2.43)
Lev		0.008		-0.004		0.016		0.010
		(0.84)		(-0.46)		(1.17)		(0.99)
Mb		0.003***		0.003***		0.004***		0.005***
		(5.36)		(5.49)		(4.92)		(6.39)
Inv		-0.052***		-0.056***		-0.067***		-0.063***
		(-3.52)		(-4.75)		(-3.12)		(-3.96)
Ppe		0.024**		0.019*		0.034**		0.024**
		(2.05)		(1.94)		(2.27)		(2.04)
$Intang$		-0.037		-0.082***		-0.055		-0.054*
		(-1.06)		(-2.84)		(-1.43)		(-1.93)
常数项	0.196***	0.204***	0.169***	0.176***	0.155***	0.230***	0.152***	0.226***
	(7.75)	(5.15)	(9.51)	(5.60)	(8.62)	(5.06)	(10.60)	(6.21)
年度效应	控制	控制	控制	控制	控制	控制	控制	控制
行业效应	控制	控制	控制	控制	控制	控制	控制	控制
样本量	14158	14158	9863	9863	8808	8808	6374	6374
调整后 R^2	0.048	0.053	0.081	0.092	0.044	0.054	0.088	0.111

注：***、**、*分别表示系数在1%、5%、10%的显著性水平上显著。

（三）基于不同法制环境子样本的研究结果分析

参考潘孝珍和傅超（2020）等文献，选取王小鲁等（2019）发布的

《中国分省份市场化指数报告（2018）》中的"市场中介组织和法治环境评分"来衡量地区法制环境，根据各省份的市场中介组织和法制环境评分排序，将排序前15位的省份定义为法制环境较好的省份；排序后16位的省份定义为法制环境较差的省份。根据上市公司注册地所在省市的分组情况，将所有样本分为法制环境较好和较差两个子样本，并分别使用两个子样本对式（8-1）进行回归，估计结果如表8-6所示。

表8-6中列（1）~列（4）显示的是基于法制环境较好的子样本的估计结果，Taxdir系数分别为-0.014、-0.014、-0.016和-0.016，且均通过了显著性检验，表明在较好的法制环境条件下，税收征管经历高管对企业避税的抑制作用显著。相反，表8-6中列（5）~列（8）显示的是基于法制环境较差的子样本的估计结果，Taxdir系数分别为-0.009、-0.014、0.004和-0.000，且均未通过显著性检验。上述结果表明在法制环境较好的条件下，企业避税难度增加，避税行为被税务机关查处的风险加大，企业难以通过寻租等方式获取税收利益，此时更有利于发挥税收征管经历高管对企业避税的抑制作用，验证了研究假设H2c。

表8-6　　　　　　　基于法制环境子样本的模型回归结果

变量	法制环境较好				法制环境较差			
	Etr		Etr_mean		Etr		Etr_mean	
	(1)	(2)	(3)	(4)	(5)	(6)	(7)	(8)
Taxdir	-0.014** (-2.54)	-0.014*** (-2.60)	-0.016*** (-3.46)	-0.016*** (-3.57)	-0.009 (-0.63)	-0.014 (-0.97)	0.004 (0.36)	-0.000 (-0.03)
Soe		0.003 (1.12)		0.001 (0.25)		-0.018*** (-2.80)		-0.016*** (-3.35)
Duality		0.001 (0.31)		-0.001 (-0.29)		0.006 (0.92)		0.011** (2.23)
Stockhd		-0.028*** (-3.77)		-0.032*** (-5.20)		-0.028 (-1.44)		-0.015 (-1.00)
Hitech		-0.003 (-1.44)		-0.004** (-2.08)		-0.015** (-2.38)		-0.006 (-1.24)
ln_Size		0.000 (0.00)		0.001 (0.80)		-0.008*** (-2.72)		-0.008*** (-3.50)
Lev		0.013 (1.55)		0.002 (0.26)		0.020 (1.02)		0.013 (0.89)

续表

变量	法制环境较好				法制环境较差			
	Etr		Etr_mean		Etr		Etr_mean	
	(1)	(2)	(3)	(4)	(5)	(6)	(7)	(8)
Mb		0.003 *** (6.74)		0.003 *** (7.92)		0.004 *** (2.76)		0.004 *** (3.72)
Inv		-0.062 *** (-4.96)		-0.063 *** (-6.37)		-0.051 (-1.60)		-0.047 * (-1.95)
Ppe		0.021 ** (2.06)		0.015 * (1.80)		0.048 ** (2.07)		0.040 ** (2.31)
Intang		-0.069 ** (-2.46)		-0.091 *** (-3.96)		-0.047 (-0.81)		-0.066 (-1.60)
常数项	0.159 *** (12.49)	0.166 *** (5.71)	0.149 *** (17.55)	0.147 *** (6.32)	0.165 *** (6.79)	0.349 *** (5.01)	0.154 *** (8.09)	0.338 *** (6.08)
年度效应	控制	控制	控制	控制	控制	控制	控制	控制
行业效应	控制	控制	控制	控制	控制	控制	控制	控制
样本量	18462	18462	12924	12924	4504	4504	3313	3313
调整后 R^2	0.046	0.052	0.077	0.091	0.055	0.067	0.127	0.153

注：***、**、* 分别表示系数在 1%、5%、10% 的显著性水平上显著。

四、基于税收征管经历高管的进一步研究

（一）税收征管经历高管的分类检验结果

企业高管根据职位类别可以分为董事会成员、监事会成员和高级管理人员三类，为了检验不同类别高管对企业避税的异质性影响，使用式（8-3）进行进一步研究。

$$Etr/Etr\_mean = \beta_0 + \beta_1 Taxdir\_dir/Taxdir\_sup/Taxdir\_exe + \beta_2 Soe$$
$$+ \beta_3 Duality + \beta_4 Stockhd + \beta_5 Hitech + \beta_6 \ln\_Size$$
$$+ \beta_7 Lev + \beta_8 Mb + \beta_9 Inv + \beta_{10} Ppe + \beta_{11} Intang$$
$$+ \gamma \sum Industry + \delta \sum Year + \varepsilon \quad (8-3)$$

其中，Taxdir_dir 表示企业是否拥有税收征管经历的董事会成员，当企业的董事会成员有税收征管经历时取值为 1；否则取值为 0。类似的，Taxdir_sup 表示企业是否拥有税收征管经历的监事会成员；Taxdir_exe 表示企业是否拥有税收征管经历的高级管理人员。回归结果如表 8-7 所示，其中

列（1）~列（6）为依次加入三个解释变量的模型估计结果，列（7）和列（8）为三个解释变量全部加入模型的估计结果。

可以看到，列（1）~列（6）中，$Taxdir\_dir$ 的系数分别为 -0.013 和 -0.010，分别在5%和10%的显著性水平上显著；$Taxdir\_sup$ 的系数分别为 -0.027 和 -0.031，分别在5%和1%的显著性水平上显著；$Taxdir\_exe$ 的系数未通过显著性检验。可见，在税收征管经历高管中，董事会成员和监事会成员主要发挥企业经营方向的战略规划和监督作用，能够有效抑制企业避税程度，而高级管理人员更多的是执行既定的经营战略，不能有效发挥企业避税的抑制效应。列（7）和列（8）中三个解释变量的估计结果也与列（1）~列（6）基本一致。

表8-7　　　　　　税收征管经历高管的分类检验估计结果

变量	Etr	Etr_mean	Etr	Etr_mean	Etr	Etr_mean	Etr	Etr_mean
	(1)	(2)	(3)	(4)	(5)	(6)	(7)	(8)
$Taxdir\_dir$	-0.013**	-0.010*					-0.012*	-0.008
	(-2.08)	(-1.94)					(-1.94)	(-1.64)
$Taxdir\_sup$			-0.027**	-0.031***			-0.025**	-0.029***
			(-2.35)	(-3.54)			(-2.18)	(-3.33)
$Taxdir\_exe$					-0.009	-0.014	-0.004	-0.010
					(-0.76)	(-1.41)	(-0.30)	(-1.01)
Soe	-0.001	-0.002	-0.001	-0.002	-0.001	-0.002	-0.001	-0.002
	(-0.27)	(-1.16)	(-0.25)	(-1.10)	(-0.27)	(-1.15)	(-0.26)	(-1.13)
$Duality$	0.001	0.001	0.001	0.001	0.001	0.001	0.001	0.001
	(0.65)	(0.75)	(0.62)	(0.72)	(0.64)	(0.76)	(0.66)	(0.78)
$Stockhd$	-0.029***	-0.028***	-0.029***	-0.029***	-0.029***	-0.028***	-0.029***	-0.029***
	(-4.11)	(-4.96)	(-4.12)	(-4.99)	(-4.11)	(-4.97)	(-4.14)	(-5.02)
$Hitech$	-0.004**	-0.004**	-0.004**	-0.004**	-0.005**	-0.004**	-0.005**	-0.004**
	(-2.05)	(-2.19)	(-2.05)	(-2.20)	(-2.06)	(-2.21)	(-2.06)	(-2.21)
$\ln\_Size$	-0.001	-0.001	-0.001	-0.001	-0.001	-0.001	-0.001	-0.001
	(-1.04)	(-0.65)	(-1.02)	(-0.62)	(-1.03)	(-0.65)	(-1.01)	(-0.60)
Lev	0.012	0.003	0.011	0.002	0.011	0.002	0.011	0.002
	(1.49)	(0.42)	(1.41)	(0.31)	(1.44)	(0.38)	(1.44)	(0.33)
Mb	0.004***	0.004***	0.004***	0.004***	0.004***	0.004***	0.004***	0.004***
	(7.31)	(8.51)	(7.30)	(8.50)	(7.29)	(8.47)	(7.32)	(8.53)

续表

变量	Etr	Etr_mean	Etr	Etr_mean	Etr	Etr_mean	Etr	Etr_mean
	(1)	(2)	(3)	(4)	(5)	(6)	(7)	(8)
Inv	-0.059***	-0.059***	-0.059***	-0.059***	-0.059***	-0.059***	-0.059***	-0.059***
	(-4.97)	(-6.35)	(-4.98)	(-6.38)	(-4.97)	(-6.37)	(-4.97)	(-6.36)
Ppe	0.024***	0.018**	0.025***	0.019**	0.025***	0.018**	0.025***	0.019**
	(2.66)	(2.41)	(2.71)	(2.49)	(2.67)	(2.43)	(2.71)	(2.50)
Intang	-0.052**	-0.073***	-0.053**	-0.074***	-0.052**	-0.073***	-0.052**	-0.074***
	(-2.06)	(-3.67)	(-2.09)	(-3.71)	(-2.07)	(-3.66)	(-2.07)	(-3.67)
常数项	0.193***	0.180***	0.193***	0.180***	0.193***	0.180***	0.193***	0.179***
	(6.66)	(7.53)	(6.64)	(7.50)	(6.65)	(7.52)	(6.64)	(7.49)
年度效应	控制	控制	控制	控制	控制	控制	控制	控制
行业效应	控制	控制	控制	控制	控制	控制	控制	控制
样本量	22966	16237	22966	16237	22966	16237	22966	16237
调整后 R^2	0.052	0.092	0.051	0.092	0.051	0.092	0.052	0.092

注：***、**、*分别表示系数在1%、5%、10%的显著性水平上显著。

(二) 税收征管经历高管的税收利益

根据前文研究结论，税收征管经历高管对企业避税具有抑制效应，但除此之外是否还能为企业带来其他的税收利益？由于我国给予高新技术企业15%的企业所得税名义税率优惠政策，企业需要符合一系列前置条件才能通过高新技术企业认定而享受该政策，本章围绕税收征管经历高管能否利用自身的税收专业知识优势，为企业获得企业所得税名义税率优惠政策进行进一步研究。参照赵纯祥等（2019），使用企业所得税名义税率 Tax 来衡量名义税率优惠水平，Tax 越小则企业享受的所得税名义税率优惠力度越大。此外，构造企业是否享受所得税名义税率优惠的哑变量 Ptr，当所得税名义税率 Tax 小于等于15%时，Ptr 取值为1，否则取值为0，并同时采用 Probit 和 Logit 模型进行模型估计，实证结果如表8-8所示。列（1）中 Taxdir 的系数为-0.003，且在1%的显著性水平上显著，表明税收征管经历高管降低了企业的所得税名义税率。列（2）和列（3）分别采用 Probit 和 Logit 模型进行估计，Taxdir 的系数分别为0.119和0.208，且均在5%的显著性水平上显著，表明税收征管经历高管能够提高企业获得所得税名义税率优惠的概率。可见，税收征管经历高管不仅能够抑制企业避税，还能利用自身税务专业知识优势助推企业获得适用所得税名义税率优惠政策，帮助企业合理合法地降低税收负担水平。

表8-8　税收征管经历高管对企业所得税名义税率优惠的影响效应

变量	Tax	Ptr	
	（1）	（2）	（3）
Taxdir	-0.003***	0.119**	0.208**
	(-2.69)	(2.41)	(2.43)
Soe	0.007***	-0.262***	-0.451***
	(9.72)	(-10.30)	(-10.20)
Duality	-0.000	-0.009	-0.011
	(-0.37)	(-0.40)	(-0.27)
Stockhd	-0.004**	0.199***	0.347***
	(-2.27)	(2.75)	(2.74)
Hitech	-0.008***	0.314***	0.549***
	(-13.36)	(14.54)	(14.64)
ln_Size	0.004***	-0.162***	-0.277***
	(12.55)	(-13.69)	(-13.60)
Lev	0.013***	-0.368***	-0.682***
	(6.89)	(-5.39)	(-5.72)
Mb	0.001***	-0.026***	-0.044***
	(5.88)	(-5.89)	(-5.67)
Inv	-0.002	0.017	0.012
	(-0.84)	(0.15)	(0.06)
Ppe	-0.001	0.180**	0.311**
	(-0.60)	(2.13)	(2.10)
Intang	0.013**	-0.589**	-1.094**
	(2.05)	(-2.41)	(-2.52)
常数项	0.121***	3.134***	5.409***
	(15.15)	(10.93)	(10.97)
年度效应	控制	控制	控制
行业效应	控制	控制	控制
样本量	22966	22877	22877
调整后 R^2/伪 R^2	0.378	0.342	0.343

注：***、**分别表示系数在1%、5%的显著性水平上显著。

五、稳健性检验结果分析

（一）更换企业避税的衡量指标

为了提高研究结论的可信度，选取会税差异 Btd 和实际所得税率 Rate 两类避税衡量指标进行稳健性检验。会税差异 Btd =（税前会计利润－应纳税所得额）/总资产，应纳税所得额 =（所得税费用－递延所得税费用）/所得税名义税率。企业的会税差异 Btd 越大，则表明避税程度越高（刘行和叶康涛，2014；Desai and Dharmapala，2016），并取其三年移动平均值 Btd_mean。采用实际所得税率 Rate 作为企业避税的另一指标，实际所得税率 Rate 为逆向指标，数值越小则意味着企业避税程度越高（李吉园等，2020），并取其三年移动平均值 Rate_mean。更换企业避税度量方法后的回归结果如表 8-9 所示，其中列（1）~列（4）的 Taxdir 系数显著为负；列（5）~列（8）的 Taxdir 系数显著为正，表明在改变企业避税的衡量方法后，实证结果依然与前文保持一致，研究结论具有较强的稳健性。

表 8-9　　　　　　　更换企业避税衡量指标的模型估计结果

变量	Btd		Btd_mean		Rate		Rate_mean	
	(1)	(2)	(3)	(4)	(5)	(6)	(7)	(8)
Taxdir	-0.006**	-0.005**	-0.005***	-0.005**	0.009*	0.009*	0.008**	0.009**
	(-2.39)	(-2.10)	(-2.67)	(-2.52)	(1.78)	(1.87)	(1.96)	(2.13)
控制变量	不控制	控制	不控制	控制	不控制	控制	不控制	控制
年度效应	控制	控制	控制	控制	控制	控制	控制	控制
行业效应	控制	控制	控制	控制	控制	控制	控制	控制
样本量	22966	22966	16237	16237	22966	22966	16237	16237
调整后 R^2	0.046	0.076	0.086	0.118	0.078	0.087	0.149	0.166

注：***、**、*分别表示系数在1%、5%、10%的显著性水平上显著。

（二）更换税收征管经历高管的衡量指标

税收征管经历高管被企业聘任后，需要经过一段时间才能充分掌握企业的内外部环境以及发展状况，进而制定相应的企业避税决策，并且涉税决策从制定到实施也需要一定的调整周期。因此，通过对 Taxdir 取滞后一期获得 L.Taxdir 作为税收征管经历高管的另一衡量指标。回归结果如表 8-10 所示，列（1）~列（4）中 L.Taxdir 的系数均显著为负，与前文结论保持一致。

表 8-10　　更换税收征管经历高管衡量指标的模型估计结果

变量	Etr		Etr_mean	
	(1)	(2)	(3)	(4)
L. Taxdir	-0.015** (-2.54)	-0.015*** (-2.65)	-0.009*** (-2.13)	-0.010** (-2.31)
控制变量	不控制	控制	不控制	控制
年度效应	控制	控制	控制	控制
行业效应	控制	控制	控制	控制
样本量	19504	19504	16237	16237
调整后 R^2	0.043	0.050	0.078	0.092

注：***、**分别表示系数在1%、5%的显著性水平上显著。

(三) 内生性问题讨论

1. 潜在的自选择问题。税收征管经历高管作为关键解释变量，需要通过查询企业高管的个人简历获得指标数据，在数据整理过程中约有10%的高管样本无法获得个人简历，导致部分企业由于数据缺失而无法进入研究样本。企业并不会由于自身避税程度，或是否具有税收征管经历高管而选择性地披露高管个人简历，前文的研究结论在理论上不应该存在样本自选择偏差问题。但是，为了进一步排除研究结论可能存在样本自选择偏差导致的内生性问题，采用 Heckman 两阶段模型进行稳健性检验。

具体步骤如下：第一阶段，企业聘任税收征管经历高管的概率会受到行业整体税收征管经历高管比例的影响，参照大部分文献的做法，用 Taxdir 的行业年度平均值作为工具变量 Iv，并把原模型中所有控制变量、行业和年度哑变量作为协变量，使用 Probit 模型计算出逆米尔斯比率 Imr。第二阶段，将 Imr 放入式 (8-1) 中再次进行回归，在控制潜在的样本选择偏差问题后，再次对原假设进行检验。

表 8-11 报告了 Heckman 两阶段模型的回归结果。其中，列 (1) 为第一阶段回归结果，工具变量 Iv 与税收征管经历高管 Taxdir 显著正相关，符合理论预期。尽管列 (2) 和列 (4) 中 Imr 的系数显著为负，但模型并未加入其他控制变量，而在加入全部控制变量的列 (3) 和列 (5) 中 Imr 的系数并不显著，表明原模型实际上并不存在样本自选择偏差问题。并且，从列 (2) ~列 (5) 中 Taxdir 的系数均显著为负，表明在进一步控制模型可能存在的样本自选择偏差问题后，税收征管经历高管依然能够有效抑制企业避税。

表 8-11　　　　　　　　　Heckman 两阶段模型估计结果

变量	第一阶段	第二阶段			
	$Taxdir$	Etr		Etr_mean	
	(1)	(2)	(3)	(4)	(5)
Iv	8.013***				
	(13.02)				
$Taxdir$		-0.014***	-0.013**	-0.012***	-0.012***
		(-2.63)	(-2.57)	(-2.92)	(-2.96)
Imr		-0.013**	-0.004	-0.011***	-0.003
		(-2.55)	(-0.76)	(-2.71)	(-0.67)
控制变量	控制	不控制	控制	不控制	控制
年度效应	控制	控制	控制	控制	控制
行业效应	控制	控制	控制	控制	控制
样本量	21888	21888	21888	15469	15469
调整后 R^2	NA	0.044	0.050	0.075	0.090

注：***、**分别表示系数在1%、5%的显著性水平上显著。

2. 遗漏变量问题。为了排除遗漏不随时间变化的个体因素对模型估计结果带来的不利影响，进一步加入个体固定效应进行稳健性检验。回归结果如表8-12所示，其中列（1）～列（4）中 $Taxdir$ 的系数依然显著为负。

表 8-12　　　　　　　　　固定效应模型估计结果

变量	Etr		Etr_mean	
	(1)	(2)	(3)	(4)
$Taxdir$	-0.016**	-0.018**	-0.016**	-0.016**
	(-2.08)	(-2.24)	(-2.32)	(-2.38)
控制变量	不控制	控制	不控制	控制
年度效应	控制	控制	控制	控制
行业效应	控制	控制	控制	控制
个体效应	控制	控制	控制	控制
样本量	22966	22966	16237	16237
调整后 R^2	0.023	0.026	0.039	0.042

注：**表示系数在5%的显著性水平上显著。

第四节 税收征管经历高管与企业避税的研究结论

税收征管经历作为企业高管的重要个人特质，会影响其商业认知和经营战略选择，进而影响企业的避税行为决策，是企业履行纳税责任的重要影响因素。本章以2011~2019年沪深A股上市公司作为研究样本，从理论和实证角度考察了税收征管经历高管对企业避税的影响效应。研究结果表明，税收征管经历高管能有效抑制企业避税，且该抑制作用在税收征管力度较大、金融市场化程度较高、法制环境较好的条件下更加显著，该结论在经过一系列稳健性检验后依然成立。此外，进一步研究发现，只有董事会成员和监事会成员的税收征管经历能够抑制企业避税，而高级管理人员的税收征管经历并不能抑制企业避税，税收征管经历高管能利用自身税收专业知识帮助企业获得所得税名义税率优惠政策。本章从高管的个人特质视角，丰富和深化了企业避税的影响因素方面的研究，并具有如下政策启示。

一、加快推进税收立法，深入贯彻税收法定原则

当前我国税法立法层次整体偏低，增值税和消费税等主体税种仍以国务院暂行条例形式立法，且大量存在部门规章等低层次立法，内容繁杂且法律法规间缺乏有效衔接，导致企业避税有较多可操作空间。加快推进税收立法，确保税法的权威性和稳定性，更好地落实税收法定原则，能有效整治税收不规范，实现税收公平。

二、打造多元化高管团队，聘任税务专业高管

上市公司应打造多元化的高管团队，基于高层梯队理论，不同专业背景高管的知识面以及思考问题的角度往往有所不同，对自己所在专业领域更为了解，多元化的高管团队可以使企业在制定战略决策时，考虑问题更加全面。企业可以通过聘任税务专业高管，帮助企业妥善处理税务问题，防范税务风险，进行合理纳税。

三、加强税收征管力度，完善外部市场环境

在税收征管力度较大的环境下，能够减少管理层的机会主义行为，防止企业偷税漏税，不仅有利于维护投资者利益，还能保障国家财政收入来源。同时，完善企业外部市场环境，通过建设更好的法制环境来满足企业发展的外部环境需求，规范企业纳税行为，确保企业长远发展。

第九章 公益责任：管理层道德与企业慈善捐赠

慈善捐赠是企业履行公益责任的主要途径，而管理层是企业慈善捐赠的主要决策者，其个体特征对于企业慈善捐赠规模有着决定性影响。本章通过对管理层道德这一隐性特征的量化，实证检验管理层道德对企业慈善捐赠的影响效应，揭示企业慈善捐赠随着管理层道德的变化，呈现"伪善"和"真性情"的双重属性。

第一节 管理层道德与企业慈善捐赠的理论分析

一、管理层道德与企业慈善捐赠的研究进展

慈善是中华民族古往今来一直提倡的传统美德。据《周礼》记载，西周时期的地官"大司徒"的职责就包括"慈幼""养老""振穷""恤贫""宽疾""安富"等内容，这也是慈善最早的实现方式（周波和张凯丽，2020）。随着人类社会的不断发展，企业成为市场经济的重要主体，开展慈善活动成为企业积极履行社会责任的主要途径，并与经济责任、法律责任、道德责任等共同构成企业社会责任的金字塔（Carroll，1991）。近年来，企业成为我国公益事业发展的中坚力量（陈丽红等，2015），各类慈善捐赠总额和公益组织数量都在稳步增长，但我国整体的企业慈善捐赠水平仍然低于世界平均水平。因此，为促进我国慈善事业发展，挖掘并分析企业慈善捐赠水平的影响因素，就显得尤为重要。

根据高层梯队理论，高管异质性特征会影响企业战略选择（Hambrick and Mason，1984），管理层的个人理念是决定企业捐赠方向的关键因素（Werbel and Carter，2002）。现有研究发现，管理层慈善捐赠理念的形成，在很大程度上受到过往经历（和欣等，2021）、社会关系（王营和曹廷

求，2017）、教育背景（姜付秀等，2019）等显性因素影响，但少有文献从管理层隐性特征视角展开实证研究。实际上，诸如智力、道德等隐性特征，会影响个人的判断和反应，进而决定其行为决策（Dweck et al.，1995）。那么，管理层道德水平的高低是否会影响企业慈善捐赠行为呢？与管理层的显性特征不同，道德属于心理层次的潜在隐性特征，无法直接衡量，个人成长经历、社会经验等诸多因素均可影响其道德养成。部分文献对管理层道德的衡量方法及其效应展开初步探索，研究发现道德基础会影响管理层在不同企业环境中的商业判断（Li et al.，2018），道德会促使员工更加努力工作（Elçi et al.，2011），并通过建立管理层在职消费与道德水平的联系，探究管理层道德对企业绩效的影响效应（Pan and Tang，2021）。

慈善捐赠是企业积极承担社会责任的表现，但不同企业进行慈善捐赠的动机各有不同。现有研究大多把企业慈善捐赠的动机分为利他动机、战略动机、政治动机以及管理层自利动机四类（Zhang et al.，2010；和欣等，2021）。慈善捐赠具有道德和文化属性（周波和张凯丽，2020），从慈善捐赠的本质出发，企业不仅要实现自身经济利益最大化，还要提升社会整体福利水平（Sharfman，1994）。因此，慈善捐赠可能是企业不求回报、为他人谋利益，以及为社会作贡献的利他主义行为（谭维佳和徐莉萍，2015）。

但现有研究普遍认为，企业进行慈善捐赠并非完全出于利他动机，而是一种战略性决策（陈丽红等，2015；江新峰和李四海，2019）。一方面，战略慈善观认为，慈善捐赠作为企业社会责任的重要组成部分，可以帮助企业形成竞争优势并实现企业整体战略。慈善行为虽然不能让企业立即获取有形或明确的经济利益，但可以帮助企业获得无形的战略性资产。例如，为企业树立良好的社会形象（山立威等，2008），积累一定的声誉资本（阮刚铭等，2019），进而帮助企业获得市场和消费者的支持（Wang and Qian，2011；张敏等，2013），最终达到提高企业经营绩效的目的（徐莉萍等，2011）。另一方面，企业也可能通过慈善行为来掩盖或者转移公众对于企业不当行为的关注，降低企业的声誉损失，这是慈善捐赠战略动机的另外一种表现形式（Koehn and Ueng，2010）。此外，企业慈善捐赠还存在政治动机，通过慈善捐赠来获得政府的好感和信任，在一定程度上发挥"政企纽带"效应（张敏等，2013；王艺明和刘一鸣，2018），成为企业建立和强化政治联系的工具（戴亦一等，2014），帮助企业获得更多的政府政策支持或财政补贴收益。

上述研究主要基于企业需求层面对慈善捐赠的动机进行考察，但由于存在代理问题，企业管理层在作出经营决策时，并非完全基于企业利益最大化考虑。就管理层个体层面而言，部分学者认为企业慈善捐赠是高管利用自身权利谋求私利的手段（翟淑萍和顾群，2014），企业高管有动机通过慈善捐赠来获取非货币化的私人利益（Patrenko et al.，2016），管理层的机会主义行为构成企业捐赠中代理成本问题的核心（谭维佳和徐莉萍，2015）。尽管上述文献从不同角度对企业慈善捐赠的动机展开研究，但少有文献关注在不同道德水平管理层的影响下，企业慈善捐赠水平是否会发生显著变化。

二、管理层道德对企业慈善捐赠的影响效应

根据卡罗尔的企业社会责任模型，慈善活动是企业自愿通过将资源或服务提供给社会来增进社会福利的行为，是最高层次的社会责任（Carroll，1991）。慈善捐赠作为一种物质让渡，会导致企业经济利益减少，因此捐赠行为很大程度上取决于捐赠者的精神理念（周怡和胡安宁，2014）。这些理念源于管理层的个人意志（王营和曹廷求，2017），并直接影响企业的捐赠策略，最终形成企业层面的捐赠决策机制（梁建等，2010）。高层梯队理论认为，管理层具有鲜明的个性化色彩，高管特征及其异质性是导致其作出不同经营决策的关键决定因素（Hambrick and Mason，1984）。与籍贯、背景、过往经历等显性特征相比，管理层道德对于其行为选择和认知层次的影响更为深远。因此，管理层道德水平的高低会对企业行为产生全方位的影响，企业慈善捐赠行为亦不例外。

就道德水平较高的管理层而言，道德可以提升其"利他"意识和社会责任感，使其在经营决策中更多地考虑如何提升公司价值（Pan and Tang，2021）和更好地履行社会责任来造福社会（Zhang et al.，2010），从而开展更多的慈善捐赠。在中国传统文化中，慈善被视为一种美德，兼具道德属性和文化属性。道德水平较高的管理层往往具备高尚的品格和奉献精神，这种"真性情"具体表现为对开展公益活动的渴望和对强化善意的习惯（周波和张凯丽，2020），源自道德情感"移情"的慈善活动才是真正意义上的利他行为（Batson et al.，1991）。慈善捐赠被誉为企业社会责任的最高表现形式，是企业社会公民的核心内容之一（Saiia，2001）。企业捐赠作为我国公益事业发展的中坚力量，承担着救济社会弱势群体，减轻社会经济负担的责任。

同时，慈善捐赠也能在一定程度上提升企业价值。一方面，企业通

过慈善捐赠积极履行社会责任，可以较好地回应政府和公众等利益相关者对企业的道德诉求，提高社会关注度，为企业积累道德资本（傅超和吉利，2017）。另一方面，如果企业选择较大规模的捐赠，不仅能向利益相关者传递其社会责任感，更可以表现出自身雄厚的经济实力和良好的发展前景，发挥慈善捐赠的"广告效应"，帮助企业形成特定的竞争优势，最终实现社会公益和企业价值的双赢（陈丽红等，2015）。道德观念强的管理层，拥有较强的责任感，具体体现为企业责任感和社会责任感。就企业责任感而言，道德水平可以提升管理层的自律意识，使其在经营决策中更多地考虑如何提升公司价值；同时，道德水平较高的管理层拥有较强的社会责任感，愿意主动承担救济弱势群体造福社会的责任，为社会创造更多价值。因此，具有较高管理层道德水平的企业，其慈善捐赠水平也会更高。

然而，由于存在管理层机会主义等问题，为掩盖企业的不当行为，管理层道德水平较低的企业同样也会表现出较高的慈善捐赠倾向。在某些特定的情况下，慈善捐赠会成为企业转移外界对其不当行为关注的工具。此时，慈善捐赠就带有"伪善"的色彩（戴亦一等，2016），成为企业掩盖其不良行为的"遮羞布"（李雪等，2020）。此外，我国上市公司的慈善捐赠行为也可能是两权分离下管理层开展机会主义行为、获取非货币化私人收益的通道，即企业可能通过利用慈善捐赠活动来提高管理层的超额薪酬，树立管理层个人的社会声誉。由于现代企业所有权和经营权分离的治理模式，使得企业内部治理问题难以避免，管理层所追求的个人利益最大化与股东财富最大化的目标难以协调。管理层会潜移默化地将个人意识或偏好附加在企业经营决策中（黄送钦，2017），使得企业经营活动成为管理层谋求私人收益的工具。慈善捐赠是管理层通过减少股东财富履行企业"社会公民"义务的行为，但实质上却使管理层个人收获更多利益（江新峰和李四海，2019），无疑有慷他人之慨、谋个人美誉的"伪善"之嫌。对于道德水平较低的管理层而言，由于缺乏道德底线约束，为追求私利更容易作出损害企业利益的经营决策，甚至不惜通过违规行为来获取高额的超额收益。慈善捐赠不仅可以掩饰企业的不当行为，发挥"声誉保险"作用，降低企业因违规嫌疑可能招致的稽查风险（李雪等，2020），还能在由企业承担全部成本的条件下享受慈善捐赠带来的荣誉和经济收益，提高个人声誉水平。因此，具有较低管理层道德水平的企业，也会表现出更高的慈善捐赠水平。

可见，一方面，出于完全的"利他主义"动机以及提升企业价值的

"真性情",人性本善的高尚道德品格使得管理层愿意通过慈善捐赠来造福社会,积极履行企业作为社会公民应该承担的社会责任,为社会创造更多的福利。此时,较高管理层道德水平的企业,其慈善捐赠水平随着管理层道德水平的提高而提高,慈善捐赠是企业管理层"真性情"的真实反映。另一方面,道德水平较低的管理层由于缺乏道德底线约束,需要通过慈善捐赠行为来掩盖其追求私利的天性以及由此导致的一系列企业不当行为,为自己积累声誉和道德资本。此时,较低管理层道德水平的企业,慈善捐赠水平随着管理层道德水平的降低而提高,慈善捐赠成为企业管理层"伪善"的外在体现。因此,管理层道德与企业的慈善捐赠行为并非是线性关系,而是呈"正U"型曲线关系。基于此,提出以下研究假设。

H1：其他条件不变的情况下,管理层道德与企业慈善捐赠水平呈"正U"型曲线关系。

三、基于不同内外部因素的影响效应异质性

(一) 管理层道德、股权性质与企业慈善捐赠

我国企业按照股权性质可以分为国有企业和非国有企业。与非国有企业相比,国有企业的公益性捐赠行为灵活性较低,且受到的外部监督力度更强,在一定程度上可以约束低道德水平的管理层利用慈善捐赠谋求私利。国有企业与政府有着天然联系,使得企业在追求自身经济利益时,还需要兼顾政治、社会等非经济目标(谭维佳和徐莉萍,2015),其公益性和社会责任感更强。国有企业与政府有着相同的政治目标,在社会有需要时理应为政府"分担"更多(卢洪友和谭维佳,2015)。因此,国有企业的慈善捐赠更大程度上来自政府摊派,需要在政府干预下维持一定的慈善捐赠水平(曹越等,2015),其操控空间较小。相反,非国有企业的管理层往往就是企业大股东,在企业内部拥有较强的话语权,有能力操纵企业的慈善捐赠行为,灵活性较国有企业更高。此外,国有企业与政府联系密切,国资委和行业主管部门履行对国有企业的监管职责,这也大大降低了企业为获取超额收益而从事不当甚至违规行为的可能性。来自政府和媒体舆论的外部监督,也在一定程度上限制了管理层意图通过慈善捐赠掩盖企业不良行为,获取非货币化私人利益的动机。因此,在国有企业中,低道德水平管理层对于企业慈善捐赠的影响效应被削弱。

非国有企业和国有企业的慈善捐赠意愿和动机也可能存在差异。就企业层面而言,捐赠是建立和维持政企联系的重要手段(Ma and Parish,2006)。非国有企业由于缺乏政治关联,可能具有更强的意愿通过积极捐

赠来迎合政府，建立政企联系进行政治寻租（李增福等，2016）。而国有企业拥有与政府的天然联系，通过慈善捐赠来获得政府支持的政治性动机并不强。国有企业的慈善捐赠往往只是应付上级要求，捐赠水平和积极性都比较低。在这种大环境下，管理层道德的治理作用对于国有企业慈善捐赠的影响可能不够明显。就管理层个人层面而言，国有企业的主要管理者通常由政府直接委派，官员身份属性决定了国有企业管理层在经营决策中更多地考虑政治晋升和仕途发展（曹越等，2015）。慈善捐赠作为一项企业支出，会耗费企业拥有的经济资源，减少当期利润，进而影响管理层的业绩考核，这直接削弱了国有企业管理层进行社会捐赠的积极性。因此，国有企业的股权治理机制将会在一定程度上抑制管理层道德对于企业慈善捐赠的促进作用。综上所述，管理层道德对于企业慈善捐赠的影响效应在国有企业中将会被削弱，提出如下研究假设。

H2：管理层道德与企业慈善捐赠的"正U"型曲线关系存在股权异质性，仅在非国有企业子样本中显著，在国有企业子样本中不显著。

(二) 管理层道德、审计质量与企业慈善捐赠

外部审计作为一种强有力的外部监督机制，能够规范上市公司及其管理层的逐利行为，防止低道德水平的管理层利用慈善捐赠谋求私利。严格的审计程序能够提高与社会责任有关的非财务信息披露质量，加大管理层侵占上市公司利益行为被发现的概率（刘新争和高闯，2021）。审计师通过了解被审计单位与慈善捐赠有关的社会责任信息，可以更好地评估与被审计单位有关的重大错报风险（王娟和潘秀丽，2018）。企业管理层为转移社会公众对于企业不当行为的关注，或为谋求私利而进行的捐赠行为，必定会引发审计师的特别关注。一旦企业利用慈善捐赠掩盖自身不当行为，或管理层利用慈善捐赠追求私人利益的行为被发现并披露在审计报告中，企业将面临严重的稽查风险和道德谴责。因此，高质量审计抑制了低道德水平管理层对企业慈善捐赠的影响效应。

此外，对于真心实意开展慈善捐赠公益活动的"真性情"企业而言，高质量审计可以为企业慈善捐赠的公益性质进行有效背书，从而激发更强烈的慈善捐赠意愿，在一定程度上发挥了替代效应，替代了较高管理道德对于企业捐赠行为的促进作用。美国上市公司会计监督委员会指出，审计师在进行财务报表审计时，不应只关注财务信息，还应同时关注公司发展过程中履行社会责任等非财务信息。慈善捐赠位于社会责任金字塔的最顶层，更能代表企业社会责任的履行情况，审计师在评价企业的社会责任报告时，往往也会重点关注企业的慈善捐赠水平。此外，聘请高质量审计师

的企业经营业绩和发展前景相对更好,更有能力也更倾向于通过慈善捐赠行为向外界传递自身实力雄厚和积极履行社会责任的信号,为企业树立良好的社会形象。综上所述,一方面,高质量审计可以发挥独立的外部监督作用,约束企业的不当甚至违规行为,防止道德水平较低的管理层利用慈善捐赠谋求私利;另一方面,审计师对于企业慈善捐赠公益性质的背书和重点关注,极可能发挥替代作用,使得管理层道德对于企业慈善捐赠的促进效应被高质量审计所削弱。因此,提出如下研究假设。

H3:管理层道德与企业慈善捐赠的"正U"型曲线关系存在审计质量异质性,仅在低审计质量的子样本中显著,在高审计质量的子样本中不显著。

第二节 管理层道德与企业慈善捐赠的研究设计

一、管理层道德与企业慈善捐赠的模型设定

为检验上述研究假设,建立如下回归模型:

$$\begin{aligned} Denate = & \alpha_1 Morality1 + \alpha_2 Morality1^2 + \alpha_3 Scale + \alpha_4 Lev \\ & + \alpha_5 Roa + \alpha_6 Flow + \alpha_7 Bith + \alpha_8 Wage + \alpha_9 Cap \\ & + \alpha_{10} Inv + \alpha_{11} Mb + \sum \alpha_i Industry_i \\ & + \sum \alpha_j Year_j + \varepsilon \end{aligned} \quad (9-1)$$

1. 慈善捐赠。参照苑泽明和王培林(2021)、徐智等(2021)文献,同时采用慈善捐赠总额占营业收入的比例 Denate1 和慈善捐赠占营业收入比例的自然对数 Denate2 作为企业慈善捐赠的衡量指标。由于现实中企业发生慈善捐赠的绝对数值远小于营业收入,为避免上述指标在数值上过小,分别将它们乘以 10000 和 100,该做法并不改变变量的数据内部结构(曹越等,2015)。特别地,由于 Denate1 和 Denate2 存在大量缺失值,其原因往往是企业不存在慈善捐赠支出,参考现有研究的通用处理方法(戴亦一等,2014;李雪等,2020),将存在缺失值的样本赋值为 0。此外,由于不同企业的慈善捐赠水平可能天然存在较大的行业间差异,另将 Denate1 和 Denate2 进行标准化处理(谭维佳和徐莉萍,2015),作为慈善捐赠的另一衡量指标。

2. 管理层道德。在职消费是指除管理层的正常工资薪酬以外,与其

特定工作或职务有关的利益总称（张晓亮等，2020）。在职消费具有天然的隐蔽性，合理的在职消费符合企业正常经营发展需要，但道德水平较低的管理层会将私人消费隐藏于在职消费中（廖歆欣和刘运国，2016），该行为通常难以被审计师和社会公众发现。在所有在职消费明细项目中，办公费、差旅费、业务招待费、通讯费、出国培训费、董事会费、小车费、会议费等八项支出，往往难以区分私人或公共用途（Pan and Tang，2021）。因此，在企业经营规模一定的条件下，八项在职消费支出水平可以在一定程度上反映出管理层的道德水平。在上述八项在职消费中，办公费和通讯费可能包含较多的正常经营所需支出（Xu et al.，2014；张晓亮等，2020），存在较多噪声，因此在衡量管理层道德水平时，将办公费和通讯费剔除。根据这一思路，使用营业收入除以剔除办公费和通讯费后的六项在职消费的比值，作为管理层道德水平的衡量指标 $Morality1$，其数值越大则表明六项在职消费占营业收入的比重越低，企业管理层的整体道德水平越高。为验证假设 H1 中的非线性关系，在式（9-1）中加入管理层道德 $Morality1$ 的二次项 $Morality1^2$ 作为关键解释变量。

3. 调节变量。股权性质 Soe，当上市公司属于国有控股企业时 Soe 取值为 1；否则为 0。审计质量 Ac4：与非"四大"会计师事务所相比，"四大"会计师事务所的业务能力更强、财务报告质量更高，出现违规和舞弊等不良现象的概率更低。参照陈丽红等（2015）的做法，如果上市公司的年报主审事务所为"四大"会计师事务所，则认为企业获得的外部审计质量更高，此时 Ac4 取值为 1；否则为 0。

4. 控制变量。参考现有文献，控制变量包括公司规模 Scale、资产负债率 Lev、盈利能力 Roa、经营活动现金流 Flow、公司年龄 Bith、职工薪酬 Wage、资本密集度 Cap、存货密度 Inv 和市净率 Mb，并控制行业和年度效应。主要变量的具体定义如表 9-1 所示。

表 9-1　　　　　　　　　　　　变量定义

变量名称	变量符号	变量描述
慈善捐赠	Denate1	慈善捐赠总额/营业收入×10000
	Denate2	log（慈善捐赠总额/营业收入＋1）×100
	Sd_Denate1	将 Denate1 标准化
	Sd_Denate2	将 Denate2 标准化
管理层道德	Morality1	营业收入/（六项在职消费×100）
	$Morality1^2$	Morality1 的二次项

续表

变量名称	变量符号	变量描述
股权性质	Soe	国有控股上市公司取值为1，否则为0
高质量审计	Ac4	国际"四大"会计师事务所审计时取值为1，否则为0
公司规模	Scale	营业收入取自然对数
资产负债率	Lev	负债总额/总资产×100
盈利能力	Roa	净利润/总资产×100
经营活动现金流	Flow	经营活动产生的现金流量/总资产×100
公司年龄	Bith	公司上市年数
职工薪酬	Wage	支付给职工的薪酬/营业收入×100
资本密集度	Cap	固定资产净值/总资产×100
存货密度	Inv	存货净额/总资产×100
市净率	Mb	每股市价/每股净资产

二、研究样本选择

使用 2010~2019 年沪深 A 股上市公司作为研究样本，所有数据来自国泰安 CSMAR 数据库和国家统计局网站，并参照研究惯例对样本作如下处理：(1) 剔除金融业公司样本；(2) 剔除 ST 类公司样本；(3) 剔除营业收入及资产总额小于 0 的异常数据样本；(4) 剔除有缺失值的公司样本，最终得到 11208 个观测样本。为降低极端值对研究结论可靠性的影响，对所有连续型变量进行临界值为 1% 的 Winsor 缩尾处理。

第三节 管理层道德与企业慈善捐赠的实证结果

一、变量描述性统计分析

表 9-2 报告了主要变量的描述性统计结果。可以发现，企业慈善捐赠的两个衡量指标 *Denate*1 和 *Denate*2 的平均值和中位数均大于 0，表明我国上市公司的慈善捐赠行为已经越来越普遍，企业已经成为我国公益事业的主力军。*Denate*1、*Denate*2 和 *Morality*1 的极差都比较大，说明我国上市公司的慈善捐赠规模和管理层道德水平在企业间存在较大差异。

表9-2　　　　　　　　　变量的描述性统计结果

变量	平均值	标准差	中位数	最小值	最大值
$Denate1$	4.127	8.859	0.787	0.000	55.495
$Denate2$	93.433	103.210	58.070	0.000	403.416
$Morality1$	1.917	2.523	1.108	0.097	16.537
$Scale$	21.088	1.217	21.008	18.134	24.371
Lev	38.576	19.806	37.108	4.679	86.884
Roa	4.191	5.863	4.106	-24.586	19.671
$Flow$	4.255	6.963	4.233	-17.666	23.414
$Bith$	7.641	6.199	6.000	1.000	27.000
$Wage$	13.235	9.108	11.255	1.161	51.828
Cap	10.517	11.195	6.761	0.000	50.166
Inv	3.811	5.172	2.538	0.002	36.564
Mb	3.859	3.020	2.956	0.769	19.148

二、管理层道德与企业慈善捐赠的回归结果分析

表9-3报告了式（9-1）的回归结果。列（1）和列（3）的被解释变量分别为$Denate1$和$Denate2$，此时$Morality1^2$的系数均在1%的显著性水平上显著为正，列（2）和列（4）的被解释变量分别为$Sd\_Denate1$和$Sd\_Denate2$，此时$Morality1^2$的系数也均在1%的显著性水平上显著为正。可见，管理层道德与企业慈善捐赠呈"正U"型曲线关系：当管理层道德水平较低时，企业慈善捐赠规模随着管理层道德的降低而提高，此时慈善捐赠更多地体现"伪善"色彩；当管理层道德水平较高时，企业慈善捐赠规模随着管理层道德的提高而提高，此时慈善捐赠更多地体现"真性情"色彩，假设H1得到验证。

从控制变量的估计结果来看，公司规模$Scale$与盈利能力Roa的系数均显著为正，表明企业的规模越大、盈利水平越高，则慈善捐赠水平越高。可能的原因是，规模大、盈利水平高的企业，往往具有充裕的闲置资金和良好的发展前景，更愿意也更有能力通过慈善捐赠来为企业树立良好的社会形象，为企业未来发展打下坚实的社会和公众基础。资产负债率Lev的系数显著为负，说明资产负债率高的企业，慈善捐赠水平较低。资产负债率在一定程度上反映了企业的长期偿债压力，负债总额占总资产的比例越高，则企业面临的到期还本付息压力越大，导致企业可能没有充裕的闲置资金用于慈善捐赠，表现出较低的捐赠水平。

表9-3　　　　　　　　管理层道德与企业慈善捐赠的回归结果

变量	Denate1 (1)	Sd_Denate1 (2)	Denate2 (3)	Sd_Denate2 (4)
$Morality1$	-0.994*** (-7.72)	-0.857*** (-6.37)	-17.001*** (-10.26)	-2.042*** (-5.41)
$Morality1^2$	0.048*** (6.60)	0.040*** (5.10)	0.750*** (7.64)	0.090*** (3.62)
$Scale$	0.313* (1.67)	0.027 (0.17)	11.715*** (5.43)	-0.568 (-1.32)
Lev	-0.047*** (-4.79)	-0.034*** (-3.44)	-0.550*** (-4.84)	-0.071*** (-3.08)
Roa	0.084*** (3.77)	0.115*** (5.38)	1.442*** (5.64)	0.336*** (6.15)
$Flow$	0.026 (1.56)	0.016 (1.05)	0.343* (1.80)	0.079** (2.03)
$Bith$	-0.006 (-0.20)	0.125*** (4.34)	-0.901*** (-2.79)	0.204*** (2.73)
$Wage$	0.016 (0.95)	-0.013 (-1.03)	0.258 (1.19)	0.004 (0.09)
Cap	0.004 (0.30)	-0.011 (-0.89)	0.211 (1.42)	-0.015 (-0.45)
Inv	-0.016 (-0.55)	-0.055** (-2.25)	-0.381 (-1.17)	-0.119** (-2.19)
Mb	0.085 (1.53)	0.171*** (3.56)	0.121 (0.21)	0.268** (2.27)
常数项	6.418 (1.43)	15.346*** (4.29)	-35.742 (-0.72)	150.500*** (14.59)
行业效应	控制	控制	控制	控制
年度效应	控制	控制	控制	控制
样本量	11208	11137	11208	11137
调整后 R^2	0.060	0.202	0.082	0.238

注：***、**、*分别表示系数在1%、5%、10%的显著性水平上显著。

三、基于股权性质异质性的实证检验

表9-4报告了按企业股权性质进行样本分组的回归结果。可以看到，

当被解释变量分别为 Denate1 和 Denate2 时，管理层道德的二次项 $Morality1^2$ 的系数均只在非国有企业的子样本中显著为正，而在国有企业的子样本中不显著。表明国有企业受其天然的政治身份和较强的监督力度影响，管理层道德对企业捐赠的"正 U"型关系不显著。只有在非国有企业中，较低和较高的管理层道德水平才会显著提高企业的慈善捐赠水平，管理层道德与企业慈善捐赠呈显著的"正 U"型曲线关系，假设 H2 得到验证。

表 9-4　　管理层道德、股权性质和企业慈善捐赠的回归结果

变量	Denate1 (1) 非国有企业	Denate1 (2) 国有企业	Denate2 (3) 非国有企业	Denate2 (4) 国有企业
$Morality1$	-1.023 *** (-8.18)	0.142 (0.20)	-17.114 *** (-10.37)	-11.415 (-1.57)
$Morality1^2$	0.049 *** (6.94)	-0.017 (-0.44)	0.753 *** (7.65)	0.477 (1.21)
$Scale$	0.382 ** (2.08)	-2.282 * (-1.74)	12.417 *** (5.77)	-18.949 (-1.50)
Lev	-0.048 *** (-4.80)	0.001 (0.03)	-0.556 *** (-4.81)	-0.245 (-0.37)
Roa	0.084 *** (3.73)	0.098 (0.57)	1.438 *** (5.59)	1.438 (0.84)
$Flow$	0.024 (1.42)	0.228 * (1.84)	0.298 (1.55)	2.565 ** (2.36)
$Bith$	-0.001 (-0.05)	-0.055 (-0.37)	-0.826 ** (-2.50)	-2.202 (-1.24)
$Wage$	0.019 (1.14)	-0.069 (-0.65)	0.288 (1.33)	-0.873 (-0.81)
Cap	0.007 (0.57)	-0.139 ** (-2.26)	0.248 * (1.66)	-1.468 * (-1.78)
Inv	0.002 (0.06)	-0.452 *** (-3.10)	-0.215 (-0.65)	-3.670 *** (-2.96)
Mb	0.082 (1.48)	-0.411 (-1.29)	0.086 (0.15)	-5.122 (-1.46)
常数项	4.915 (1.10)	58.968 ** (2.32)	-51.951 (-1.05)	635.342 ** (2.44)

续表

变量	Denate1		Denate2	
	（1）	（2）	（3）	（4）
	非国有企业	国有企业	非国有企业	国有企业
行业效应	控制	控制	控制	控制
年度效应	控制	控制	控制	控制
样本量	10990	218	10990	218
调整后 R^2	0.057	0.355	0.079	0.369

注：***、**、*分别表示系数在1%、5%、10%的显著性水平上显著。

四、基于审计质量异质性的实证检验

表9-5报告了按企业是否获得高质量审计进行分组的回归结果。可以看到，当被解释变量分别为Denate1和Denate2时，管理层道德的二次项 $Morality1^2$ 的系数均只在"非四大"审计的子样本中显著为正；而在"四大"审计的子样本中不显著。表明经"四大"审计的企业获得较高质量的外部审计，面临较强的外部监督力度，且高质量外部审计对于企业慈善捐赠的情况更为关注，不存在发挥管理层道德对于企业慈善捐赠影响效应的条件。只有在低质量审计的企业子样本中，管理层道德对于企业慈善捐赠的"正U"型曲线关系才会显著。

表9-5 管理层道德、审计质量和企业慈善捐赠的回归结果

变量	Denate1		Denate2	
	（1）	（2）	（3）	（4）
	"非四大"审计	"四大"审计	"非四大"审计	"四大"审计
$Morality1$	-1.030***	-0.068	-17.451***	0.310
	(-7.85)	(-0.20)	(-10.39)	(0.04)
$Morality1^2$	0.050***	0.001	0.777***	-0.137
	(6.80)	(0.03)	(7.78)	(-0.36)
$Scale$	0.306	-0.099	11.524***	15.190
	(1.57)	(-0.12)	(5.19)	(1.12)
Lev	-0.048***	0.043	-0.553***	-0.246
	(-4.79)	(0.63)	(-4.83)	(-0.29)
Roa	0.087***	0.213*	1.483***	1.804
	(3.85)	(1.98)	(5.74)	(1.29)

续表

变量	Denate1		Denate2	
	(1)	(2)	(3)	(4)
	"非四大"审计	"四大"审计	"非四大"审计	"四大"审计
$Flow$	0.027	0.075	0.322*	2.590*
	(1.56)	(1.11)	(1.67)	(1.90)
$Bith$	-0.000	-0.057	-0.808**	-2.733***
	(-0.01)	(-1.16)	(-2.46)	(-2.84)
$Wage$	0.013	0.069	0.223	1.643
	(0.79)	(1.11)	(1.01)	(1.45)
Cap	0.004	-0.072*	0.219	-1.110**
	(0.30)	(-1.92)	(1.45)	(-2.22)
Inv	-0.022	0.184	-0.400	1.329
	(-0.77)	(1.36)	(-1.22)	(1.06)
Mb	0.088	0.097	0.097	2.488
	(1.58)	(0.43)	(0.17)	(0.84)
常数项	6.765	-0.299	-30.839	-240.382
	(1.45)	(-0.02)	(-0.60)	(-0.92)
行业效应	控制	控制	控制	控制
年度效应	控制	控制	控制	控制
样本量	10974	234	10974	234
调整后 R^2	0.061	0.206	0.083	0.265

注：***、**、*分别表示系数在1%、5%、10%的显著性水平上显著。

五、稳健性检验结果分析

（一）工具变量法

慈善捐赠具有道德效应，一旦外界对企业的捐赠行为产生正面感知，就会对实施该项捐赠的管理层产生"连带好感"（苑泽明和王培林，2021）。管理层可能会主动进行慈善捐赠，来向社会公众等利益相关者传递其道德水平较高的信号。因此，管理层道德与企业慈善捐赠水平之间可能存在双向因果关系，采用工具变量法来解决该问题。以地区教育支出占比 Edu 作为管理层道德的工具变量，该指标由地区一般教育支出占财政预算总支出的比例计算得到。地区教育支出占比越高，说明该地区重视教育的文化氛围越强，处在该地区的企业对所聘任的管理层受教育水平和整体素质的要求也越高，相应的道德品质也会越高（姜付秀等，2019）。但是，一个地区的企业慈善捐赠水平并不会对地区教育支出占比产生影响，可见该工具变量同时满足相关性和外生性的要求。表9-6报告了工具变量法的回归结果。

表9-6　　　　　　　　　工具变量法的回归结果

变量	$Morality1^2$	变量	$Denate1$	$Denate2$
第一阶段	（1）	第二阶段	（2）	（3）
Edu	3.601**	$Morality1$	-14.513*	-244.421**
	(2.17)		(-1.86)	(-2.15)
其他工具变量	已控制	$Morality1^2$	1.046*	17.532**
			(1.81)	(2.09)
常数项	48.234***	常数项	-42.841	-864.403**
	(12.27)		(-1.49)	(-2.05)
控制变量	控制	控制变量	控制	控制
行业效应	控制	行业	控制	控制
年度效应	控制	年度	控制	控制
样本量	11208	样本量	11208	11208

注：***、**、*分别表示系数在1%、5%、10%的显著性水平上显著。

表9-6中列（1）为第一阶段的回归结果，地区教育支出占比Edu的系数符号方向符合理论预期，且在5%的显著性水平上显著，表明工具变量符合相关性要求。列（2）和列（3）均为第二阶段的回归结果，被解释变量分别为$Denate1$和$Denate2$，此时$Morality1^2$的系数都显著为正，与前文结论一致。可见，在解决可能存在互为因果的内生性问题后，研究结论依然稳健。

（二）倾向得分匹配

积极参与慈善事业的企业，为进一步树立良好的社会形象，向外界传递企业的正能量，更倾向于聘用道德水平较高的管理层。此外，往往只有捐赠水平较高的企业才会选择披露具体的捐赠数额。因此，观测到的企业样本可能本身的慈善捐赠水平就较高，无法分辨其是否受到管理层道德的影响，导致可能存在样本选择偏差问题。使用倾向得分匹配法解决该内生性问题，根据管理层道德水平指标$Morality1$的中位数，将管理层道德水平高于中位数的企业作为实验组，然后选择公司规模$Scale$、资产负债率Lev、盈利能力Roa、经营活动现金流$Flow$、公司年龄$Bith$、独董规模Ind-

dire、职工薪酬 *Wage*、是否两职合一 *Duality*、股权集中度 *Concen*1 等公司特征变量作为协变量在全样本中进行一对一匹配,最后使用匹配后的样本对式(9-1)重新进行回归。表9-7和表9-8分别报告了被解释变量为 *Denate*1 和 *Denate*2 时倾向得分匹配后的回归结果。

表9-7　　　　　　　　　倾向得分匹配后的回归结果

变量	*Denate*1				
	全样本	非国有企业	国有企业	"非四大"审计	"四大"审计
	(1)	(2)	(3)	(4)	(5)
*Morality*1	-0.979***	-1.008***	0.164	-1.014***	-0.064
	(-7.50)	(-7.98)	(0.23)	(-7.62)	(-0.19)
*Morality*1²	0.047***	0.049***	-0.017	0.050***	0.000
	(6.43)	(6.78)	(-0.45)	(6.62)	(0.02)
常数项	7.709*	6.169	66.512**	8.146*	-0.340
	(1.72)	(1.39)	(2.57)	(1.75)	(-0.02)
控制变量	控制	控制	控制	控制	控制
行业效应	控制	控制	控制	控制	控制
年度效应	控制	控制	控制	控制	控制
样本量	11042	10828	214	10809	233
调整后 R^2	0.049	0.046	0.364	0.051	0.205

注:***、**、*分别表示系数在1%、5%、10%的显著性水平上显著。

由表9-7和表9-8可见,当被解释变量分别为 *Denate*1 和 *Denate*2 时,*Morality*1²的系数在全样本以及非国有企业和"非四大"审计的子样本中均显著为正;在国有企业和"四大"审计的子样本中均不显著,结论与前文完全一致,说明在使用倾向得分匹配法解决样本选择偏差问题后,研究结论依然稳健。

表9-8　　　　　　　　　倾向得分匹配后的回归结果

变量	*Denate*2				
	全样本	非国有企业	国有企业	"非四大"审计	"四大"审计
	(1)	(2)	(3)	(4)	(5)
*Morality*1	-17.077***	-17.191***	-11.193	-17.526***	0.130
	(-10.24)	(-10.38)	(-1.57)	(-10.37)	(0.02)
*Morality*1²	0.755***	0.758***	0.481	0.782***	-0.129
	(7.65)	(7.67)	(1.23)	(7.79)	(-0.34)

续表

变量	Denate2				
	全样本	非国有企业	国有企业	"非四大"审计	"四大"审计
	(1)	(2)	(3)	(4)	(5)
常数项	-25.960	-42.365	724.360***	-20.116	-238.783
	(-0.52)	(-0.85)	(2.86)	(-0.39)	(-0.91)
控制变量	控制	控制	控制	控制	控制
行业效应	控制	控制	控制	控制	控制
年度效应	控制	控制	控制	控制	控制
样本量	11042	10828	214	10809	233
调整后 R^2	0.076	0.073	0.385	0.077	0.264

注：*** 表示系数在1%的显著性水平上显著。

(三) 替换关键变量的衡量方法

1. 替换管理层道德指标。使用前文所述的构建 $Morality1$ 的思路，另构建 $Morality2$ 和 $Morality3$ 作为管理层道德水平的衡量指标，替代 $Morality1$ 进行稳健性检验。其中，$Morality2$ 为管理费用与六项在职消费的比值；$Morality3$ 为营业收入与包含办公费和通讯费在内的八项在职消费的比值。表9-9报告了替换解释变量衡量方法后的回归结果，当解释变量替换为 $Morality2$ 和 $Morality3$ 后，它们二次项的回归系数仍然显著为正，表明研究结论并不会由于关键解释变量衡量方法的改变而改变，具有较强的稳健性。

表9-9　　　　　替换解释变量衡量方法后的回归结果

变量	Denate1		Denate2	
	(1)	(2)	(3)	(4)
$Morality2$	-9.947***		-195.763***	
	(-3.46)		(-4.98)	
$Morality2^2$	12.204**		230.596***	
	(2.20)		(3.00)	
$Morality3$		-1.896***		-32.116***
		(-9.00)		(-11.04)
$Morality3^2$		0.154***		2.350***
		(7.80)		(8.40)
常数项	14.167***	6.185	6.185	-38.326
	(3.25)	(1.39)	(1.39)	(-0.78)

续表

变量	Denate1		Denate2	
	(1)	(2)	(3)	(4)
控制变量	控制	控制	控制	控制
行业效应	控制	控制	控制	控制
年度效应	控制	控制	控制	控制
样本量	11208	11208	11208	11208
调整后 R^2	0.050	0.059	0.061	0.084

注：***、** 分别表示系数在1%、5%的显著性水平上显著。

2. 替换企业慈善捐赠指标。参考徐智等（2021）等文献，采用慈善捐赠占企业资产总额的比例 Denate3 和慈善捐赠占上年营业收入的比例 Denate4 来度量企业的慈善捐赠水平，替代 Denate1 和 Denate2 进行稳健性检验。表9-10 报告了替换被解释变量衡量方法后的回归结果。可以看到，当被解释变量替换为 Denate3 和 Denate4 后，它们二次项的回归系数基本都显著为正，表明研究结论具有较强的稳健性。

表9-10　　替换被解释变量衡量方法后的回归结果

变量	Denate3			Denate4		
	(1)	(2)	(3)	(4)	(5)	(6)
$Morality1$	-0.455*** (-4.59)			-1.038*** (-5.84)		
$Morality1^2$	0.018*** (3.34)			0.048*** (4.84)		
$Morality2$		-4.827** (-2.19)			-11.223*** (-2.95)	
$Morality2^2$		5.353 (1.31)			15.525** (2.05)	
$Morality3$			-0.876*** (-5.44)			-2.068*** (-7.44)
$Morality3^2$			0.063*** (4.28)			0.166*** (6.44)
常数项	-10.943*** (-3.23)	-6.800** (-2.15)	-10.856*** (-3.22)	0.343 (0.06)	8.742 (1.60)	-0.092 (-0.02)
控制变量	控制	控制	控制	控制	控制	控制

续表

变量	Denate3			Denate4		
	(1)	(2)	(3)	(4)	(5)	(6)
行业效应	控制	控制	控制	控制	控制	控制
年度效应	控制	控制	控制	控制	控制	控制
样本量	11208	11208	11208	8780	8780	8780
调整后 R^2	0.103	0.098	0.104	0.064	0.056	0.065

注：***、**分别表示系数在1%、5%的显著性水平上显著。

（四）双向固定效应

采用双向固定效应模型对前文研究结果进行进一步稳健性检验，表9-11报告了双向固定效应的回归结果。在同时控制个体效应和时间效应后，管理层道德与企业慈善捐赠水平之间依然呈现显著的"正U"型曲线关系，进一步证明了前文结论的稳健性。

表9-11　　　　　　　　　双向固定效应回归结果

变量	Denate1		Denate2	
	(1)	(2)	(3)	(4)
$Morality1$	-0.369** (-2.13)		-7.941*** (-4.54)	
$Morality1^2$	0.020** (2.25)		0.349*** (3.66)	
$Morality2$		-5.388* (-1.83)		-90.412*** (-2.86)
$Morality2^2$		9.451* (1.67)		109.887* (1.94)
常数项	20.011** (2.24)	23.643*** (2.69)	125.700 (1.25)	215.921** (2.15)
控制变量	控制	控制	控制	控制
个体效应	控制	控制	控制	控制
行业效应	控制	控制	控制	控制
年度效应	控制	控制	控制	控制
样本量	11208	11208	11208	11208
调整后 R^2	0.018	0.018	0.027	0.025

注：***、**、*分别表示系数在1%、5%、10%的显著性水平上显著。

第四节　管理层道德与企业慈善捐赠的研究结论

企业慈善捐赠究竟是"伪善"还是"真性情"？这一问题引发了学术界和实务界的激烈争论。以我国 2010～2019 年沪深 A 股上市公司为研究样本，从个体隐性特征视角，实证检验管理层道德对企业慈善捐赠行为的影响效应。研究发现，管理层道德水平越高和管理层道德水平越低的企业，均会表现出较高的慈善捐赠水平，管理层道德与企业慈善捐赠呈"正 U"型曲线关系，且该影响效应主要发生在非国有企业和低质量审计的子样本中。在进一步考虑内生性问题和关键指标衡量方法问题后，上述研究结论依然稳健。政策启示包括：

一、优化企业治理机制，引导个人捐赠成为社会公益事业的主要力量

企业应构建高效运行的公司治理机制，综合考虑各利益相关主体的需求，从企业经营目标和实际发展情况出发，实施相应的捐赠策略，实现社会价值和企业价值的双赢。同时，应鼓励高道德水平的企业家和公司高管以个人名义参与社会公益活动，在为个人和企业树立良好社会形象、积攒道德资本的同时，还可以避免管理层为谋求私利侵占公司利益，提升企业主动承担社会责任的主观意识。

二、进一步深化市场化改革，建立公平良好的营商环境

国有企业由于股权机制约束，开展公益性慈善捐赠的自主决策权限较小，而被动的"摊派性"捐赠没有考虑企业的捐赠能力和意愿，不利于企业健康发展。国有企业应建立更为灵活有效的治理架构，依靠外部资本的流入使企业内部运行更加市场化。政府应适度弱化对于企业的外部干预，打造公平公正的营商环境，消除国有企业和非国有企业在融资、市场准入、财税优惠政策等方面的不对等，从根源上抑制企业慈善捐赠背后的政企利益互换，使我国企业慈善捐赠动机更多地源于管理层的"真性情"，推动慈善捐赠事业回归真正的社会责任本源。

三、规范企业慈善捐赠流程，加强企业慈善捐赠的监督力度

监管部门应制定严格的企业慈善捐赠流程规范，探索建立企业慈善

捐赠的强制性信息披露机制，对整个捐赠流程做到款项明细、捐赠对象、过程和结果的完全公开，提高企业慈善捐赠的透明度和规范程度。政府和监管部门还应加大对慈善捐赠企业的监督力度，对企业异常捐赠行为给予必要的关注和限制。鼓励支持我国上市公司选择高质量的会计师事务所开展财务报告审计和社会责任报告审计，充分发挥高质量审计的外部监督作用。

第十章 中国企业社会责任的典型案例分析

第一节 环境责任：深圳能源环境保护与治理的案例分析

以深圳能源开展环境保护与治理作为案例①，对企业履行环境责任的动因、路径和效应进行分析。具体而言，深圳能源开展环境保护与治理的动因包括外部压力、内部转型动力和企业环保意识，路径包括积极发展低碳清洁能源和参与城市环境治理，这为企业带来了多方面的经济效应和社会生态效应。

一、深圳能源公司介绍

深圳能源集团股份有限公司成立于1993年，同年在深圳证券交易所上市（股票简称：深圳能源；股票代码：000027），是全国第一家在深圳上市的电力行业企业。截至2019年底，深圳能源的总股本为3964491597股。如图10-1所示，深圳市人民政府国有资产监督管理委员会是第一大股东，直接持股比例达到47.82%；华能国际电力股份有限公司是第二大股东，直接持股比例为25.02%。深圳能源主要从事与常规能源、新能源有关的投资、生产和购销业务。目前拥有二十多家子公司，初步形成了以电力为主，相关能源产业综合发展的战略格局。

一直以来，深圳能源坚持以人为本的科学发展观，将"安全至上、成本领先、效益为本、环境友好"作为公司发展理念，积极履行企业社会责任，坚持走可持续发展之路，大力助推社会生态文明建设。坚持"安全至上"，始终将员工安全作为一切工作的前提，严格杜绝威胁员工生命安全

---

① 本案例数据来自企业年度财务报告、年度社会责任报告、官方网站、新闻报道等公开渠道。

事件的发生，坚决不以员工安全为代价攫取利益。坚持"成本领先"，在安全和效率兼顾的情况下，尽可能地降低不必要的成本支出，力求每一笔资金都用在刀刃上。坚持"效益为本"，在追求经济收益的同时始终强调保持社会效益，为社会经济发展提供稳定的电力保障。坚持"环境友好"，在寻求经济效益提升、发展规模不断壮大的同时，时刻牢记环境社会责任，不惜斥巨资用于企业环境保护项目建设。近年来，深圳能源对于未来发展提出了两个战略定位——坚持绿色经营，做低碳清洁能源的领跑者；坚持环保产业，做城市环境治理的领跑者。前者主要强调深圳能源致力于不断优化公司电力能源结构，积极倡导建设低碳绿色电力产业；后者主要侧重于为城市固体废弃物解决方案提供技术与投资，大力推动城市生态文明建设。

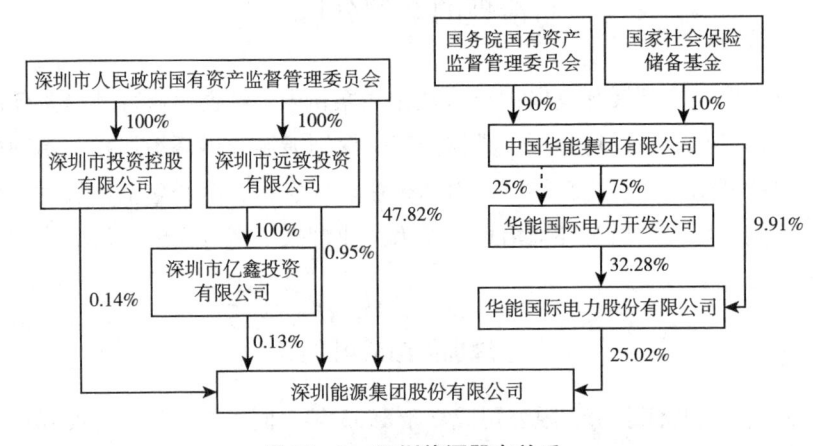

图 10-1　深圳能源股东关系

二、深圳能源环境保护与治理动因分析

（一）政府、媒体与公众的压力

当前，全球环境资源问题日益严峻，我国政府对于环境保护与治理的重视程度也日益提高。党的十九大明确指出，"建设生态文明是中华民族永续发展的千年大计"，走绿色发展、可持续发展的道路，成为我国长久健康发展的必经之路。目前，我国已经形成了以《环境保护法》为主体的环境法律体系，通过出台法律法规支持和倡导生态文明建设，激发微观主体的经济活力与创造力，引导和规范企业生产经营过程中的生态环境保护行为。微观经济主体在经营过程中若出现违反法律法规的行为，将会受到相关部门的批评与惩处。政府对于企业环境保护行为的引导与规范，成为推动微观经济主体开展环境保护与治理的重要动因。

作为我国第一个成立的经济特区，深圳市积极响应党和国家号召，制定了一系列生态环境保护规章制度，力求把深圳市建设成为一个充满活力的生态文明城市。2018年，深圳市政府实施《2018年"深圳蓝"可持续行动计划》，对深圳能源所属妈湾电厂提出了在原有基础上减排20%的要求。由于妈湾电厂的环保指标早已达到标准排放要求，在此基础上完成减排20%的任务显得异常艰巨。在政府部门的不断推动下，妈湾电厂攻坚克难，通过环保技术改造、优化机组运行方式等一系列措施，最终顺利完成了减排20%的目标。此外，政府部门对于发电中不规范行为的批评与惩处，也进一步促进了企业环保事业的不断发展。2008年，深圳能源所属的7家电厂因脱硫设施运行不正常，受到环境保护部的批评。在获悉通报情况后，深圳能源立即制定脱硫设备整治预案，高度重视脱硫系统存在的问题，加强管理与监察工作，组织专家进行问题诊断，最终使得电厂脱硫系统存在的问题得到了快速解决。政府部门对于生态文明建设的重视，促使深圳能源在追求经济效益的同时，也时刻履行环境保护与治理的社会责任。

新闻媒体由于受众的广泛性，以及对社会舆论的强大引导力，也成为企业履行环境责任的重要驱动力。尽管新闻媒体本身无法对企业履行社会责任中的不当行为进行惩处，但媒体通过对社会公众的舆论引导，会给企业的不当行为带来更为严重的负面影响。一般情况下，若企业出现环境污染治理不到位的问题，在新闻媒体未介入时，企业可能只会受到政府部门的处罚，以及遭到知悉相关情况的利益相关者的责问。但在新闻媒体介入后，企业环境污染事件的受众和负面影响随之扩大，并且新闻媒体报道是一种被动的曝光行为，社会公众往往倾向于认为污染事件的实际严重程度远高于媒体报道，引发包括抛售股票、拒绝污染企业产品等一系列后果。另外，一旦新闻媒体对企业污染行为进行曝光，有关政府部门为了减轻公众舆论压力、平息相关事件的不利影响，往往会更加高效、及时地查处企业污染事件。因此，新闻媒体也是驱动深圳能源进行环境保护与治理的重要因素。

此外，随着社会经济的不断发展，社会公众越发关注生态文明建设，对企业环境污染行为的容忍度也在不断降低。社会公众环保意识的觉醒，一方面，使他们更加倡导低碳绿色的产品与生活方式，若企业被曝出环境污染方面的负面新闻，其产品与服务便会遭受社会公众的强烈抵制，进而严重影响企业的可持续发展；另一方面，公众环保意识的觉醒也催生了大量绿色环保组织，更加扩大了社会公众在生态环境保护中的作用。通过各种环保活动的举办以及环保知识的宣传，环保组织促进了公众生态文明意识的提升、激发了公众参与生态文明建设的积极性。同时，由于社会公众个体在维护自身合法权益时始终处于劣势地位，而环保组织相较于个体更具有与企业抗衡的能力，能够通过提供法律援助等形式来帮助公众维护自身的合法生态权益。另外，环保组织不仅对社会公众的生产消费行为产生引导，更对企业的经营行为起到监督制约作用。通过制造舆论压力、走访企业等方式来开展社会监督，对企业的不当环境行为进行规范整治，进而推动企业环境保护责任的积极履行。因此，社会公众及环保组织也成为了驱动深圳能源进行环境保护与治理的重要原因。

（二）传统电力生产供应商转型的动力

随着我国经济发展和产业结构提升，原有高成本、低收益的粗放型增长模式日渐式微，低成本、高收益的集约型增长模式逐渐受到企业青睐。图10-2显示了2018年6月至2020年4月环渤海动力煤价格指数的走势变化。可以看到，尽管近两年煤炭价格有逐渐走低的趋势，但波动幅度较为剧烈。作为电力生产供应商，深圳能源所属公司的能源结构中，煤电占据较高比重，煤燃料价格的大幅波动将导致企业无法精准控制生产成本，从而造成经营利润不稳定，不利于企业持续平稳地发展。另外，以煤为代表的传统能源均属于不可再生能源，面临着较高的资源枯竭风险，长期价格走势呈上涨态势，以传统能源作为主要发电动力不利于企业未来发展。同时，仅仅依靠强化成本管控与提高生产效率来降低成本是难以持续的，电力企业需要通过风力、水力、光伏等可再生清洁资源来替代传统的煤炭能源，优化能源结构，在降低成本的同时实现可持续发展，避免高成本低产出经营模式导致的负面影响。

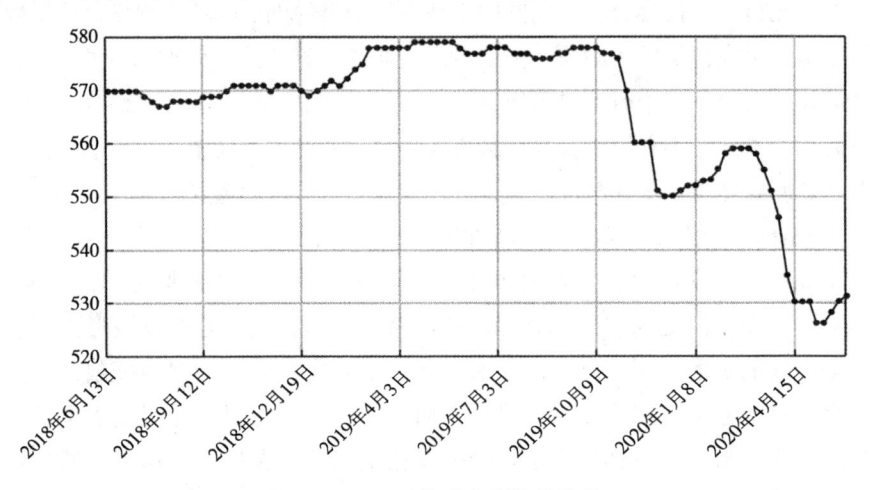

图10-2 环渤海动力煤价格指数

资料来源：秦皇岛煤炭网。

（三）企业的环保意识与文化

作为一家负责任的国有控股电力公司，深圳能源的企业使命之一便是为社会提供清洁、安全、高效的能源产品和服务，企业在发展过程中也制定了"做低碳清洁能源的领跑者和城市环境治理的领跑者"这一战略定位。因此，一直以来，深圳能源在追求公司经济绩效的同时，始终铭记自身的环境保护责任。在企业文化潜移默化的影响下，深圳能源自成立以来始终致力于为社会公众提供低碳绿色的清洁能源，认真履行节能减排义务，积极从事环境保护与社会公益事业，努力成为一家受公众尊敬和认可的负责任上市公司。

三、深圳能源环境保护与治理举措

近年来，政府和社会公众对环境保护日渐重视，生态文明建设刻不容缓。作为电力生产和供应业的龙头企业，深圳能源紧跟时代步伐，对公司未来发展提出了明确的战略定位——成为具有竞争力和创新力的低碳清洁能源和城市环境治理领跑者。围绕这一发展战略，深圳能源大力推动电力主业健康可持续发展，为低碳经济添动力。同时，致力于城市固体废弃物治理，为城市发展拓空间。

（一）为低碳经济添动力，做低碳清洁能源的领跑者

1. 推动常规能源低碳化发展。

（1）持续加大研发创新投入。随着低碳经济时代的快速发展，深圳能源为实现向清洁能源创新型企业转型，始终将节能减排、清洁发电技术的研发创新作为企业努力方向。图10-3和图10-4分别显示了深圳能源的研发投入金额和研发人员数量情况。可以看出，2014年以来，深圳能源的研发投入资金逐渐上升，研发投入资金占营业收入的比值也呈上升趋势。与此同时，深圳能源的研发人员数量也在六年里稳步增加，但研发人员数量占比基本稳定。截至2019年底，研发人员数量已有276人，占全体员工数量的3.98%。持续增加的研发投入资金和充足的研发人员储备，为企业的研发创新活动提供了坚实的物质保障与人力资源保障。

（2）加强创新平台建设。为促进研发活动的有效开展，深圳能源不断加强企业的创新平台建设，旨在为企业员工提供优质、高效的创新环境。结合向清洁能源创新型企业转型的需要，2018年深圳能源组织制定了《深能大学（党校）筹建方案》，并于同年12月揭牌成立深能大学（党校）。2019年进一步成立了深能大学燃气学院与环保学院，致力于培养战略型、智能型管理人才和技术型专业人才。深能大学的成立为企业员工掌

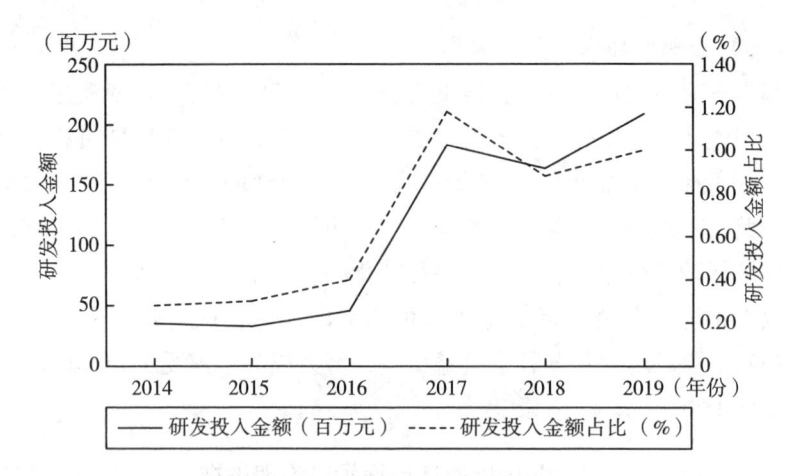

图 10-3 2014~2019 年深圳能源研发投入金额及占比

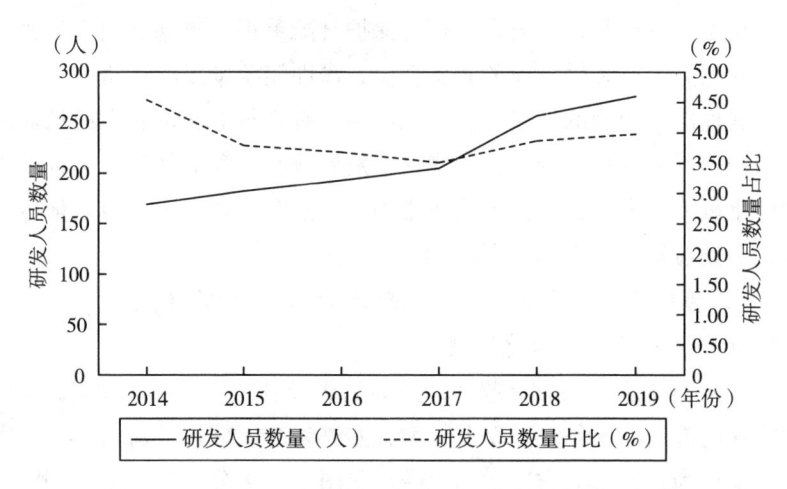

图 10-4 2014~2019 年深圳能源研发人员数量及占比

握高精尖技术，推动产品、技术研发创新，提供了学习与交流平台，为企业成为学习型、创新型企业奠定了坚实基础。

截至 2019 年底，深圳能源已经建成"超超临界机组应用关键技术工程技术中心""深圳能源环保有限公司企业中心"等多个技术创新平台。公司同时与深圳市清洁能源研究院合作，2019 年度承接合作研发项目 7 项，投资金额达 820.9 万元。

（3）营造创新型企业文化。深圳能源对于研发创新的重视，不仅体现在高额研发投入和创新平台有序建设上，更体现在企业营造的鼓励创新、支持创新的企业文化。2014 年，深圳能源首次开展企业岗位微创新活动，以促进企业节能环保、安全生产等领域的岗位创新，并对有价值的微创新项目进行扶持与奖励，大大调动了员工创新积极性。在活动开展后，仅 2014 年一年，深圳能源就收到近 1800 项微创新项目，极大提升了企业创新能力。截至 2019 年底，深圳能源始终坚持实施岗位创新制度，营造"鼓励创新，宽容失败"的良好创新文化，推动形成了企业"全员创新"的新局面。

在深圳能源全体员工的不懈努力下，企业科技创新成果斐然。以 2019 年为例，企业新增发明专利 3 项、实用新型专利 46 项，专利总数达到 167 项。高效的创新产出也进一步助推了企业节能减排业务的开展。深圳能源每年的研发项目中，应用于物质资源节约和环境有害物质减排相关的技术项目均占较高比例，这些研究成果在生产经营中的应用，大大节约了能源资源，降低了有害污染物排放对于环境的不利影响，为企业履行环境责任提供了有力的技术保障。以 2019 年的研发投入项目《工业余热回收及系统应用研究》为例，该项目解决了发电过程中锅炉部分蒸汽未回收而作为工业废水排放的问题，通过技术改造达到企业节能、减少工业废水处理量的目的。

此外，深圳能源投资建设的河源电厂一期工程（2×600MW），也是企业通过自主创新促进节能减排的有力证明。为了协调自然环境与企业发展之间的关系，深圳能源在河源电厂兴建之初便确立了"污水零排放"的建设目标。脱硫废水的处理回收不但技术难度高，而且在国内外也缺乏成熟的治理经验，如何妥善处理脱硫废水成为项目建设的最大难点。为此，深圳能源组织专业人员在国内外开展大量调研，自主开发了脱硫废水深度处理技术，不仅推动了河源电厂项目的顺利实施，而且也为公司赢得了许多荣誉，受到了原环境保护部、中华环保联合会等部门的高度赞扬。河源电厂项目的建设，不仅为国内电力企业树立标杆，也成为企业积极履行环境责任的重要佐证。

（4）以清洁生产促进节能降耗。为实现低碳清洁能源领跑者的战略定位，深圳能源大力推进清洁生产方式，深入挖掘企业所属电厂的发展潜力，不断提高各电厂的节能降耗水平，为履行环境责任而不懈努力。早在 2008 年，深圳能源就对燃料采购团队规定严苛的采购条件，要求积极克服燃料采购交易中遇到的困难，在控制燃料采购成本的同时严格把控产品质量，坚持采购适用于脱硫系统的设计煤种以及低硫油，在源头环节严格控制进入生产过程的污染物含量。同时，也要求电厂做好基础配煤工作，确保入炉的燃料含硫量低于脱硫系统的设计值，提高脱硫系统的工作效率。同年，深圳能源通过复杂的调试与实验，成功试烧了含硫量低于 0.3% 的印度尼西亚煤，该煤种的应用使得当年电厂二氧化硫的排放量降低了近 4500 吨，大大加快了清洁生产的前进步伐。

除了在源头环节控制燃料硫含量外，深圳能源也十分注重对脱硫、脱硝系统等发电环保设备的升级改造。表 10-1 报告了 2015~2019 年深圳能源进行机组技术改造的部分项目，以及改造后的节能降耗成效。从表10-1可以发现，深圳能源对于发电机组的改造，具有覆盖面广、指标要求严苛等特点。以企业所属的妈湾电厂为例，自2008年以来每年基本都会进行一项或多项节能减排技术改造项目，涵盖深度脱硫、深度除尘、低氮燃烧器深度脱氮改造、机组流通改造、精益化管理等多个方面，全方位多角度进行清洁生产改造。与此同时，深圳能源对于妈湾电厂节能减排改造的指标要求也十分苛刻。2018年，深圳市启动了"深圳蓝"可持续行动计划，对妈湾电厂下达了减排20%的改造任务。经过多年来的清洁生产改造，妈湾电厂的排放指标早已达到了标准排放水平，在此基础上再完成减排20%的任务便显得异常困难。为了响应政府政策号召，公司成立了领导小组指导工作，通过运行方式优化、环保技术改造、燃煤采购品质高要求等一系列措施，最终圆满完成"深圳蓝"减排总目标。除此之外，妈湾电厂也积极配合政府环境治理工作，2019年发电时掺烧污泥6.2万吨，较2018年增长了93.75%，为破解政府污泥处理困局作出了巨大贡献。鉴于妈湾电厂清洁生产对于深圳市环境保护的贡献，公司多次获得"鹏城减废行动"优秀企业荣誉称号、"中华环境友好企业"荣誉称号、绿碳奖——最佳碳减排贡献奖、环保诚信"绿牌"称号等荣誉。

表10-1 2015~2019年深圳能源部分技术改造项目及节能降耗成效

年份	技术改造项目	节能降耗成效
2015	河源电厂机组烟气超净排放改造	烟气污染物排放可达到燃气轮机排放标准
2016	妈湾电厂机组的天然气点火改造	彻底解决柴油点火启动冒黑烟问题，率先在国内实现6台机组全时段超低排放
2017	10台燃煤机组的超低排放改造	烟尘、二氧化硫、氮氧化物的排放浓度分别小于10毫克/标准立方米、35毫克/标准立方米、50毫克/标准立方米
2018	妈湾电厂总量减排措施	在原有基础上减排20%
2018	深圳地区燃机电厂的SCR脱硝改造	改造后氮氧化物排放浓度低于15毫克/标准立方米
2019	妈湾电厂磨煤机永磁同步电机改造	综合节电率大于11%，年节电7.55万千瓦时
2019	河源电厂抽真空系统改造	节电率达70%，年节电47.7万千瓦时

推行清洁生产为企业带来了喜人的节能降耗成果。2019年，深圳能源所属各燃煤厂烟尘、二氧化硫、氮氧化物的平均排放浓度分别为3.2毫克/标准立方米、14.9毫克/标准立方米、28.7毫克/标准立方米，完全达到了国家规定的超低排放标准，为当地大气环境质量改善作出了突出贡献，企业在节

能减排和清洁生产方面所付出的努力,得到了社会各界的一致肯定。

2. 大力拓展清洁能源。将太阳能、风能等清洁能源运用于发电业务,不仅可以减少传统能源发电对环境的不利影响,而且能够不断优化发电企业的能源结构。作为积极履行环境责任的电力供应商,深圳能源始终坚持拓展清洁能源,走可持续发展道路。截至2019年底,深圳能源已经有序开拓了风力发电、水力发电、光伏发电、天然气发电等清洁能源项目,它们对企业利润的贡献度达到了56%以上,低碳绿色发展整体成效显著。

(1) 快速发展国内清洁能源项目。深圳能源最早引入的清洁能源为液化天然气。2007年,以液化天然气为燃料的东部电厂顺利建成,揭开了运用天然气发电的序幕。2008~2010年,企业所属樟洋电厂、月亮湾电厂、惠州丰达电厂"油改气"工程相继完成。至此,深圳能源的液化天然气发电项目容量总量达209万千瓦,占全部电力结构的34.6%。

为了加快构建低碳能源供应体系,风力发电也是深圳能源较早发展建设的清洁能源项目。2009年,深圳能源启动了内蒙古通辽风电项目、满洲里风电项目建设,成为企业开发风力能源的开端。2010年,深圳能源相继启动兴安盟科右中旗和科右前旗风电场一期建设。2013~2014年,深圳能源先后并购了泗洪风电项目、江苏高邮风电项目以及河南鹤壁风电项目,使得企业风力发电产业得到迅速发展,电力结构日趋合理。

对于光伏发电项目,虽然深圳能源起步建设的时间较晚,但发展速度十分迅猛。2012年9月,在成功收购汉能邳州3万千瓦光伏发电项目后,仅仅花费三个月时间便完成了项目调研、设计与施工等工作,并于同年12月顺利实现投产。之后,深圳能源通过自主设立、并购等方式,不断扩大光伏发电项目规模,逐渐加大清洁能源发电比重。表10-2列示了并购主体为深圳能源及所属公司、并购标的为光伏发电企业的并购事件。2013~2019年,深圳能源并购光伏发电企业数量高达13家,足以看出深圳能源持续加快发展光伏电站、实现低碳绿色发展的信心和决心。

表10-2　　　　2013~2019年深圳能源光伏发电项目并购事件

首次公告年份	买方	卖方	标的方	并购比例(%)
2013	深圳能源集团股份有限公司	上海易鼎投资有限公司、徐阳、封宗义、苏州协睿创业投资管理公司	沛县协合新能源有限公司	73

续表

首次公告年份	买方	卖方	标的方	并购比例（%）
2015	深能南京能源控股有限公司	深圳永联科技有限公司	邢台县永联光伏发电开发有限公司	51
2016	深能南京能源控股有限公司	纪秀峰	邢台城基新能源科技有限公司	100
	沛县协合新能源有限公司	常州兆辉投资有限公司	徐州正辉太阳能电力有限公司	100
	深能南京能源控股有限公司	阿特斯新能源控股有限公司	阿特斯泗洪光伏发电有限公司	100
	深能南京能源控股有限公司	阿特斯新能源控股有限公司	沛县苏新光伏电力有限公司	100
	深能南京能源控股有限公司	杨继亮、于洋	南京日昌太阳能发电有限公司	100
2017	深能南京能源控股有限公司	金湖正辉投资有限公司	金湖兆辉太阳能电力有限公司	100
	深能南京能源控股有限公司	阿特斯阳光电力集团有限公司	阿特斯阜宁光伏发电有限公司	100
	深能南京能源控股有限公司	阿特斯阳光电力集团有限公司	阜宁卓茂新能源开发有限公司	100
2018	深能南京能源控股有限公司	阿特斯阳光电力集团有限公司	睢宁阿特斯新能源有限公司	100
	深能北方能源控股有限公司	深圳市科陆能源服务有限公司	格尔木特变电工新能源有限责任公司	100
2019	深能北方能源控股有限公司	青岛城晖新能源有限公司	天津鑫利光伏电站技术开发有限公司	100

相较于天然气、光伏和风力发电，水力发电是深圳能源较晚涉入的发电项目。2014年，深圳能源分别收购了位于四川、广西的4个水电站，开始了大力发展水力能源的步伐。根据"多中选好、好中选优"的原则，选择了云南、广西等地作为重点发展区域，以股权收购为主、自主开发参股为辅，快速开展建设水力发电项目。表10-3列示了2015~2019年并购主体为深圳能源及所属子公司、并购标的为水力发电企业的并购事件，从中可以发现深圳能源通过一系列并购，快速实现了发展水力发电产业的目标。

表 10-3　　　　2015~2019 年深圳能源水力发电项目并购事件

首次公告年份	买方	卖方	标的方	并购比例（%）
2015	深能（香港）国际有限公司	CPI Ballpark Investments Ltd, New Quest Asia Fund II CI, L. P., New Quest Asia Investments II Limited, China Environment Fund III, L. P., Junya Investment HK Limited, Asia Pacific Energy Investment Limited, Jianbin Zhou, Daniel Kar, Yu Chan	CPT Wyndham Holdings Ltd.	100
2017	四川深能电力投资有限公司	临亚集团有限公司、赵年郎、浙江临亚投资有限公司	禄劝临亚水电开发有限公司	100
2018	四川深能电力投资有限公司	林佳辉、周衍柳、林加法、蔡方桂、吕增国	云南省泸水辉力水电发展有限公司	100
2019	深能水电投资管理有限公司	林绍锋、林星都、苏志勤、赖诗茂、苏良作	泸水市宏峰水电开发有限公司	100
2019	深能水电投资管理有限公司	温雅国、林绍锋、郭金煌、林星都、郭文彬、郑德荣、苏志勤、陈星煌、赖诗茂、苏良作、苏启发、黄留峰、涂永生、陈敦博	泸水市泉德水电开发有限责任公司	100
2019	深能水电投资管理有限公司	林绍锋、苏志勤、郭金煌、苏恒、苏启发、黄留峰、林星都、郭文彬、陈星煌、郑德荣、赖诗茂、苏良作、蒋玲玲、陈碧云、涂永生、陈敦博、郑新萍	泸水市泉益水电开发有限责任公司	100

（2）积极拓展海外清洁能源项目。在快速发展国内清洁能源项目的同时，深圳能源也积极拓展海外的清洁能源项目。2016 年，积极响应国家"一带一路"建设工作，加纳燃机电厂二期项目顺利投产，该项目也被加纳政府授予"最佳能源与电力行业外资企业"荣誉称号。2017 年，深圳能源成功中标巴新拉姆二期水电项目，并成立深圳能源 PNG 水电开发有限公司负责后续的建设运营。截至 2018 年底，加纳电厂累计发电量超过 92 亿度，清洁能源发电不仅为当地经济发展提供稳定的电力保障，同时也有力保护了当地的生态环境。2018 年，深圳能源加纳公司入围加纳企业 100 强榜单，并获得加纳能源奖"发电卓越奖"称号。

(二) 为城市发展拓空间，做城市环境治理的领跑者

1. 依托垃圾发电产业拓展城市发展空间。随着现代城市的不断发展，城市垃圾成了不容忽视的问题，大量生活垃圾严重影响城市环境。垃圾焚烧发电技术以无害化、减量化、资源化为目标，具有处理速度快、减量效果佳、污染控制好、能源利用高等优点。21世纪初，深圳能源就率先开始研究垃圾焚烧技术，发展垃圾发电产业，为城市发展拓展新的空间。

为了早日解决"垃圾围城"问题，2019年深圳能源全力推进龙岗、南山二期、宝安三期三大垃圾焚烧发电项目，帮助解决深圳市垃圾治理难题。同时，三大项目采用了七段法烟气净化工艺，烟气排放远优于欧盟标准，为垃圾发电行业树立新标杆。截至2019年底，深圳能源已建成投产南山、盐田、宝安、武汉新沟等15个垃圾焚烧发电项目，生活垃圾处理能力达22600吨/日。其中，宝安二期垃圾焚烧发电项目于2014年荣获"国家优质工程金质奖"。2019年深圳能源所属公司共处理生活垃圾总量约580.52吨，较上年增长78.86%，为城市固体废弃物治理作出巨大贡献。

2. 依托科技创新提升自主品牌价值。深圳能源早期开展城市垃圾处理所采用的设备、技术基本都从国外引进，为了实现垃圾焚烧技术与设备的本土化，降低项目运营成本，企业在21世纪初便开始组建研发团队，开展自主研发，深入挖掘团队潜力，力求研发适合中国本土环境的垃圾焚烧技术。

不同于国外的生活垃圾，中国城市的生活垃圾水分较多，不易被燃烧，运用国外技术与设备进行治理会产生高昂的运营成本。为了解决这一问题，深圳能源通过多年的自主研发，推出了城市垃圾机械炉排焚烧炉系统，并于2003年在盐田垃圾发电厂正式产业化运用。在采用该技术后，盐田垃圾发电厂的垃圾日处理量达到450吨，燃烧后的排放物指标远远优于国家规定标准，并且具有明显的成本优势。

除此之外，深圳能源所属研究所花费六年多时间，成功研发出了沥滤液多效蒸发处理技术。该技术的原理在于，通过特殊的蒸发处理工艺，减少污染物蒸发量，将污染物尽可能多地保留在残液中。2003年9月该技术被应用于盐田垃圾焚烧厂，经过不断调整，2006年通过了环保部门验收，达到国家要求的一级排放标准。垃圾焚烧发电项目中的自主创新，不仅提升了深圳能源的自主品牌价值，也促进了企业节能环保产业的进一步发展。

3. 依托环保宣传活动传承环境保护理念。在大力建设与投资垃圾发电产业的同时,深圳能源也高度重视与社会公众的沟通交流,积极组织举办一系列环保宣传活动,将企业环保理念和主动承担环境责任的态度传递给更多人。在活动举办过程中,深圳能源坚持将"请进来"和"走出去"相结合,加强公众参与,传递深能理念。

一方面,深圳能源通过电厂开放日把社会公众"请进来",邀请公众零距离感受企业的清洁生产方式。早在2013年,企业便围绕经营发展战略,着手组织让广大市民走进电厂、观察清洁生产的活动。截至2019年底,深圳能源"公众开放日"品牌宣传活动已经持续开展7个年度。不仅为社会公众了解清洁能源提供了一个良好的平台,而且也成为深圳能源展示企业履行社会责任的窗口。企业所属的南山、宝安、盐田能源生态园都建立了科普教育基地,通过网上预约,社会公众可以亲临电力生产现场,零距离感受清洁能源发电以及垃圾"变废为宝"的过程。表10-4列示了深圳能源2019年各个电厂接待的场次及人次情况。总体来看,2019年深圳能源所属电厂接待场次高达655场,接待人次超过5万人,成功地向社会公众传递环境保护理念,展现了企业积极履行社会责任的良好形象。

表10-4　　　　　2019年深圳能源各电厂接待场次及人次

电厂	接待场次	接待人次
盐田能源生态园	419	46800
宝安能源生态园	144	4331
南山能源生态园	46	1417
河源电厂	38	1039
妈湾电厂	8	400

另一方面,深圳能源主动"走出去",加强与外界的交流与联系,在全社会树立起积极环保的良好企业形象。深圳能源通过积极参加国际绿色低碳产业博览会、中国国际高新技术成果交易会等大型展会,不断加强对外沟通与交流,从而提升企业的影响力。与此同时,深圳能源多次组织科普进社区、学校等活动,将安全用气用电、垃圾分类等知识科普给社会公众,广泛传播安全环保的理念。除此之外,还通过举办"修理小家电,宣传节能环保知识"志愿者活动、生态深圳摄影大赛等一系列创意活动,使低碳环保理念在市民中深入人心,为改善深圳环境质量、建设生态宜居城市做出不懈努力。

四、深圳能源环境保护与治理效应分析

（一）经济效应分析

近年来，深圳能源不断规范公司治理，推进组织革新，以建设具有竞争力的国际化综合能源企业为目标。在此过程中，深圳能源积极履行环境责任，加强环境保护与治理工作，企业经营效益也随之有了极大改善。

1. 收益性。图10-5显示了2010~2019年深圳能源的总资产净利润率、净资产收益率、营业毛利率以及营业净利率的变动情况。从图10-5可以发现，企业营业毛利率在十年里呈现波动上升趋势，于2019年达到了历史最高值，说明深圳能源在扩大销售收入、控制营业成本方面成效显著。尤其是2019年，通过严格的成本控制使得在营业收入增长12.36%的前提下，营业成本仅上升4.55%，从而实现了营业毛利率5.15%的增长。深圳能源的总资产净利润率、净资产收益率、营业净利率基本呈现相同的变化趋势，在2014年前总体呈现上升趋势，在2014~2018年逐渐下降，于2019年略有回升。主要原因在于，深圳能源近十年来不断扩大公司规模，大力拓展与清洁能源、城市治理相关的产业，通过自主设立、并购以及参股等形式建设投资了大量项目，企业的管理费用和财务费用逐年上升。在营业收入上升的年份里，收入增加可以弥补一部分的费用支出，从而使得企业利润率随之上升；但在经济不景气、营业收入下滑的年份，便会导致利润率下行。尽管当前能源结构调整与规模扩展带来了一定的费用支出，使得企业盈利水平缺乏稳定性，但从长期来看，清洁能源与城市环境治理产业的发展，将更有利于深圳能源未来发展的可持续性。

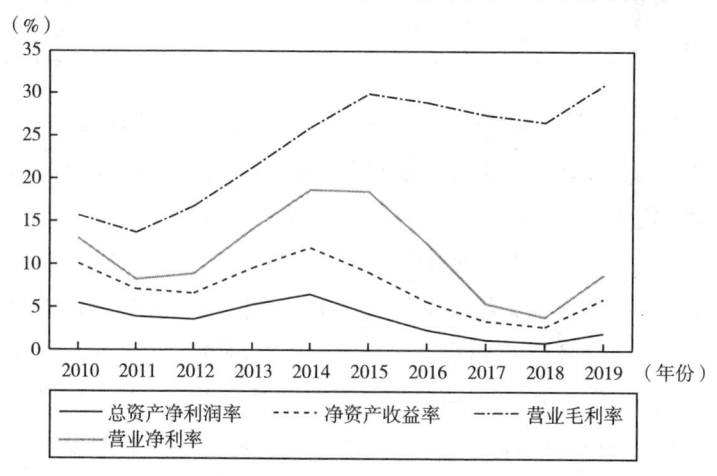

图10-5 2010~2019年深圳能源的收益性指标

2. 安全性。图10-6显示了2010~2019年深圳能源的流动比率、资产负债率、长期资本负债率和偿债保障比率的变动情况。其中，前三个指标对应左侧主坐标轴；偿债保障比率指标对应右侧次坐标轴。从图10-6可以看出，深圳能源流动比率指标总体上呈现波动下降的趋势，2019年降到了历史最低点。尽管历年流动比率值基本位于60%~120%，远远低于标准值200%，但是对于像深圳能源这样的大型国有控股电力公司而言，由于公司在经营过程中具有良好的信誉与信贷关系，其流动比率仍然相对安全。深圳能源的资产负债率、长期资本负债率和偿债保障比率三者的变动趋势较为一致，在2018年前波动上升，于2018年后有所回落，这与企业战略发展定位息息相关。为了做低碳清洁能源的领跑者和城市环境治理的领跑者，深圳能源在不断对传统煤炭发电厂进行清洁改造的同时，通过自主建设、并购、参股等方式大力拓展风力、水力和光伏发电等产业，并且始终坚持投资于城市固体废弃物治理，在财务上存在巨额资金缺口，需要通过银行借款以及对外融资等方式来支持高额产业投资。总体而言，尽管债务比例呈现上升趋势，但仍然处于相对安全范围内，并不会对企业长远发展产生负面影响，反而由于财务杠杆的作用，企业得以不断拉近与成为国际化综合能源企业目标的距离。

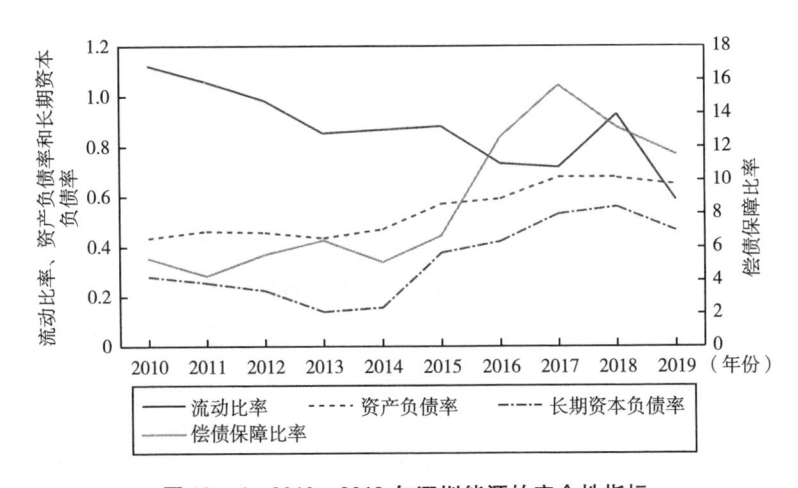

图10-6 2010~2019年深圳能源的安全性指标

3. 成长性。图10-7显示了2010~2019年深圳能源总资产增长率、净资产收益率增长率、净利润增长率以及营业收入增长率的变动情况。从图10-7可以发现，深圳能源的营业收入增长率波动较大，2010~2011年营业收入增长率从9.45%上升到了15.42%，但在2012~2015年始终小于零或略高于零，在2016年后则都高于零，2017年达到了近十年的最高值

37.35%。深圳能源的主要业务是电力的生产与销售，企业营业收入的波动主要是由社会用电需求量决定的，企业难以直接控制。深圳能源的总资产增长率基本上均高于零，说明近十年来深圳能源的资产规模稳步增长。净资产收益率增长率与净利润增长率波动趋势基本一致，除2013年、2014年和2019年之外，这两个指标基本均小于零，说明深圳能源由于近年来的大规模项目建设与投资，产生了较多费用支出，致使企业收益增长率呈现负值。由于深圳能源仍处于不断扩大公司规模、增大投资的转型上升期，净资产收益率增长率与净利润增长率等指标并不能完全反映企业成长情况。

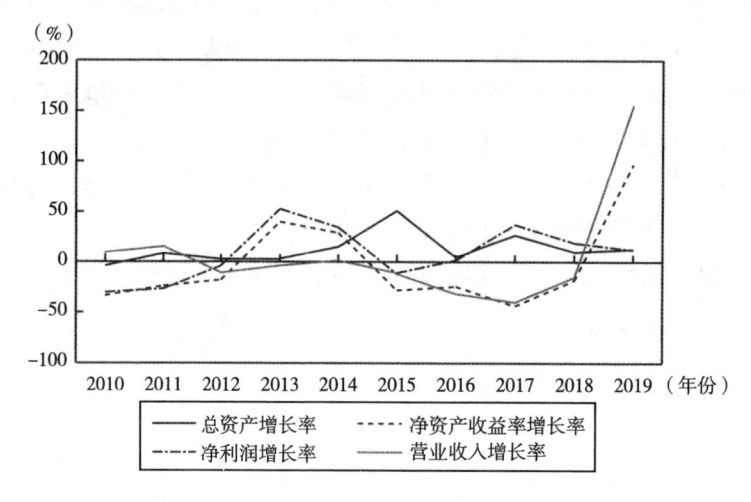

图 10 - 7　2010 ~ 2019 年深圳能源的成长性指标

通过对深圳能源 2010 ~ 2019 年的收益性、安全性、成长性等指标的综合分析，我们发现深圳能源由于前期大量的项目建设与投资，尽管总体上财务绩效较为理想，但部分财务指标情况不容乐观。下面结合企业市场价值变化，对深圳能源加强环境保护与治理的经济效应进行进一步分析。从图 10 - 8 可以看出，2010 ~ 2013 年深圳能源的市场价值十分稳定，2014 ~ 2019 年呈现阶梯式上升态势，说明 2014 年后市场投资者对于深圳能源的未来发展前景十分看好，企业公众形象有了质的提升。2014 年前后正是深圳能源加大对光伏、水力等清洁能源产业，以及城市固体废弃物治理产业投资的时间段。这表明，尽管由于大量建设和投资导致深圳能源部分财务指标不理想，但企业积极履行环境责任受到了市场投资者的广泛认可。这也进一步说明，企业在做大做强的同时，也要承担起相应的社会责任，否则将难以持续发展。

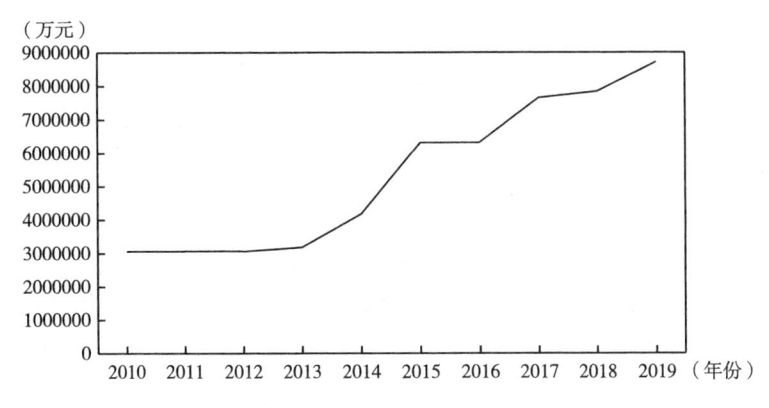

图 10-8 2010~2019 年深圳能源的公司市值

(二) 生态效应分析

深圳能源始终秉承可持续发展理念,致力于为社会经济发展提供低碳绿色环保的能源保障,认真履行企业节能减排、保护环境的责任。在积极践行企业社会责任的过程中,深圳能源的环境保护与治理工作取得了显著成效。

图 10-9 显示了 2017~2019 年深圳能源的烟尘、二氧化硫和氮氧化物等污染物的排放量。由于无法获取深圳能源的污染物排放总量数据,以 2017 年披露的六家子公司为基准,根据披露的相关数据手工计算了近三年的污染物排放总数,这六家公司分别为东莞樟洋公司、深圳市宝安垃圾发电厂、深圳市南山垃圾发电厂、深圳市盐田垃圾发电厂、武汉深能环保新沟垃圾发电有限公司、龙岩新东阳环保净化有限公司。从图 10-9 可以发现,深圳能源所属六家企业的二氧化硫排放量基本呈现直线下降态势;氮氧化物排放量也以较大幅度逐年减少;烟尘的下降幅度相对较小,但还是呈现下降趋势。这表明深圳能源从源头控制燃料质量,对发电环保设备实行深度脱硫、除尘、脱氮改造等清洁生产措施,产生了极大效果。通过一系列的环保改造与优化,2019 年深圳能源所属公司全年脱硫效率、综合脱硝效率分别达到了 98% 和 88% 以上,烟气排放指标远远低于国家规定的超低排放标准,企业生态文明建设考核成绩位于重点企业前列,清洁生产、节能减排取得了显著成效。

图 10-10 显示了 2014~2019 年深圳能源上网电量的能源构成情况。从图 10-10 可以看出,深圳能源早在 2014 年就已形成煤炭、天然气、水力、风力、光伏与垃圾等发电形式综合发展的格局。随着时间推移,深圳能源燃煤电厂上网电量占总电量的比例从 68.81% 降至 55.4%,呈现逐年下降趋势。与此同时,燃机电厂的发电量也呈现下降趋势,六年间下降了

2.93%，主要原因是深圳能源考虑到天然气的不可再生性，减少了天然气在发电中的应用。总体而言，2014~2019年深圳能源的水力发电比例从0.58%上升至8.14%，实现较快速发展。其中，2014~2016年的水力发电量在总上网电量中的占比逐年增加，尤其是在2016年从2.64%增加到11.30%。在2016年以后，水力发电占比有所下降，但风力发电和光伏发电的上网电量占比逐年上升，增长速度比较平稳。垃圾发电的占比则呈现波动上升趋势，2019年达到了历史最高占比4.90%。通过多年的清洁能源项目建设与投资，2019年深圳能源装机容量和上网电量中清洁能源占比分别超过了56%和44%，表明企业能源结构逐渐绿色化、低碳化，向综合能源企业转型目标更近一步。

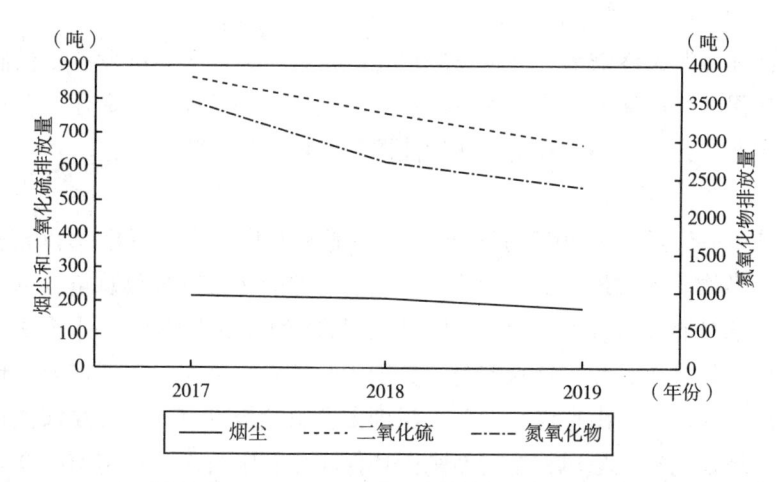

图10-9　2017~2019年深圳能源污染物排放量

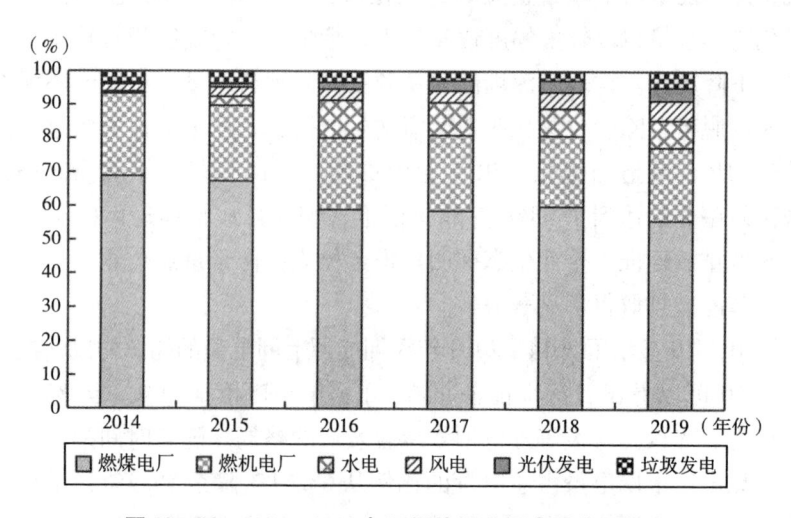

图10-10　2014~2019年深圳能源上网电量能源构成

图 10-11 显示了 2015~2019 年深圳能源所属环保公司的生活垃圾处理量变化情况。可以看到，2015~2017 年深圳能源的生活垃圾处理量基本保持不变，但在 2018~2019 年有了大幅度提升，2019 年达到了生活垃圾处理量的历史最高值 580.52 万吨。可见，近年来深圳能源不断自主研发垃圾焚烧发电技术、大力发展垃圾发电产业的举措，有效促进了企业能源结构优化，对于深圳市的固体废弃物处理与环境治理有着极大帮助。

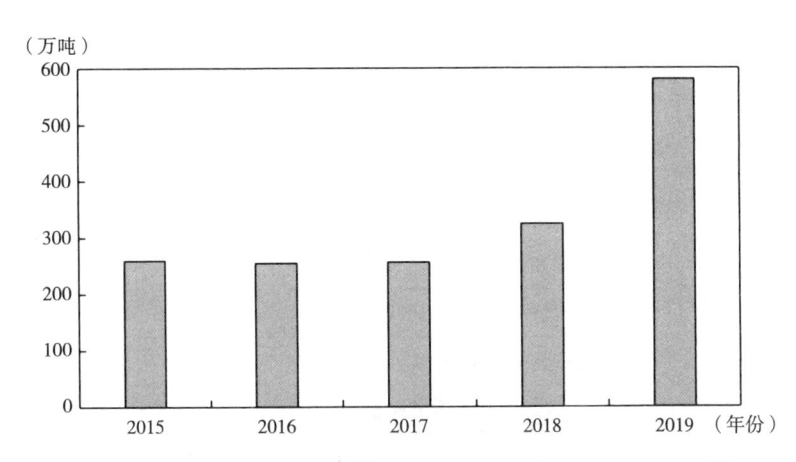

图 10-11　2015~2019 年深圳能源所属环保公司生活垃圾处理量

深圳能源自成立以来，紧紧把握时代脉搏，践行"责任能源、实力能源、环保能源、和谐能源"的宗旨，努力践行企业社会责任，树立了"绩优、诚信、规范、环保"的良好企业形象。表 10-5 列示了 2016~2019 年深圳能源获得的部分荣誉奖项。可以看出，由于企业在清洁能源提供以及城市环境治理等方面所作出的贡献，近年来获得了诸多与环境保护相关的奖项与荣誉，表明企业在履行环境责任方面作出的努力与贡献，受到了社会各界的一致认可。

表 10-5　　　　　　　　　2016~2019 年深圳能源所获荣誉奖项

年份	荣誉奖项
2016	中国服务业企业 500 强
	《财富》中国 500 强
	广东省企业 500 强
	深圳百强企业
	上市公司监事会卓有成效 30 强
	深圳市生态文明建设考核优秀单位

续表

年份	荣誉奖项
2017	能源企业全球竞争力500强
	中国服务业企业500强
	广东省企业500强
	深圳百强企业
	上市公司监事会卓有成效30强
	深圳市生态文明建设考核优秀单位
	最佳碳金融创新奖
2018	深圳市市长质量奖大奖
	中国企业500强
	改革开放40周年广东省优秀企业
	上市公司杰出管理团队
	上市公司环境贡献奖
2019	保尔森可持续发展奖年度大奖
	中国上市公司口碑榜最具成长性新能源产业上市公司
	中国服务企业500强
	广东企业500强
	广东省优秀企业
	公正财富星级企业
	深圳十佳质量提升国企
	2016~2018年广东省脱贫攻坚工作突出贡献集体
	大湾区社会责任贡献奖——金牛奖
	深圳市"十佳爱心企业"

作为一家大型国有控股电力企业，深圳能源始终秉持为股东创造价值、为社会承担责任的理念，在不断提高公司治理和运作水平、为投资者创造财富的同时，高度重视企业环境保护社会责任。近年来，深圳能源不仅致力于拓展清洁能源、推动常规能源低碳化，向成为低碳清洁能源领跑者的目标迈进，还着眼于企业科技创新、全面发展垃圾发电产业与传承环保理念，拉近了与城市环境治理领跑者战略定位的距离。

第二节 消费者责任：SZ公司PAT车型
A柱断裂事件的案例分析

以SZ公司PAT车型A柱断裂事件作为案例①，从利益相关者、企业契约和公共压力的视角，对企业履行消费者责任的重要性、企业未履行消费者责任可能导致的后果和外部压力等问题进行分析。

一、SZ公司PAT车型A柱断裂事件相关背景

（一）汽车A柱

汽车A柱是指前风挡玻璃两侧的立柱，位于发动机舱与乘员舱之间，是车顶和车舱之间的连接柱。在汽车工业发展早期，A柱主要起支撑作用，而随着汽车制造工艺的日益精进，A柱对于保护驾驶员和车内乘客安全的作用日益突出。目前，我国大多数小轿车采用承载式车身结构，相对于非承载式车身结构而言，没有坚固的钢梁来连接车的前后部，需要汽车A柱起到连接前后部的作用。在现代汽车制造过程中，由于A柱对车内人员的人身安全而言至关重要，汽车厂商往往都会将高强度材料用于A柱。同时，汽车企业在A柱设计时，需要兼顾车内人员和车外行人的安全，在意外事故发生时将乘客伤害降至最低，并防止车外行人因视野盲区而意外受伤，从而确定合适的A柱强度。

（二）SZ公司PAT车型

PAT车型是德国Z公司研发设计的一款中型汽车，Z公司将其划分为B级车。1996年开始推出的PAT车型第五代产品B5，对于PAT车型系列来说有着里程碑意义。该车型一经推出就风靡整个欧洲，受到了客户的一致好评，大大提升了PAT车型的品牌价值。在此背景下，2000年德国Z集团和中国S集团合资设立SZ汽车有限公司，将PAT车型B5引入中国市场。为了更好地适应中国消费者对于轿车的审美需求，并符合中国有关法律规定，SZ公司对PAT车型B5进行了改良，不仅加长了车身长度，还去掉了一些不必要的配饰。SZ公司将该款车型的目标客户定位于商务人士群体，并希望将其打造为国内中高端轿车品牌。

之后几年，PAT车型的国产化程度进一步加快，为了适应中国消费者

---

① 本案例数据来自中国保险汽车安全指数官方网站、新闻报道等公开渠道。

对于车内大空间的需求，SZ公司对PAT车型的内部空间也进行了改进。2006年开始，SZ公司对PAT车型B5进行了更大幅度的改造，除了满足中国消费者对于中型车的审美需求外，还进一步增加保障驾驶人员安全的设计，增加乘车人员安全带信号提醒。此外，新一代PAT车型的主副驾驶位还装有乘客感知模块，这一模块主要用于检测座位上是否有人，以上对于汽车安全度和外型的改良，都显示出SZ公司自主创新的决心。对于这款能够体现出SZ公司自主创新精神的车型，其上市标志着PAT车型在中国市场的发展进入新阶段。

截至2019年，SZ公司已推出多款与PAT车型有关的车型。例如，PAT车型CC与前几代PAT车型相比，外观设计变化较大，设计风格也有所不同，并且提供三种不同的动力等级供消费者选择。PAT车型B7则进一步强调驾车安全，搭载了城市自动制动系统和驾驶员疲劳驾驶提醒功能，进一步保障驾驶员的人身安全。针对有审美需求的客户，PAT车型在保持简约风格的同时对车内装饰进行提升，以呈现简约商务风格。PAT车型引入中国市场已有20余年，通过SZ公司不断对PAT车型进行持续改良，使得PAT车型在我国中高端汽车市场成功站稳脚跟，成为广受中国消费者喜爱的一款车型。截至2020年，PAT车型在国内累计销量突破290万辆，在引入国内销售的20年里，有9年位居国内B级车市场销量冠军。

（三）中国保险汽车安全指数

部分西方发达国家已经建立起了一套比较完善的汽车安全系数评价体系，每年各个国家相关机构会对不同车型进行一系列安全测试，其测试结果会通过官网等途径公开，消费者可以通过公开途径获取不同车型汽车的安全测试结果。这些结果在一定程度上反映了汽车厂家对于汽车安全性能的重视程度，而汽车安全性能也是影响消费者汽车购买决策的重要因素。

随着我国经济不断发展，居民人均可支配收入持续增加，城市化进程加快，一些大中型城市的规模不断扩大，汽车也成为居民出行的重要方式。我国居民对于汽车消费需求越来越强烈，我国于2009年首次超越美国，成为世界第一大汽车产销大国。然而，与此不相匹配的是，我国在汽车安全指标的评价体系建设方面十分落后，尚未建立起一套比较完善、客观的汽车安全系数评价体系。许多消费者在购买汽车时缺乏可供参考的安全标准，最终购买到与自身期望不符的车型，不仅极易引发购车纠纷，甚至在遇到安全事故时危及驾乘人员人身安全。在这样的背景之下，由中国保险行业协会指导，排名前八的保险公司共同出资，中国汽车工程研究院和中保研汽车技术研究院在借鉴德国、美国等部分西方先进汽车制造国家的经验标准基础上，结合我国汽车保险行业发展现状以及车辆安全技术发展状况，制定出了中国保险汽车安全指数评价体系。

该套评价体系主要从消费者相关利益出发，选用从市场上购买而非由生产厂家提供的车辆进行测验，测试车型也大多选取该车型的基本款而非高配版本，从而使得实验获取数据与消费者真实体验数据更加接近，有利于提升实验数据的可信程度。该评价体系由汽车保险视角切入，从汽车耐撞以及维修经济性维度、车内人员安全维度、车外行人安全维度、车辆辅助安全维度等四个维度，对汽车安全指数进行定性和定量的综合评价。汽车耐撞以及维修经济性维度测试流程，主要是测验车辆在低速结构正面碰撞、低速结构追尾碰撞、保险杠系统静动态测试中的表现。车内人员安全维度测试流程，主要测验车辆在正面25%偏置碰撞、侧面碰撞、车顶强度、座椅头枕测试中的表现。车外行人安全维度测试流程，主要包括头型试验和腿型试验，这两种试验分别以11.1m/s的速度冲击发动机罩、前保险杠等汽车前部部位，以测量该冲击对于头部、腿部、骨盆等部位的伤害程度。车辆辅助安全维度测试流程，主要包括FCW功能测试以及AEB功能测试。FCW功能是指前方预警碰撞系统，该系统通过汽车雷达来监测前方车辆，判断与前方车辆的距离、相对速度和方向，防止发生安全事故。AEB功能指的是紧急自动刹车系统，主要通过雷达测出与前车或者前方障碍物的距离，通过一系列计算分析与前方车辆的距离是否小于安全距离。如果与前方车辆的距离小于安全距离，在AEB功能的辅助下，汽车会发出警报，如果此时驾驶人仍未踩刹车进行制动，那么该系统将自动对汽车进行制动。

上述四项测试结果由中国保险汽车安全指数管理中心（C-IASI）分项发布，以四类等级的形式呈现。G（good）代表优秀；A（acceptable）代表良好；M（marginal）代表一般；P（poor）代表较差。2018年9月26日，中国保险汽车安全指数管理中心公布了第一批测试车型的结果，第一批测试车型的生产厂家主要包括SZ公司、一汽大众、上汽通用、北京奔驰、华晨宝马、长城等汽车厂家。此次测评结果的公布，表明我国关于汽车安全指数的评价有了首个较为完善、可靠的标准，消费者在汽车购置过程中也有了一个可供参考的依据。

（四）正面25%偏置碰撞试验

正面25%偏置碰撞试验是测试车内人员安全维度中的一个流程，主要是为了检验驾驶员在正面25%偏置碰撞中受到的伤害程度，由于该试验具有一定的危险性，试验中采用假人替代真人来检验人体在高速碰撞中所受到的伤害。

试验之前,需要将测试车辆和假人放置在 20~22.2 摄氏度、相对湿度在 10%~70% 的环境中至少 16 个小时,当车辆抵达试验室之后需要检查车辆是否完好,车辆完好与否与测试结果密切相关。如果此时测试车辆出现质量问题,需立即更换测试车辆。在检查完车辆情况后,进入车辆准备阶段,调整车辆至无人员、货物状态,测量该车质量,之后进行排空发动机和变速箱液体、安装车载相机、安装测试支架、移除脚垫等一系列操作。如果测试车辆为混合动力或者纯电动车,一般还需要对其在不低于最大容量 95% 的带电状态下对高压系统进行测试,如果制造商建议在最大充电状态下测试,则参照制造商要求。在完成以上一系列操作后,负责测试的工作人员需将安装好颈部护套的假人放入试验车辆中,并系好安全带,在头部、膝盖、小腿等部位涂上不同颜色的油彩。之后,将试验车辆以 64.4 千米/时的速度、25% 的重叠率正面撞击刚性壁障,高速摄像机会记录下试验车辆撞击前后的影像,并通过比较车内假人碰撞测试前后的状态,来推测真实状况下驾驶员所受到的伤害。

该项测试的结果主要分成以下几个项目进行评价:约束系统和假人运动缺陷、腿部和脚部、大腿和髋部、胸部、头部和颈部、车辆结构。约束系统和假人运动缺陷项目的缺陷如果小于等于 1 个则为优,大于等于 6 个则较差;而对于腿部和脚部、大腿和髋部、胸部、头部和颈部这些评价项目而言,车内人员所受伤害的指标数值越小,则表示该车型的表现越优秀。对于车辆结构项目,该测试分别评价乘员舱上部和乘员舱下部,以侵入量作为评定指标,该指标越小,说明车辆结构越优秀。总的来说,该测试从车内人员、车辆结构、人车交互关系三个维度,较为全面地评价车内人员在受到高速碰撞时的安全情况。

二、SZ 公司 PAT 车型 A 柱断裂事件描述

2019 年 10 月 16 日,中国保险汽车安全指数管理中心在重庆完成对 SZ 公司 PAT 车型 2019 款 280TSI 商务版车型的碰撞试验,试验结果在官方网站上公布后,令社会公众大跌眼镜。图 10-12 显示了 2019 款 280TSI 商务版车型的碰撞试验结果。可以看到,如果按照定性评价,在车内乘员安全指标方面,PAT 车型在正面 25% 偏置碰撞测验中的结果是较差;侧面碰撞的结果是良好;车内乘员安全指数综合评价是一般;耐撞性与维修经济性指数评价也是良好。

按照定量结果评价,SZ 公司 PAT 车型在正面 25% 偏置碰撞试验中,

约束系统与假人运动缺陷大于等于 6 个,属于较差等级,并且车辆结构、乘员舱上部侵入量、头部和颈部、腿部和脚部伤害程度项目评分都属于较差等级,说明 PAT 车型在车内乘员安全指数维度的表现不尽如人意。与之一同公布的还有试验现场照片,从照片中可以发现:在正面 25% 偏置试验中,PAT 车型的 A 柱被撞断,车辆以及整个发动机舱都发生了严重变形,驾驶员几乎没有生存空间。现在许多汽车都采用非承载式车身结构,由汽车 A 柱发挥连接车身前后部位以及支撑作用,A 柱对于保护车内人员安全起到了至关重要的作用,如果汽车 A 柱被撞断,那么车内人员尤其是前排人员将有可能面临生命安全威胁。因此,许多消费者都十分关注汽车 A 柱的试验结果,而 PAT 车型此次试验结果远远跌破消费者的心理预期,让消费市场对 SZ 公司 PAT 车型的安全性能产生了严重怀疑。

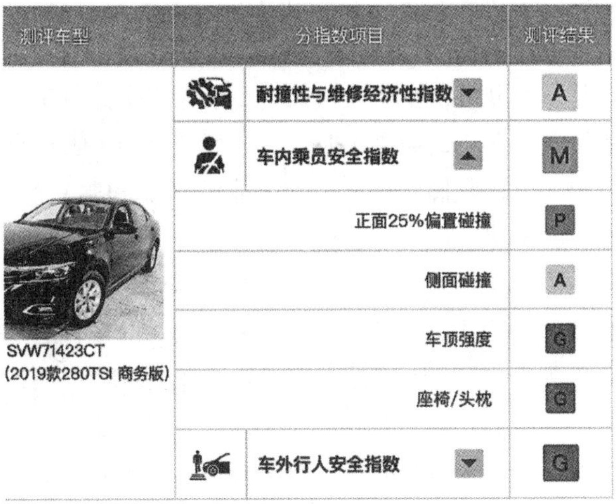

测评车型	分指数项目	测评结果
SVW71423CT (2019款280TSI 商务版)	耐撞性与维修经济性指数	A
	车内乘员安全指数	M
	正面25%偏置碰撞	P
	侧面碰撞	A
	车顶强度	G
	座椅/头枕	G
	车外行人安全指数	G

图 10 - 12 2019 款 280TSI 商务版车型的碰撞试验结果

然而,与此形成鲜明对比的是,美国版 PAT 车型也曾接受美国公路安全保险协会类似的测试,其测试结果除了一项指标没有达到优秀外,其余指标均为优秀。在正面 25% 偏置碰撞试验中,虽然汽车 A 柱也发生了一定程度的变形,但变形情况并不严重,且及时打开的汽车侧气帘也发挥了一定的保护作用。在衡量车内人员安全指数的其他项目中,PAT 车型的安全测试成绩十分优秀:车内不仅有足够的生存空间,整车结构也没有发生明显变形,更没有出现大面积侵占腿部空间的问题。根据碰撞测试结果,美国版 PAT 车型可以有效保护驾驶员的头部、腿部,减少碰撞所造成的人身伤害,增加驾驶员生存概率,这也说明 PAT 车型本身在设计上的安全性能十分出众。那么,为何美国版 PAT 车型与 SZ 公司生产的 PAT

车型试验结果大相径庭呢？是因为 SZ 公司缺乏核心制造技术，还是因为缺乏消费者安全意识，又或者是另有其他原因？

三、基于利益相关者视角的案例分析

企业利益相关者在广义上包括一切和企业生产经营决策有利害关系的相关主体。常见的利益相关者包括企业股东、债权人、员工、政府、消费者、供应商等。企业社会责任往往就是利益相关者期望企业能够履行责任：股东期望企业能够为其带来尽可能多的经济利益；消费者期望企业提供的产品和服务有品质保证；政府期望企业能够遵守法律法规，在法律框架下诚信经营，为社会进步作出与其能力相匹配的贡献；员工则期望企业能够为其提供良好的工作环境和可观的工资薪酬。从上述利益相关者的期望来看，企业履行社会责任的主要动因包括经济效益、法律、伦理道德等三个方面。

从经济效益角度分析，企业履行社会责任能给企业带来附加价值，从而为股东创造价值。反之，如果企业未能履行利益相关者所期望的社会责任，则很有可能导致企业价值暴跌。作为企业产品和服务的最终购买者，消费者在进行经济活动决策时往往存在异质性，有的消费者比较关注产品价格，当价格大幅下降或低于同类产品时便会购买；有的消费者不仅关注产品价格，也关注产品品质，只有产品质量精良、价格合适的情况下才会购买；而有的消费者则更关注产品品牌或企业社会责任形象，消费者购买该企业产品往往是出于对品牌的信赖或品牌价值观的认同。因此，企业承担更多的社会责任，对后两类消费者的购买决策往往会产生较大的影响。

SZ 公司 PAT 车型碰撞试验发生在 2019 年 10 月，现选取 2018 年 6 月至 2020 年 5 月 SZ 公司 PAT 车型的销量数据，分析此次碰撞试验结果对消费者购买决策的影响。由于 2020 年 2 月我国暴发新冠肺炎疫情，各大城市都处于封闭状态，无法比较分析 PAT 车型碰撞试验对于汽车销量数据的影响，因此 2020 年 2~3 月的汽车销量数据不作对比分析。从月销量数据可以发现，2019 年 7~12 月 PAT 车型销量逐步增长；2020 年 1 月是 PAT 车型销量变化的转折点，呈现出断崖式下降趋势，销量仅为 12 月的一半。虽然其中有农历新年的影响，但与 2019 年同期相比销量下降了近 13%，销量排行也从国内 B 级车市场前 10 名降至 15 名开外，表明 PAT 车型碰撞试验所产生的销量影响开始显现。2020 年 4 月，PAT 车型销量有所回升的主要原因是，国内新冠肺炎疫情影响趋缓，由于疫情被抑制的刚性需求反弹，再加上汽车经销商为了去库存采取激进降价措施。综合来看，由于 PAT 车型 A 柱断裂事件使广大消费者对 PAT 车型的安全性能产生怀疑,导致汽车市场销量大幅下滑,即使经销商大幅降价也未能实现以价换量。表 10-6 显示了 2018 年 6 月至 2020 年 5 月 SZ 公司的 PAT 车型销量数据。

表 10-6　　2018 年 6 月至 2020 年 5 月 SZ 公司 PAT 车型销量

时间	销售量（辆）	时间	销售量（辆）	同比变动（%）
2018 年 6 月	10367	2019 年 6 月	12579	21.34
2018 年 7 月	21611	2019 年 7 月	12376	-42.73
2018 年 8 月	12203	2019 年 8 月	13597	11.42
2018 年 9 月	15810	2019 年 9 月	16936	7.12
2018 年 10 月	7723	2019 年 10 月	20716	168.24
2018 年 11 月	16579	2019 年 11 月	26024	56.97
2018 年 12 月	16877	2019 年 12 月	26014	54.14
2019 年 1 月	15622	2020 年 1 月	13601	-12.94
2019 年 2 月	11509	2020 年 2 月	742	-93.55
2019 年 3 月	13351	2020 年 3 月	5274	-60.50
2019 年 4 月	13179	2020 年 4 月	16942	28.55
2019 年 5 月	14828	2020 年 5 月	5785	-60.99

从法律方面来看,我国制定的《公司法》第五条明确规定,公司从事经营活动,必须遵守法律,承担社会责任。企业和消费者产生的民事法律纠纷,消费者和企业都处于平等地位,民法兼顾民事法律关系双方当事人的合法权益,当一方当事人合法权益受到侵害,另一方则需对受害方做出相应赔偿。SZ 公司 PAT 车型在此次测试中暴露出严重的安全隐患,汽车 A 柱在高速碰撞测试中断裂,将使得消费者的生命安全难以得到保障。根据我国产品质量法的规定,企业生产的产品不应存在危及人身安全的不合理风险,消费者有权就产品质量问题向有关部门进行申诉。因此,SZ 公司可能面临 PAT 车型车主提起集体法律诉讼的风险。在同一批次的碰撞测试中,除了 PAT 车型在车内乘员安全指数这项指标是 M（一般）外,还有一汽奔腾 T77、东风本田 INSPIRE、北京现代菲斯塔、吉利星越等国产或合资车型在该项测试中表现一般,表明国内整个汽车行业对于产品安全性能的重视程度不够,亟待行业监管部门加大监管力度。2020 年 5 月,国家市场监督管理总局发布的 2020 年产品质量抽查计划公告显示,抽查到的 9 种车辆产品中,涉及安全性能的主要有汽车安全带、轮胎、制动片

衬片及软管等产品。政府监管部门应高度重视汽车安全性能，严厉惩处安全标准不达标的汽车生产企业。可见，从以上分析来看，企业如果不能履行相应的消费者责任，将会面临消费者诉讼和主管部门监管的风险。

从伦理道德方面来看，伦理道德作为一种软性约束，与法律法规相比并不具有强制性，并且未通过法规、合同等书面形式作出约定，但却能在无形之中对人们的行为方式进行规范。我国长期以来受到儒家文化熏陶，儒家崇尚仁义礼智信，其中"信"指的是人与人之间相处要诚实守信。"信"的思想不仅反映在人与人相处的原则中，还反映在企业生产经营活动中，许多企业将"诚信经营"作为企业文化的有机组成部分。企业作为营利性组织，其生产的产品或者提供的服务应是社会公众所需要，并符合社会公众利益。企业追求利润最大化与诚信经营的道德文化并不矛盾，并可以在实际经营过程中做到一举两得。在这次SZ公司PAT车型A柱断裂事件中，PAT车型作为一款长期以来以安全性能著称的车型，却在此次测试中车内人员安全项目得分仅为一般。与此形成鲜明对比的是，美国版PAT车型在同类测试的同类项目上获得优秀得分，其差距使得消费者对于SZ公司的品牌信誉度和产品质量产生严重怀疑。许多消费者选择购买PAT车型，主要基于对Z公司品牌的高度信赖，而品牌文化的形成是一个长期过程。Z公司品牌于1937年在德国成立，由于当时处于第二次世界大战时期，品牌初期发展较为缓慢。第二次世界大战结束后，Z公司迎来了高速发展期，这段时期内Z公司极为重视汽车生产工艺，并逐渐形成了品牌美誉度。然而，这次碰撞试验结果让中国消费者对SZ公司生产的PAT车型产生了怀疑，也对该车企是否诚信经营产生了怀疑。2020年5月，SZ公司高管在接受媒体访谈时表示，25%偏置碰撞事故在现实中发生的概率非常低，理直气壮地置消费者的生命安全于不顾。显然，SZ公司未能直面PAT车型A柱断裂事件的态度，使得消费者对其生产的PAT车型安全性能的担忧难以消除。

综合经济效益、法律、伦理道德这三个方面来看，SZ公司的PAT车型在此次事件中辜负了利益相关者的期望，没有承担起提供安全产品的应有责任，这也将导致消费者的生命安全利益遭受潜在威胁。

四、基于企业契约视角的案例分析

企业作为社会经济活动主体，在生产经营过程中需要投入各类生产要素，而各类生产要素的所有权人并不相同，他们需要通过企业的生产经营活动，获得与其要素价值相匹配的经济回报。为了保障生产要素所有权人的合法权益不受侵害，他们与企业订立各种形式的契约。契约形式可以是显性或隐性，但共同点之一必然是遵循平等原则。因为契约双方的法律地位是平等的，契约只有基于双方当事人的真实意思表达才能产生效力。例如，消费者作为企业产品购买方，通过购销合同的形式与企业之间形成显性契约关系，这种关系对于购销双方都具有相应的约束力。

在SZ公司PAT车型A柱断裂事件发生之前，消费者与SZ公司就PAT车型达成交易契约时，还隐含着一项假定前提，即契约双方都认为该项交易契约对自身有利：消费者认为自己可以通过交易契约获得价格合适、品质有保障的汽车，SZ公司则认为自己可以通过交易契约获取合理利润。此外，交易契约在订立过程中，还需要发生一定的交易成本，但交易成本本身并不是一成不变的，会随着外部环境的变化而变化。消费者在参与交易活动时，处于一个有限理性的状态，受到专业知识和认知水平的限制，消费者在与企业订立交易契约时，并不能将所有要求都写在交易契约中。正是基于这种不完全契约，消费者为了预防外部环境变化导致自身利益受损，必定要求企业对于这一不确定性作出一定的保证。PAT车型A柱断裂事件发生后，消费者对SZ公司产生不信任感，认为SZ公司的产品无法通过不完全契约保障消费者的合法权益。并且，消费者的不信任感会通过社交媒体迅速传播给他人，SZ公司对于潜在危机却反应迟钝，并没有采取有效措施缓解消费者对于PAT车型安全问题的担忧。此时，消费者为了保障自身权益，必然要求扩展不完全契约的覆盖范围，要求SZ公司对于企业产品安全作出额外保证，使得企业为与消费者达成新交易契约而付出更多交易成本。

消费者与企业间关于产品信息的不对称，也是导致交易契约订立时交易费用增长的重要原因。作为外部人，消费者对于企业内部信息知之甚少，为了防止由于信息不充分而无法识别企业道德风险，消费者往往通过各种途径搜集信息，在此过程中也不可避免地产生信息搜集成本。在PAT车型汽车测验之前，由于没有权威机构对SZ公司PAT车型进行碰撞试验，消费者为了了解PAT车型的安全性能必须通过多方打听，并在此过程中付出大量时间成本。

企业在市场经济中属于理性参与者，其作出的任何行为决策都具有一定的目的性，承担社会责任的行为也不例外。从企业契约的角度来看，企业作为一系列契约联结的产物，不仅与员工等内部人员订立了内部契约，也与消费者、债权人等各类外部人员订立了外部契约，而契约的订立从准备阶段到达成契约需要漫长过程，并在此过程中花费交易费用。并且，契约并不是一成不变的，当外部社会经济环境发生变化时，契约的条款也会随之变化，双方对契约条款进行新一轮博弈之后达成新的契约。从企业角度来看，如果能够承担契约另一方当事人对其所期待的社会责任，那将有助于降低达成契约所花费的交易成本，并且在订立契约条款时占据优势地位。企业、市场、社会三者在一定程度上紧密相连，交易行为则在这三者所构成的框架下进行。从这个意义上来说，企业履行相应的社会责任就是在履行部分契约所规定的条款，这种行为有助于增强契约另一方当事人对企业的信赖，减少为订立契约所进行的搜集调查活动，降低契约的前期交易成本，使企业从订立契约的行为中获取更多利润。

此外，企业的生产经营活动离不开社会，企业置身于多重社会关系中，虽然企业成立的主要目标是获取更多利润，但却并不是唯一目标。契约当事人为了保证契约顺利履行，往往在相同条件下选择诚实、值得信赖的交易对象，这种信赖并不由企业的财富、规模或者利润所确定，而是通过企业履行一定的社会责任所产生。例如，企业与消费者订立契约时遵守诚实守信原则，不侵害消费者合法权益，不提供质量不过关产品，将有助于增强彼此间的信任感和安全感，从而在契约订立过程中减少谈判磋商费用。企业履行社会责任还有助于品牌价值建设，开展环境保护、社会公益和公益活动等，可以提升社会和消费者的企业评价，并转化为企业的品牌价值。树立良好的品牌形象，将缓解消费者对企业发生违约行为的担忧，有助于降低订立契约的交易成本。与此同时，品牌价值也使得消费者愿意接受更高的品牌溢价，使企业在制定契约交易价格时处于优势地位。因此，从契约视角来看，企业承担社会责任对于达成交易契约，实现企业产品的市场价值有着极大帮助。

五、基于公共压力视角的案例分析

公共压力产生的原因，主要来自社会公众、团体组织、媒体、监管部门对于某一公共事件的关注或者担忧。公共压力受到文化、政治、法律等因素影响，文化因素指的是社会公众的价值观；政治因素指的是政府部门的监管措施；法律因素指的是立法部门制定的法律法规。在 SZ 公司 PAT 车型 A 柱断裂事件中，SZ 公司受到了来自中国保险汽车安全指数管理中心、社会公众、社交媒体的强大压力，最后也不得不对这些压力作出一定回应。

首先，来自中国保险汽车安全指数管理中心的压力。由于先前对于汽车安全指数缺乏一个较为客观、系统的标准，汽车生产厂商内部开展的汽车安全碰撞试验结果，往往不会向社会公众公布，消费者看到的只是一份汽车合格证书，但该份证书只能表明汽车安全性能达到了最低标准，至于超过最低标准多少则无从知晓。此次由中国保险汽车安全指数管理中心开展的汽车碰撞试验，向消费者证明了SZ公司PAT车型安全性能的真实水平。测试结果表明，在车内乘员安全指数指标上，PAT车型只是刚好达到一般标准（M），而其中对于车上人员生命安全最为关键的一个子项目正面25%偏置碰撞试验，PAT车型的评分是P（较差），是四档标准中的最低一档。该项结果公布后立刻引起轩然大波，PAT车型一直以来主打安全牌，而试验结果却与SZ公司所宣传的特征相差甚远。况且，测试机构是中立的第三方机构，不接受各家汽车生产企业的出资赞助，具有较强的独立性，测试结果可信度和说服力较高，给SZ公司带来的压力无比巨大。

其次，是来自社会公众的压力。中国保险汽车安全指数管理中心将测试结果公布在官网后，一些汽车爱好者立即将结果在各大网络平台进行转发，引发网友的热烈讨论。在某大型问答平台上，有诸多关于此次事件的提问，有问如何看待这次试验结果的，有问减配一根汽车A柱能为汽车生产厂商节约多少成本的，诸如此类问题的热烈讨论，表明社会公众对于汽车安全问题的高度重视。在回复数量最多的一个问题下面，翻看各个网友的回复可以发现，出现频率较高的词语是安全、失望、没道德，更有一些评论表示以后购买车辆不会考虑SZ公司PAT车型。这些都表明汽车安全性是社会公众极为看重的消费决策因素，如果产品的安全性能达不到消费者要求，即使产品的品牌知名度较高，消费者也不会买账。失去现有或潜在的消费者，对于企业来说是一个沉重打击，如何回应消费者对于产品安全的关切、挽回消费者对PAT车型的信心，是SZ公司需要面对的另一重大压力。

最后，是来自新闻媒体的压力。随着现代信息技术的发展，新闻媒体的传播渠道越来越广，电视、网络、手机客户端都可以实时传播新闻资讯，在此次SZ公司PAT车型A柱断裂事件中，新闻媒体作为一种重要的社会监督力量，也发挥了至关重要的作用。在PAT车型车内乘员安全碰撞试验结果公布后，包括新浪网、搜狐网在内的众多网络媒体立即对结果进行报道，还有一些媒体对此次事件进行深度挖掘，将美国版PAT车型的同类碰撞试验结果与SZ公司PAT车型的结果进行比较，使得SZ公司PAT车型安全事件的公众压力进一步加大。由于智能手机的普及，人们往往通过手机客户端接收新闻信息，信息接收速度与以往相比明显加快，致使事件发生一天内就迅速引起热烈讨论。以往由于信息传播速度较慢、信息传播渠道较窄，社会公众与企业之间信息不对称程度较为严重，使得一些企业可以利用信息时间差进行公关活动，从源头化解来自媒体的社会舆论压力。但是，随着互联网技术的普及，社会公众与企业之间的信息不对称程度缓解，企业从源头公关新闻媒体、消解舆论压力变得越来越困难，如若处理不好可能会对企业声誉产生负面效应，甚至导致监管部门介入。

SZ 公司面对 PAT 车型碰撞试验结果，首先采取的是沉默策略，未对试验结果作出任何回应，这种行为实际上是对承担社会责任的逃避行为。但是，该策略并未缓解 SZ 公司的公共压力，反而使得压力进一步加大。从表 10-6 中 2018 年 6 月至 2020 年 5 月显示的 PAT 车型销量来看，消费者对于 SZ 公司逃避汽车安全责任的行为极度不满，并通过不购买 PAT 车型进行用脚投票。尤其是 2020 年 4 月，为了挽回社会公众对 SZ 公司 PAT 车型安全性能的信心，SZ 公司自愿申请由中国汽车技术研究中心（C-NCAP）对 PAT 车型再次进行碰撞试验。但是，本次测试车型变更为 330TSI 精英版，碰撞测试项目也变为 64 千米/时的正面 40% 偏置碰撞测试，测试项目难度远低于原先的 25% 偏置碰撞测试。尽管本次测试 PAT 车型 A 柱没有明显变形，气囊和侧气帘正常弹开，结果表现正常，但消费者对此仍不买账，两次碰撞试验结果不具有对比性，消费者仍不信任 PAT 车型的安全性能。在 PAT 车型一系列事件中可以看出，社会给予企业的公共压力对于企业社会责任的承担有着举足轻重的影响，SZ 公司理应承担起社会公众对其所期望的社会责任。企业如果没有承担相应的社会责任，随着公众压力的加剧，将不得不承担比公众期望更高的社会责任以挽回企业形象，并为此付出高昂代价。因此，从公共压力的视角来看，企业承担相应的社会责任，有助于化解公共压力所造成的企业声誉负面影响，进而避免因声誉受损而导致经济利益损失。

第三节　公益责任：华润集团践行社会公益的案例分析

以华润集团践行社会公益为案例[①]，对华润集团履行公益责任的动因、路径和效应进行分析。具体而言，动因包括利益相关者压力、自身需

---

① 本案例数据来自企业年度财务报告、年度社会责任报告、官方网站、新闻报道等公开渠道。

要和企业文化等，路径包括开展定点扶贫、希望小镇、公益活动等，这也为企业带来了良好的经济效应和社会效应。

一、华润集团公司简介

华润（集团）有限公司（以下简称华润集团）创建于1938年，是一家拥有八十多年历史、以实体经济为主的多元化发展企业。在各个历史时期，华润集团都积极承担应尽的企业使命与责任，为国家繁荣发展作出独特贡献。截至2018年底，华润集团资产总额达14394亿元，当年实现营业收入6084.6亿元，利润总额661.2亿元，世界500强排名位列第86名。

华润集团的经营业务涉及面较广，包含房地产、医药、零售、电力等民生类领域，目前公司下辖7个战略业务单位，19个一级利润中心，2000多家实体企业。其中，华润电力、华润置地、华润水泥、华润燃气、华润医药五个战略业务单位，以及华润雪花啤酒（中国）有限公司、华润医疗控股有限公司两个一级利润中心，均在香港成功注册上市，华润置地还被选为香港恒生指数成分股。

作为拥有光荣历史的红色央企，华润集团始终秉持着诚实守信、业绩导向、以人文为本、创新发展的企业价值观，把"携手共创美好生活"作为企业社会责任使命，在把华润集团建设成为具有竞争力和影响力的国际一流企业的同时，始终强调企业社会责任的履行，将社会责任贯穿企业战略文化中。图10-13展示了华润集团自建的社会责任模型，涵盖了诚信责任、公共责任、伙伴责任、环境责任、客户责任、员工责任和股东责任七大方面。诚信责任主要体现在华润集团在经营过程中始终依法合规、遵守商业伦理道德，携手各界守正出新，建设诚信华润。公众责任体现在华润集团自成立以来始终坚持慈善公益事业，倡导安全生产，积极开展志愿者服务等公益活动，携手公众共同促进社会和谐发展，建设和谐华润。伙伴责任主要体现在华润集团倡导与经营伙伴建立健康的战略合作关系，实现公平竞争，携手伙伴开创共赢发展新格局，建设共赢华润。绿色责任体现在华润集团始终坚持绿色管理、绿色经营与绿色办公，携手环境共建绿色生态文明，建设绿色华润。客户责任体现在华润集团在经营过程中实施科学的客户管理，为客户提供高品质的产品与服务，用心赢得客户的满意与信赖，建设满意华润。员工责任体现在华润集团始终关注员工权益、职业健康与成长空间，给予员工关爱与保护，携手员工保障幸福工作生活，建设人本华润。股东责任体现在华润集团致力于科学的公司治理，实现企业规模与效益的不断增长，携手股东创造最优企业价值，建设价值华润。

近年来，华润集团持之以恒地提升企业社会责任履行水平，得到了社会各界的高度认可。

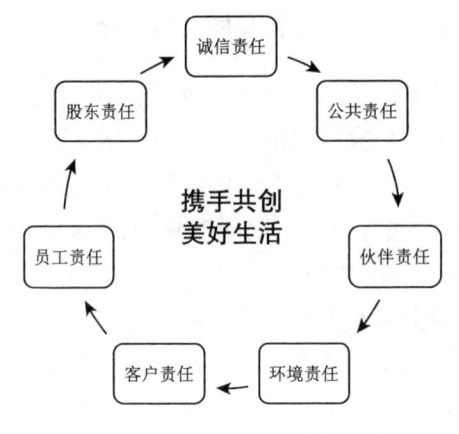

图 10-13　华润集团社会责任模型

二、华润集团践行社会公益动因分析

（一）利益相关者的压力

利益相关者是指可能影响企业或受企业影响的任何组织或个体，主要包括政府、客户、员工、行业协会等。在现代企业经营过程中，利益相关者的地位举足轻重，企业经营决策如果没有适当考虑利益相关者诉求，将会对正常的经营活动产生不良影响。近年来，政府、消费者、员工、投资者等利益相关者群体越发关注企业社会责任的履行情况，不断推动企业在追求经济利益的同时兼顾履行社会责任。

1. 政府的引导与鼓励。政府的引导与鼓励是驱使华润集团履行社会责任的重要外部因素。一方面，政府通过制定法律法规和出台相应政策来引导企业履行社会责任。法律法规依靠国家强制力，促使企业依法经营，减少经营过程中的负外部性。例如，《环境保护法》对企业经营过程中的有害物质排放作出了明确规定。因此，华润集团必须对水泥、燃气等业务在生产过程中对外排放的污染物进行清洁处理，或者从源头上减少污染物排放量，以达到国家法律规定的相关标准。虽然企业因履行社会责任而在一定程度上增加生产成本，但也避免了部分企业以损害公众利益为代价攫取经济利益等不良竞争事件的发生。与此同时，政府部门的政策导向也影响了企业履行社会责任的领域与方向。进入 21 世纪后，我国十分注重社会主义新农村建设工作，党的十六届五中全会提出了社会主义新农村建设的相关要求。为积极响应党和国家号召，华润集团于2008年正式启动了希望小镇建设项目。截至2018年底，共建设完成12个华润希望小镇，为社会主义新农村建设作出了突出贡献。另一方面，政府部门的奖惩制度也对企业社会责任的履行起到了规范与监督作用。对于积极履行社会责任的企业，政府部门会给予一定的奖励，激励企业在后续经营活动中继续积极主动地承担起社会责任。另外，政府部门对企业的嘉奖往往会通过政府网站、新闻媒体等平台对外披露，也使得社会公众对企业形成了一定的心理预期，进一步约束企业行为。对于不按法律法规承担相应社会责任的企业，则可能受到相关职能部门处罚并强化后期监管，这不仅影响企业当期的生产经营活动，也会给社会公众留下负面形象，影响企业可持续发展。在政府的引导和鼓励下，华润集团始终坚持积极履行社会责任，不辜负社会公众对于企业社会责任的期待。

2. 社会公众的诉求。在大多数情况下，社会公众对企业履行社会责任行为的影响，主要体现在如下两个方面。一方面，消费者的消费偏好对企业经营业绩有着举足轻重的影响。当企业缺乏社会责任时，消费者最为直接的应对方式便是拒绝接受该企业的产品与服务，这会直接影响企业的经营存续情况。而当企业积极承担社会责任时，良好的企业形象也会成为消费者产品选购时的重要考虑因素，在同等条件下，消费者更加偏好社会责任表现良好企业的产品。另一方面，当企业产品损害到消费者利益时，消费者可以通过向有关行政部门、消费者协会等组织进行申诉，从而修正企业的不当行为。另外，尽管消费者个体难以对企业产生较大影响，但通过新闻媒体、社交关系等途径的层层传播，企业负面新闻的受众将随之扩大，大量消费者的联合抵制将对企业经营产生难以忽视的恶劣影响。从某种层面上来说，企业社会责任的高质量履行也是一次成功的营销活动，相较于传统营销形式，履行社会责任带来的良好公众形象，可以给企业带来更多的产品收益。

对上市公司来说，社会公众在企业经营过程中，除了担当消费者角色外，还会以投资者身份对企业社会责任行为产生影响。个人投资者主要通过用脚投票的方式，对企业的社会责任行为形成约束。当一家企业暴露出社会责任方面的问题后，可能面临巨额的资金赔偿以及消费者的联合抵制，企业长远发展受到严重影响。因此，资本市场投资者为了保全自身利益，会选择抛售该公司股票，进而导致公司股价大幅下跌，严重影响市场价值。此时，企业如果无法采取适当补救措施，将会面临市值萎缩乃至倒闭风险。因此，作为一家具有较高知名度的中央企业，社会公众诉求也成为了华润集团积极履行社会责任的动因之一。

3. 企业员工的影响。员工作为企业的人力资本要素投入，对于企业经营发展有着重要影响，具体体现在三个方面。第一，企业在劳动力市场的社会声誉，极大地影响企业的员工招聘效率，当企业因缺乏社会责任而遭受声誉危机时，将难以招聘到符合岗位要求的高素质员工。企业的社会声誉不仅会影响企业自身的可持续发展，更会影响企业员工未来的职业生涯。为了实现自身利益最大化，潜在员工在选择就业企业时，更倾向于选择社会责任表现好的企业。第二，潜在员工对企业社会责任的影响还体现在企业承诺上。由于关键岗位员工对于企业长远发展具有不可忽视的重要性，部分企业在招聘此类员工时会对企业履行员工责任等作出承诺。当员工进入企业工作后，为了树立守信负责的企业形象，企业往往会尽可能地履行承诺，投入相应资源用于承担员工责任。第三，作为企业内部利益相关者，员工权益越能得到保障，其工作积极性就会越高，企业生产效率与经营效益也会随之上升。因此，企业会采取一系列措施改善员工工作环境、提升员工工作待遇，实现股东价值、企业价值与员工价值的最大化。

(二) 追求可持续发展的需要

企业履行社会责任虽然在短期内不能快速给企业带来回报，但从长期来看能给企业带来战略上的收益。因此，部分企业基于可持续发展目标，不断提升企业社会责任水平。当企业投入大量资源用于履行社会责任时，为将该信息传递给更多的利益相关者，企业会通过年度报告、社会责任报告以及公司网站等平台，尽可能多地对外披露社会责任信息。这将对企业与利益相关者之间的关系产生影响，有利于获得利益相关者信任，提升企业社会形象与市场价值。另外，履行社会责任也有助于降低企业运营成本。企业社会责任包含多个方面，能够通过各种方式帮助企业提高经济、环境、社会等方面的效益。资源循环利用、提高生产效率等社会责任履行行为，有助于企业降低产品生产成本；供应商责任的履行，有助于提高合作方对企业的信任程度，降低企业在产品购销环节的交易成本；践行社会公益，有助于企业获得政府部门支持，为企业经营活动的顺利开展提供便利。因此，华润集团作为大型中央企业，出于企业未来发展需要，倾向于将企业资源投入社会责任领域，实现企业长远可持续发展。

(三) 企业文化的影响

华润集团作为一家拥有光辉历史的红色央企，70多年的经营历史积淀了优秀的企业文化,成为了推动华润集团履行社会责任的内在动力。华润集团拥有务实、专业、协同、奉献的企业精神,将"携手共创美好生活"作为企业责任使命,逐步走出了一条独特的责任管理之路。图10-14显示了华润集团构建的社会责任指标体系,以企业责任为核心,华润集团将社会责任与企业文化紧密融合,致力于推进经济责任、员工责任、客户责任、伙伴责任、公众责任、环境责任六个责任领域的建设工作。来自政府、消费者、员工等利益相关者的外部压力,以及企业追求可持续发展与企业文化的内部动力,共同驱动着华润集团践行社会责任的步伐,使承担社会责任成为企业自觉行为。

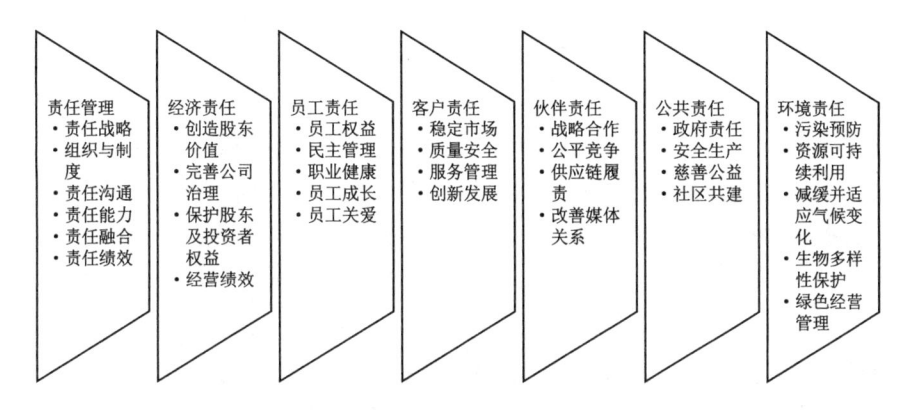

责任管理	经济责任	员工责任	客户责任	伙伴责任	公共责任	环境责任
•责任战略 •组织与制度 •责任沟通 •责任能力 •责任融合 •责任绩效	•创造股东价值 •完善公司治理 •保护股东及投资者权益 •经营绩效	•员工权益 •民主管理 •职业健康 •员工成长 •员工关爱	•稳定市场 •质量安全 •服务管理 •创新发展	•战略合作 •公平竞争 •供应链履责 •改善媒体关系	•政府责任 •安全生产 •慈善公益 •社区共建	•污染预防 •资源可持续利用 •减缓并适应气候变化 •生物多样性保护 •绿色经营管理

图10-14 华润集团社会责任指标体系

三、华润集团践行社会公益举措分析

近年来,华润集团努力承担企业社会责任,通过开展定点扶贫、希望小镇、社企共建等举措,积极践行社会公益,收获了政府、股东、社区居民等利益相关方的一致肯定与赞誉。

(一)开展定点扶贫,促进民生改善

2012年底,国务院扶贫办等部门将宁夏回族自治区海原县作为华润集团的定点扶贫县,华润集团开启精准扶贫之路。根据海原县特殊的自然、经济条件,华润集团因地制宜,为其打造特色养牛产业链,有力推动当地经济发展。

1. 实地调研,拟订扶贫计划。在接到海原县定点扶贫任务后,为确保定点扶贫工作取得实质效果,华润集团组织华润万家等企业利润中心,多次前往海原县进行细致的实地调研,制订高效可行的扶贫计划。海原县位于宁夏回族自治区中南部,地处干旱地区,地势高寒,常年干旱缺水,

·229·

自然资源极度匮乏。当地居民生活极其贫困，截至2015年底，全县仍有将近20%的居民位于贫困线以下。结合当地的自然环境条件，在与中卫市、海原县政府开展多轮沟通后，华润集团最终于2013年底拟定了海原县扶贫五年发展规划。该规划从产业、投资、公益以及人才扶贫四个方面入手，全方位助力海原县农业、畜牧业的发展，大力提高海原县农业现代化水平，带领海原县居民走上脱贫致富之路。2014年，该计划正式落地实施。

2. 创新产业扶贫，提升"造血"能力。通过前期实地调研，脱贫项目组发现海原县地理位置偏僻，自然条件不利于农作物大批量种植。矿产资源虽多但储量小，也难以大规模发展工矿产业。当地部分农户养殖了牛羊等家畜，但资金投入少、缺乏专业技术等原因，使得家畜品质不高，无法通过售卖获得丰厚收益。华润集团下属华润五丰有限公司是香港最大的肉食品供应商，华润万家是中国著名的零售连锁企业品牌，拥有广阔的市场渠道。结合企业优势和海原县固有自然条件，华润集团将扶持农户养牛作为产业扶贫的切入口，大力发展草畜一体化肉牛养殖经济产业链，提升"造血"能力。

华润集团计划投资2.65亿元用于成立海原华润农业发展有限公司，以此为平台大力发展海原县养牛产业，并建设肉牛繁育场、饲草加工厂、清真肉牛屠宰场等工厂，以便肉牛的后续养殖与产品化，进而形成肉牛养殖产业链。与此同时，计划捐赠1.2亿元用于成立海原润农扶贫种养殖合作社与"基础母牛银行"。前者可以通过合作社平台对居民进行养殖培训，打造公司、合作社、农户三位一体的产业发展模式；后者可以解决居民缺乏启动资金的问题。"基础母牛银行"的运作方式是，华润向农户提供赊销母牛，要求农户满足饲养、信用、人力三方面的信贷条件，以家庭为单位每户可赊销3~5头母牛，集团提供每头母牛6000元的3年免息贷款。农户将赊销的母牛繁育出吊架子牛后可以返销给繁育场，偿还贷款后的销售款便为农户的净收入，可用于改善生活条件或扩大养殖规模。截至2018年底，通过"基础母牛银行"模式，华润集团帮助海原县引进西门塔尔基础母牛25000多头，累计赊销23000多头，超过1.5万名贫穷人口从中受益。

3. 多元扶贫结合，改善农户生活。在大力推动海原县产业扶贫之余，华润集团还通过公益扶贫、投资扶贫、人才扶贫等多种扶贫方式，提升贫困农户的生活水平。公益扶贫主要是以希望小镇和公益林建设为核心来开展。2016年1月，海原关桥华润希望小镇项目正式启动。2018年，华润银行在海原华润希望小镇开展"快乐助学"活动,捐赠8万元用于助学资金与物资采购,并引入优质资源助力海原县的教育事业。与此同时,华润集团于2015年捐赠1200万元用于海原县城牌路山森林公园的扩建工程,大力推动公益林建设。投资扶贫主要通过风电项目建设来实现。建于海原县的风电项目于2015年启动,华润投资约100亿港元,建设100万千瓦的风电项目,成功解决了部分海原县贫困农户的就业问题。人才扶贫主要以人才挂职和技术支持为核心,一方面,华润集团指派大量人才到海原县助力定点扶贫,传授生产技术;另一方面,集团邀请海原县干部以及高校毕业生到华润集团所属公司工作学习。另外,2018年华润集团组织开展了"一对一"帮扶助学行动,为海原县贫困学子提供助学资金、实习岗位与就业指导。

华润集团积极响应国家号召,高度重视定点扶贫工作,除海原县特色定点扶贫外,集团也积极开展其他地区的扶贫工作。江西广昌是华润集团的第一个扶贫县,在了解当地农户贫困情况后,华润集团每年在广昌县选择一个贫困村进行危旧土坯房改造,大力打造"共创·小康"工程示范区项目。同时,集团通过开展"救急难"项目助力广昌县兜底脱贫,通过白莲产业帮扶促进广昌县产业升级。截至2018年,华润集团向广昌县捐款金额超过4000万元,当年度广昌县也顺利实现了"脱贫摘帽"。除此之外,华润东阿自2013年开始在山东和内蒙古等地开创毛驴精准扶贫模式,对贫困户实施"保姆式养驴服务",通过毛驴全产业链发展助力养殖户增收,为我国乡村精准扶贫开创新范式。精准扶贫活动的不断开展,不仅帮助一部分贫困地区的居民们脱贫致富,也大大提升了华润集团的品牌美誉度与社会影响力。

(二)建设希望小镇,助力乡村振兴

创建华润希望小镇是华润集团响应国家号召,利用企业资源积极参与建设社会主义新农村的有益探索和尝试。希望小镇项目早在2008年开始实施建设,截至2018年底,华润集团完成了十年十二镇的建设工作,极大地改善了当地农民的生活面貌,初步实现了他们对于安居乐业的期望,也向社会各界展现了华润集团积极承担公众责任的良好形象。

1. 小镇建设模式。华润希望小镇建设主要围绕环境改造、产业帮扶以及组织重塑三个方面开展工作,通过统一规划改造,以达到改善农户居住环境、促进农村集体经济发展、建设社会主义新农村的目的。

(1)环境改造。根据农民的生活环境情况,组织开展厨房、厕所、院落等设施改造,全面提升农民居住条件。同时,致力于为希望小镇提供齐备的公共配套设施，通过医疗、教育、服务等基础设施建设改造并辐射周边村落，全方位提升村民的居住体验。此外，华润集团还通过污水改造、道路硬化、环境美化等工程建设，为希望小镇配备环保绿色的市政基础设施，为村民营造和谐舒适的居住环境。

（2）产业帮扶。产业帮扶是华润希望小镇建设的核心内容。在对希望小镇进行产业帮扶时，遵循因地制宜原则，根据当地自然环境条件，打造切合当地实际情况的经济产业。在小镇建设初期，华润集团主要致力于发展特色种植与养殖业。例如，西柏坡希望小镇在华润集团工作小组的引导下，主要发展苹果种植产业与蛋鸡养殖产业，而古田希望小镇则主要从事海鲜菇的种植与林下鸡的养殖。希望小镇建设后期，华润集团在推动发展小镇农林牧渔业的同时，还充分挖掘不同小镇的特色自然条件与红色文化禀赋，将现代农业与旅游业相结合，推动第一、第三产业的融合发展。例如，2017年建成的井冈山希望小镇，主要致力于发展乡村旅游业与民宿产业，以实现特色小镇的可持续发展。与此同时，还引导村民成立专业合作社，以此为平台进行技术经验交流，不断优化改良现有产业，发展特色产业。

（3）组织重塑。在发展希望小镇过程中，华润集团积极倡导小镇通过党支部、居民委员会、专业合作社的交叉任职，建立党、政、企三位一体的新型管理模式。小镇党支部需要发挥在社会主义新农村建设中的领导作用，不断健全基层党组织；小镇居民委员会需要突破固有的行政管理模式，以助力特色小镇建设；农村专业合作社需要提供一部分利润，为居委会行政及公共职能的充分发挥提供经济支持。小镇基层组织的重塑，不仅促进了基层民主建设，而且为希望小镇的可持续发展奠定了坚实的制度基础。

2. 小镇建设成效。自2008年响应国家社会主义新农村建设号召，启动希望小镇项目建设以来，华润集团在百色、密云、古田、金寨等地共计建成12个华润希望小镇，累计投入资金超过6.4亿元，直接收益农户远超10000人，辐射带动周边村落10万余人实现脱贫致富。建设希望小镇不仅改变了当地原有的贫穷落后面貌，更实现了村民脱贫致富的美好愿望。

（1）改善居住环境，提升乡村风貌。华润希望小镇的建设，最直接的成效是居民居住环境改善与乡村风貌提升，以古田华润希望小镇为例进行说明。古田华润希望小镇早在2013年就基本完成环境改造工作。改造过程中，"和谐民居改造"建设项目共新建民居85户，改建民居144户，并新修了45个化粪池，大大改善了村民居住条件。"功能齐备的公共配套设施"建设项目开辟了2块生态湿地用于污水治理，新建4个供水系统，为村民提供清洁安全的生活用水。与此同时，项目建设组对古田县2.464公里的公路进行硬化，并配备了80盏太阳能路灯，完成了电视等网络改造，全方位提升了村民的居住体验。"生态环保的市政基础建设"项目通过新建文化站、敬老院、幼儿园、卫生院等公共基础设施，使小镇村民们享受到了现代设施带来的舒适与便利。古田华润希望小镇的建设，彻底改善了当地村民的生活环境，成功实现了环境优美、设施完善的社会主义新农村建设目标。

（2）促进收入增长，提升幸福指数。在希望小镇建设过程中，华润集团始终把产业帮扶置于最重要的位置，因地制宜地发展希望小镇特色产业，帮助居民实现收入增长、脱贫致富的美好愿望，以百色华润希望小镇为例进行说明。2008年11月底，百色华润希望小镇正式开工建设，并于次年9月竣工验收。在华润集团的引导下，当地村民成立农民专业合作社，在经历了引导起步、合作经营、土地流转整理三个阶段后，华润在百色希望小镇陆续创办了便利超市、农贸市场等经济实体，通过利润二次分配实现企业与农户的双赢局面。2013年，华润集团大力推进百色希望小镇的土地经营权流转，整合农户零散土地，建立农庄，并与华润万家超市等销售端进行对接，推动百色市农业的产业化发展。产业帮扶的深入发展，使百色华润小镇的农民人均年收入从2007年的2362元提高到了2014年的13366元，增长了4.66倍。农民收入大幅增长，也吸引了原本在大城市打工的当地农民回流返乡，促进了"留守儿童"等社会问题的解决，极大地提升了当地村民的幸福感。

希望小镇的持续建设在加快贫困地区脱贫致富、实现乡村振兴的同时，也极大地提升了华润集团的品牌美誉度与知名度。2014年华润希望小镇项目被中国社会科学院评为五星级公益项目；2016年被中国社科院社会责任百人论坛评为"十大品牌公益项目"；2018年被企业社会责任荣誉盛典授予年度精准扶贫奖。希望小镇已经成为华润集团的品牌公益项目，是企业履行社会责任的重要平台。

（三）开展多样公益活动，积极建设和谐社会

除了建设华润希望小镇、开展定点扶贫外，华润集团还致力于在社区共建、扶危济困、教育助学等领域开展多样公益活动，充分发挥企业在资金、人力、专业等方面的优势，全力推动和谐社会建设，用爱心和实际行动回报社会。为了更加规范与高效地管理和运作企业公益项目，华润集团于2008年10月成立华润慈善基金，并制定了《华润集团慈善公益活动管

理办法》，对慈善公益项目的资金投入、项目运营等方面作出明确规定，确保企业公益资源用到实处。

1. 积极开展社区共建，构建和谐社区关系。近年来，华润集团积极鼓励下属企业参与社区建设，通过组织尊老爱幼、帮扶培训等活动，促进社区和谐发展，构建和谐社区关系。在集团的统一领导下，华润所属子公司围绕"社区共建"开展了一系列公益活动。2013年，华润银行开展以"华润进社区，安全伴您行"为主题的社区公益活动，组织银行青年员工进社区科普反假币、反网络诈骗等金融知识，在拓展社区居民金融知识面的同时，也使企业青年员工得到成长。2013年的一年时间里，华润银行开展社区金融服务活动共计900余场次，受到社区居民的热烈欢迎与大力支持。2014年，华润集团向广东省贫困乡村累计捐款400多万元，用于解决乡村饮水安全问题，改善当地村民饮水条件。2018年，华润雪花啤酒德阳工厂积极配合政府改造暗渠，成功解决该暗渠堵塞影响村民用水的问题。华润集团及所属公司在社区共建方面的不懈努力，不仅促进了社区民生改善，也向社会公众展现了华润积极参与社会公益的央企形象。

2. 组织志愿者活动，让公益人人可为。近年来，通过华润慈善基金平台，华润集团组建了多支志愿者队伍，开展了丰富的志愿者活动。同时，华润集团鼓励下属企业发挥在专业、资金、人员等方面的优势，积极开展志愿者活动。华润银行在2013年搭建了蓝天小屋志愿者服务平台，通过开展各种形式的志愿者活动，为居民生活提供便利，获得社会各界的一致好评。华润置地在2014年成立了"润志会"，自行开展环境保护、特殊人群关爱等公益活动，为社会公益奉献力量。2016年，华润医疗成立"润心"义务社工，致力于为社会公众提供义务医疗，"润心"社工也和希望小镇一样，成为了华润集团独特的品牌公益项目。表10-7列示了华润集团及所属公司2013~2018年所进行的部分志愿者活动，活动形式丰富多样，参与人数逐渐增加，真正实现了"让公益人人可为"。

表10-7　　　　2013~2018年华润集团及所属公司志愿者活动

年份	志愿活动开展单位	志愿活动形式
2013	华润电力	义务电力安全检查；开展节能环保、安全用电培训
	华润昆明儿童医院	对3~12岁的儿童进行义诊
2014	华润慈善基金	古堂小学义务支教活动
2015	华润五丰	开展海岸清洁志愿者活动

续表

年份	志愿活动开展单位	志愿活动形式
2016	华润创业	成立助残义工小组，积极参与助残活动
2017	华润燃气	开展"大手牵小手 争当燃气安全宣传小使者"志愿者服务项目
2018	华润集团	海滩清洁志愿者活动
	华润银行	"润心园丁"公益支教

3. 开展教育助学，助力梦想起航。在开展社区共建过程中，华润集团也十分注重青少年教育问题，鼓励下属企业积极开展教育助学活动。华润怡宝在 2007 年启动了"百所图书馆计划"，通过向贫困地区捐赠公益图书馆来改善当地少年儿童的阅读现状，缓解当地教育资源匮乏问题。2007~2017 年，华润电力每年出资 300 万元用于资助河北省贫困大学生，帮助贫困学子享有平等的教育机会。2013 年，华润集团捐赠 300 万港元成立"华润少数民族奖学金"，用于帮助少数民族学生实现在香港接受教育的愿望。2014 年，华润集团向云南怒江傈僳族自治州教育局捐赠 175 万元的资金与教育物资，用于更新当地学校的教学设备，提升学校的现代化教育水平。

四、华润集团践行社会公益效应分析

（一）经济效应分析

面对日益复杂的外部经济形势，华润集团始终坚持"引领商业进步、共创美好生活"的企业使命，积极顺应经济新常态，在努力践行公益事业、回报社会的同时，企业的经营绩效也得到了较大改善。

1. 收益性。图 10-15 显示了华润集团 2012~2018 年总资产报酬率、净资产收益率、营业净利率以及营业利润率 4 个指标的变化情况。从图 10-15 可以发现，华润集团总资产报酬率与营业利润率的变动趋势较为一致，在 2014 年之前直线下降，2014 年之后呈现波动上升态势。2014 年之前净资产收益率与营业净利率均不断下降，在 2014 年之后则直线上升。主要原因在于，2012~2013 年华润集团面临的国内外经济形势复杂多变，宏观经济增长速度有所放缓，且由于集团高管腐败事件对企业经营产生了较为恶劣的影响，企业利润率持续下滑。在 2014 年后，华润集团明确了"守正出新、正道致远"的发展理念，积极顺应经济发展态势，在促进传统业务发展的同时，聚焦新兴业务，通过打造新的模式、技术以及产品来应对激烈的竞争环境。与此同时，华润集团积极落实国家政策，大力推动供给侧结构性改革，加快淘汰落后产能，优化企业资源配置，推动企业高质量发展，盈利状况也随之改善，利润率不断上涨。总体来看，华润集团收益性良好，具有强大的获利能力。

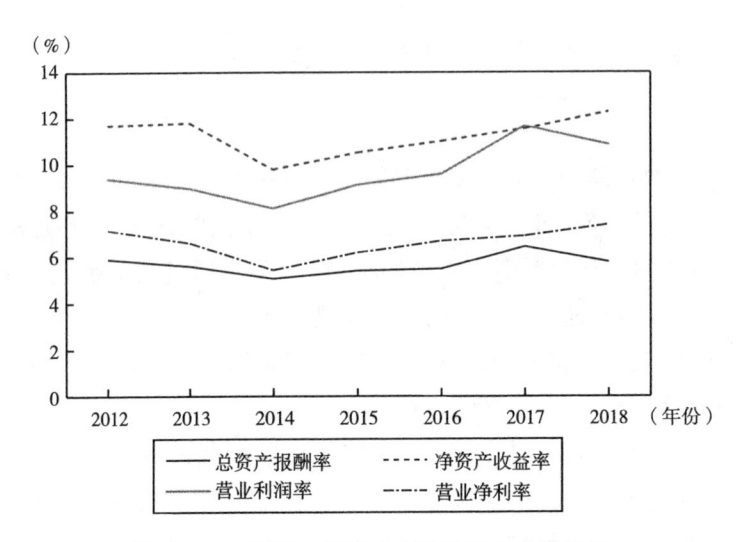

图 10 – 15　2012～2018 年华润集团收益性指标

2. 成长性。图 10 – 16 显示了华润集团 2012～2018 年总资产增长率、净资产收益率增长率、净利润增长率以及营业收入增长率的变化情况。从图 10 – 15 可以看出，华润集团营业收入增长率在 2013～2015 年呈下降趋势，在 2015～2017 年不断上升，2017 年之后又有所回落。虽然从总体上看，华润集团营业收入的增长率有所下降，但七年里增长率始终为正数，表明企业产品市场占有率稳步上升，拥有良好的成长空间。总资产增长率在 2015 年前直线下降，在 2015 年之后波动上升，这主要和集团的经营战略息息相关。2015 年之后，华润集团开始进军康养产业，开始了多项新业务的培育，不断加快大健康、大消费并购整合的步伐，企业资产规模随之扩大。净利润增长率与净资产收益率增长率在七年里基本呈现相同的变动趋势，2014 年均下降到了 0 以下，2014 年之后波动上升。主要原因在于，2013 年华润集团管理层腐败事件对企业声誉产生了极为恶劣的影响，且企业面临的国内外经济形势复杂多变，经营状况不断下滑。2014 年之后，华润集团加快改革创新步伐，合理配置企业资源，精准控制成本费用，业绩状况也得到了一定程度的改善。总体来看，华润集团有着广阔的经营前景，成长性较好。

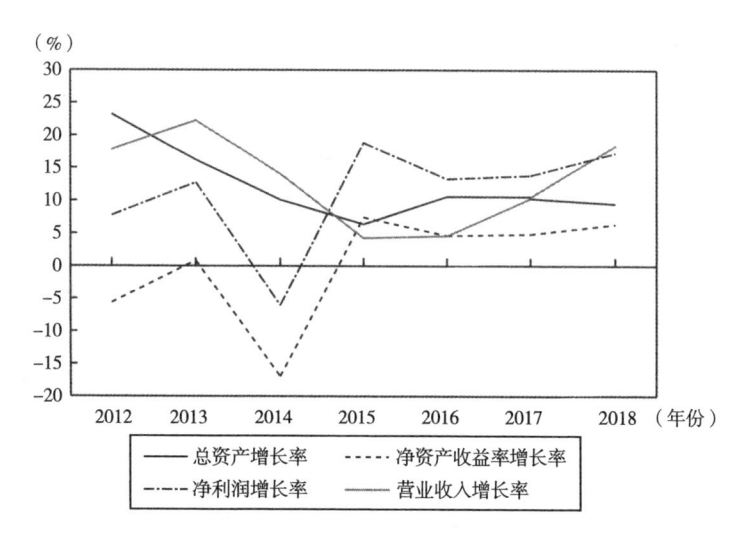

图 10－16　2012～2018 年华润集团成长性指标

除了收益性与成长性指标表现良好外，华润集团的社会地位也在不断攀升。图 10－17 显示了 2012～2018 年华润集团在《财富》世界 500 强的排名情况。从图 10－17 可以看出，2012～2017 年华润集团的排名在不断提升，2017 年和 2018 年稳定在第 86 位，表明近年来华润集团的经营状况不断改善，经济效益稳步提升，经济实力不断增强，得到了社会各界的一致肯定。

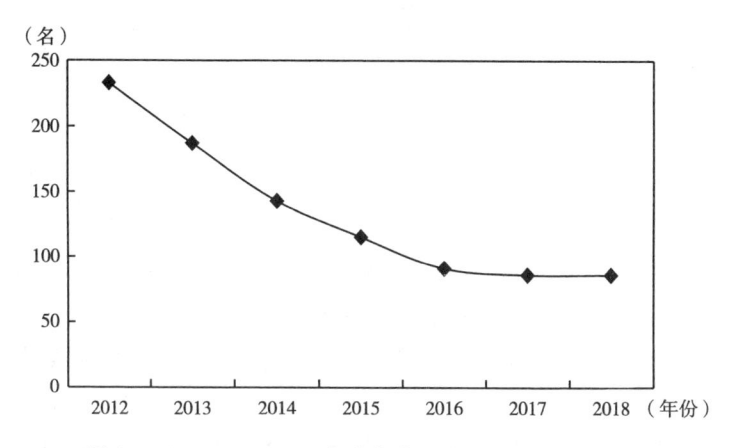

图 10－17　2012～2018 年华润集团世界 500 强排名位次

（二）社会效应分析

华润集团积极履行社会责任也取得了极大的社会效应，由于相关指标数量种类较多，并且数据性质、形式都有所不同，因此采用突变级数法对企业履行社会责任的社会绩效进行综合评价。突变级数法是一种基于突变理论与模糊数学，将多层次指标量化归一为总的隶属函数的综合评价方法。该方法仅考虑各指标的相对重要性，无须对评价指标赋予权重，其步骤如下：

首先，对评价目标"社会绩效"进行多层次分解。表10-8显示了选取的社会绩效指标，其中，一级指标为企业的产品责任、员工责任以及社会影响，并按照相对重要性进行排序。根据数据的可获得性，二级指标中产品责任选取了研发投入、持有专利及专利申请数、安全生产投入三个指标；员工责任选取了员工总数、平等雇佣、职工平均工资水平、劳动合同签订率四个指标；社会影响主要选取纳税总额、慈善公益支出两个指标，所有指标均按照相对重要性进行排序。由于部分数据的缺失遗漏问题，仅对华润集团2015~2018年的数据进行综合评价。

表10-8　　　　　　　　　　社会绩效指标

一级指标	二级指标
B1 产品责任	研发投入
	持有专利及专利申请数
	安全生产投入
B2 员工责任	员工总数
	平等雇佣（女性管理者比例）
	职工平均工资水平
	劳动合同签订率
B3 社会影响	纳税总额
	慈善公益支出

其次，确定各级指标的突变模型。产品责任指标共有三个子指标，因此采用燕尾突变模型；员工责任指标共有四个子指标，因此采用蝴蝶突变模型；社会影响只有两个子指标，因此采用尖点突变模型。"社会责任"总指标有三个子指标，因此采用燕尾突变模型。

再次，对二级指标进行无量纲化处理，将各个原始指标数值标准化至[0，1]区间，避免数据单位、形式等对绩效综合评价产生影响。由于选取的原始指标均为正向指标，因此采用如下公式进行标准化处理：

$$X_i = \frac{X_i - X_{\min}}{X_{\max} - X_{\min}} (i = 1, 2, 3, \cdots, n) \qquad (10-1)$$

最后，采用归一公式将控制变量转变为状态变量。由于选择的绩效数据之间具有互补性，因此所有指标均采用"平均值"原则。

1. 产品责任绩效分析。图 10-18 显示了 2015~2018 年华润集团产品责任绩效的具体指标情况，包括研发投入、安全生产投入、持有专利及专利申请数，以及运用突变级数法计算的产品责任指标。其中，持有专利及专利申请数指标对应右侧次坐标轴。从图 10-18 可以看出，华润集团的研发投入逐年上升，2018 年达到了历史最高值 16.2 亿元，表明华润集团始终坚持"创新发展"的核心价值观，逐年加大创新投入，不断完善创新机制，以创新发展实现对消费者的产品责任。在以创新驱动业务快速发展理念下，华润集团持有专利及专利申请数也呈稳步上升趋势，2018 年达到了 6104 个，创新成果丰硕。与此同时，安全生产投入也逐年上升，表明企业重视产品生产安全，坚持持续推进产品和服务质量，满足消费者对企业产品与服务的期待。根据突变级数法计算出的产品责任指标在四年间直线上升，表明华润集团在产品方面所施行的举措取得了良好成果。

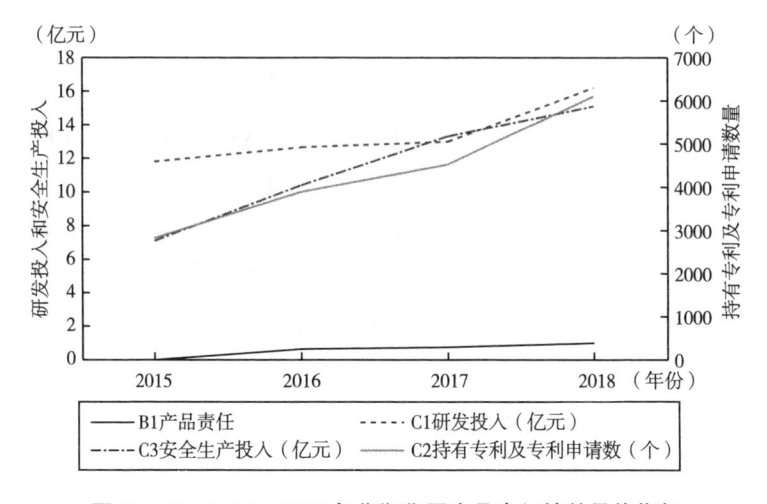

图 10-18 2015~2018 年华润集团产品责任绩效具体指标

2. 员工责任绩效分析。图 10-19 显示了 2015~2018 年华润集团员工责任绩效的具体指标情况，包括员工总数、平等雇佣、职工平均工资水平和劳动合同签订率。可以看出，2015~2018 年员工总人数有所降低，主要原因是 2015 年之后华润集团积极响应国家号召，大力推动供给侧结构性改革，加快淘汰落后产能步伐，导致员工人数有所降低。2015~2018 年劳动合同签订率变动较为平稳，比率基本都高于 99%，说明集团切实保障每一位员工的合法权益，给予员工充分的安全感和保障感。2015~2018 年职工平均工资水平逐年上升，表明华润集团为员工创造了较好的就业条件，增强了员工的就业归属感。在平等雇佣方面，2015~2018 年女性管理者的比率基本保持在19%左右，企业坚持以员工的工作能力作为工作评判标准，不以性别等其他外在因素决定员工的工作机会。

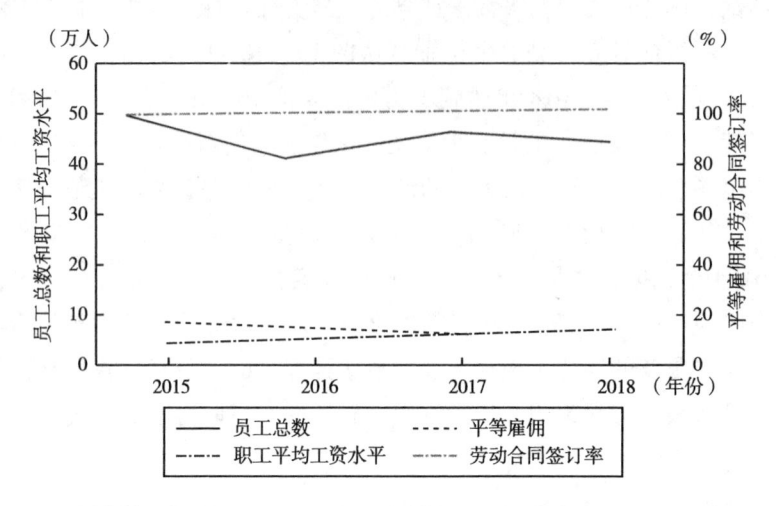

图10-19 2015~2018年华润集团员工责任绩效具体指标

3. 社会影响绩效分析。图10-20显示了2015~2018年华润集团社会影响绩效的具体指标情况，包括慈善公益支出和纳税总额。可以看出，华润集团纳税总额在2015~2018年逐年上升，为国家财政收入增加以及地区经济发展作出了突出贡献。慈善公益支出在2015~2018年波动较大，但总体上呈现上升态势，表明华润集团始终怀着一颗感恩和责任之心，积极回报社会。运用突变级数法计算出的社会影响指标在2015~2018年总体呈上升趋势，华润集团通过依法纳税、慈善捐赠等方式，不断践行企业社会责任，社会影响力也随之不断扩大。

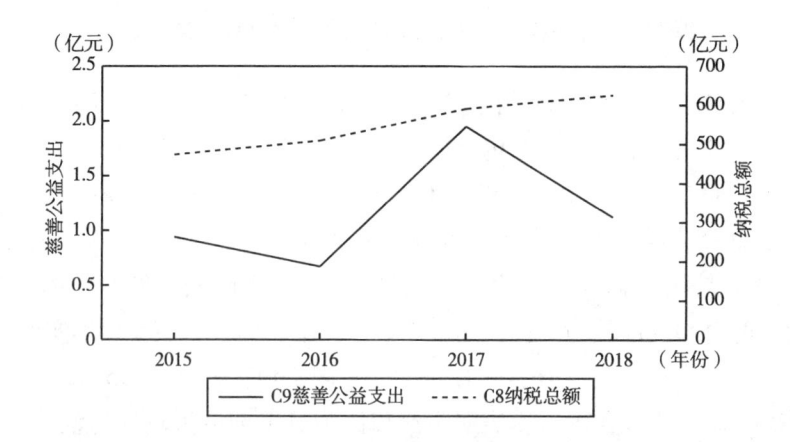

图10-20 2015~2018年华润集团社会影响绩效具体指标

· 240 ·

4. 综合社会责任绩效分析。图10-21显示了用突变级数法计算出的2015~2018年华润集团社会责任绩效综合指数变化情况。可以发现，2015~2018年华润集团履行社会责任的社会绩效综合数值不断攀升，表明近年来华润集团通过依法纳税、提升产品质量、保障员工权益、建设希望小镇等方式履行社会责任，取得了显著成效，在为社会和谐发展作出突出贡献的同时，也展示了企业积极履行社会责任的良好形象。

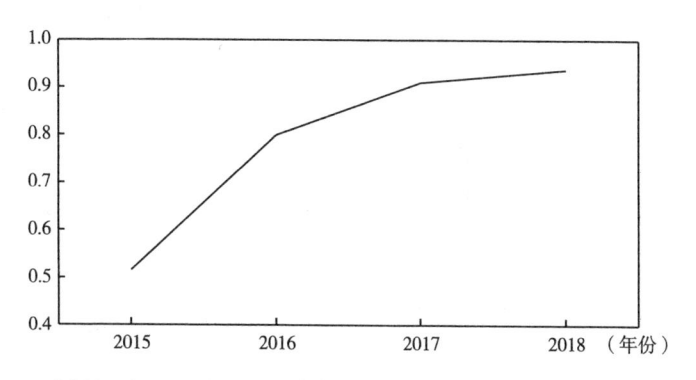

图10-21　2015~2018年华润集团社会责任绩效综合指数

表10-9列示了2014~2018年华润集团在社会公益方面获得的部分荣誉奖项。可以看出，华润集团近几年在践行社会公益事业上作出的贡献与努力，受到了社会各界的一致认可与肯定，企业社会影响力不断攀升。一家优秀的企业不仅要在商业方面实现公司经济价值最大化，更要在社会责任方面做出突出表现，实现公司综合价值最大化。近年来，华润集团基于企业社会责任与自身实力规模的匹配，不断强化企业履责能力，提升企业履责水平，尽最大努力为和谐社会建设贡献力量。在持之以恒地履行社会责任过程中，华润集团也塑造了良好的品牌形象，促进了企业与社会、自然的和谐共存。与此同时，华润集团在社会责任履行方面所做的努力，也吸引了越来越多的企业效仿与学习，发挥了表率和示范作用。

表10-9　　2014~2018年华润集团所获荣誉奖项

年份	公司所获荣誉奖项
2014	社会公益五星级企业
	金蜜蜂社会责任报告领袖奖
	中国企业200强公众透明度最佳社会责任报告奖
	中国企业公益发展指数第一位

续表

年份	公司所获荣誉奖项
2015	中国社会责任卓越企业
	社会责任报告领袖奖
	社会公益五星级企业
	全国先进社会组织
	公益发展指数排名第一
2016	十大公益企业
	中国臻善企业
	金蜜蜂社会责任报告·领袖企业奖
	社会责任发展指数位列百强企业第六
2017	公益慈善奖
	卓越责任企业奖
	十大公益企业
	十大责任国企
	您心目中最牛责任品牌"年度十佳企业"
2018	"责任十年·国企十佳"奖
	年度扶贫奖
	第十届"中华慈善奖"
	香港义工联盟"2019 杰出义工嘉许"银奖
	社会发展指数位列中国 300 强企业第一

第十一章 中国企业社会责任的具体推进机制

本书的理论分析、计量分析和案例分析表明，我国企业社会责任存在空间互动效应，且外部压力、高管经历、管理层道德、外部审计等诸多因素都会对企业社会责任项目的履行水平产生影响。为了推进我国企业积极履行社会责任，应从建立中国特色企业社会责任评价体系、完善企业社会责任制度保障、优化企业社会责任政策支持体系等方面，加强制度建设和政策支持。

第一节 建立中国特色企业社会责任评价体系

一、基于中国国情的企业社会责任重点

企业社会责任层次丰富，包含不同的社会责任具体项目，而不同企业履行社会责任项目的侧重点也各有差异。建立企业社会责任评价体系的目的，除了对我国企业社会责任履行水平进行客观评价外，更为重要的是引导企业更多地履行在我国现实国情条件下亟须的社会责任项目。因此，建立中国特色企业社会责任评价体系的前提是，基于现实国情厘清我国企业应当履行社会责任的重点。

首先，人类社会发展的根本目的是促进人的全面发展，应将促进全体公民全面发展作为我国企业履行社会责任的重点。我国作为社会主义市场经济国家，市场机制在社会资源配置中起到决定性作用，但社会主义市场经济发展的目标是实现共同富裕，这必然要求政府对市场机制的资源配置结果进行调整。因此，如何引导企业履行更多的员工责任，扭转市场机制条件下片面偏重股东责任而忽略员工责任的问题，是建立中国特色企业社会责任评价体系的重点之一。应纳入企业社会责任评价体系的员工责任包

括：(1) 硬环境。企业工作场所不应危害员工身心健康，在某些具有特定健康风险的工作场景，应为员工提供充分的健康保障措施，消除风险隐患，并最大限度地满足员工的合理工作环境期待。(2) 软环境。主要体现在企业劳动制度和企业文化所形成的员工可感知的工作环境，包括平等的工作机会、和谐的同事关系、高度的员工参与、民主管理和集体协商等制度和企业文化，软环境有助于提升员工的工作积极性和集体认同感，构筑起企业最稳定的核心竞争力。(3) 劳动报酬。包括企业向员工支付的工资薪金、奖金、津贴等货币和实物形式的劳动报酬，也包括企业根据劳动法律法规所制定的作息时间、节假日、带薪休假等制度安排，劳动报酬和工作时长的合理平衡，能够体现企业履行员工责任所做出的努力。此外，除了关注上述项目的总量指标外，它们在不同层级岗位间的分配关系也是体现企业员工责任履行情况的重点内容。(4) 成长空间。一方面，为员工提供公平的竞争规则和广阔的晋升空间；另一方面，为员工提供职业能力培训，提高职业技能和个人才能，促进人的全面发展。

其次，美好自然生态环境是当前我国居民关注焦点，应将保护和提升自然生态环境水平作为我国企业履行社会责任的重点。党的十九大报告明确指出，中国特色社会主义进入新时代，社会主要矛盾已经转化为人民日益增长的美好生活需要和不平衡不充分的发展之间的矛盾。我国改革开放以来取得的巨大经济成就，很大一部分是以牺牲自然生态环境为代价，而随着居民收入水平的不断提高，人民群众对于美好自然生态环境的渴求比以往任何时候都要强烈。污染型企业是我国环境污染物的主要排放主体，粗放型生产方式消耗了大量有限的资源和能源，为了更好地保护好生态环境，应强化我国企业对于降低污染物排放规模、提高资源能源使用效率的主体责任，将环境责任作为我国企业社会责任评价的重点之一。企业应履行的环境责任包括：(1) 污染物减排和治理。根据形态分类，环境污染物包括水污染物、大气污染物、固体废弃物等，企业应通过生产要素替代、安装环保设备、加强污染物管理等工作减少污染物排放，并积极投身于环境保护和污染治理。(2) 资源能源使用效率。物质财富的生产需要不断向自然环境索取资源和能源，我国企业应从粗放型生产向集约型生产转变，通过提高资源能源使用效率来减少向自然界的索取，使社会运行保持在我国现有的自然承载能力范围内。(3) "双碳"目标。我国于2020年9月明确提出2030年"碳达峰"、2060年"碳中和"的"双碳"目标，这是我国面对全球气候变暖问题向世界各国作出的庄严承诺，理应将企业为实现"双碳"目标所做的减碳和消碳努力作为独立内容，纳入我国企业社会责任的环境责任中。（4）生物多样性。是指企业面对人类活动范围扩大、生态环境恶化等导致动植物生存地萎缩、濒危灭绝等问题，主动投身于实现生物多样性的努力中。

最后，共同富裕是社会主义的本质要求，应将公益责任作为我国企业履行社会责任的重点。慈善捐赠被称为第三次分配，是对初次分配和再分配所形成的收入分配格局的三次调整，在坚持高收入群体自愿原则的基础上，通过开展慈善捐赠等公益活动将社会财富转移给弱势群体。共同富裕不是劫富济贫，社会主义市场经济的重要特征在于尊重市场机制对资源配置的决定性作用，由此产生的收入分配差距问题则通过再分配和第三次分配的形式进行调节。尤其是第三次分配，是以高收入群体的自愿付出为前提，通过引导企业积极开展慈善捐赠等公益活动，有助于树立企业正面社会形象，同时也有利于加强社会主义精神文明建设。应纳入企业社会责任评价体系的公益责任包括：（1）公益捐赠。企业以社会公共利益为目的，自愿将部分财富捐赠给公益性组织和行政事业团体的活动。企业公益性捐赠是绝大多数企业参与第三次分配的主要途径。（2）慈善事业。企业参与乃至直接主导对社会中遇到灾难或不幸的人群不求回报地实施救助的活动。企业履行公益责任，能够从减少高收入股东群体的财富、增加低收入社会群体的财富两个方面，促进我国共同富裕目标的实现。

二、中国特色企业社会责任评价的基本原则

建立中国特色企业社会责任评价体系应遵循的基本原则包括：

引导企业履行社会责任原则。建立中国特色企业社会责任评价体系的目的，并不在于简单评价企业社会责任履行水平，而是通过建立评价体系来引导企业更多地履行社会责任。与其他行政事业单位不同，企业将为股东创造价值作为目标，因此企业社会责任评价体系首先应明确适用于企业法人组织，这样才能将股东责任这一重要社会责任项目纳入评价体系中。同时，为了更好地发挥企业社会责任评价体系的引导作用，在指标制定上应注重内涵丰富、要点明确、可操作性强等要求。内涵丰富有助于将不同层次的企业社会责任项目纳入评价体系中，使评价体系本身具有合理的框架结构。要点明确有助于企业和社会公众都能清晰理解企业社会责任评价重点，有助于企业对照评价体系评估自身的社会责任履行水平，找出社会责任履行过程中存在的问题和不足，从而进行有针对性的调整。可操作性强则是指社会责任评价体系应用时，具有较好的数据可获得性，降低指标体系应用成本，提高指标体系的社会接受程度。

响应党和政府方针政策原则。我国社会主义伟大事业需要每一家企业都为此添砖加瓦,企业履行社会责任对于创造社会财富、优化收入分配、提高社会福利水平有着关键作用。随着中国特色社会主义进入新时代,发展理念和发展方式有重大转变,发展环境和发展条件有重大变化,发展水平和发展要求变得更高,因此党和政府的方针政策也随之有着重大调整。当前,我国党和政府方针政策的最主要目标是,解决人民日益增长的美好生活需要和不平衡不充分的发展之间的矛盾,所有制度变革和政策制定都围绕这条主线展开。例如,我国当前存在的东、中、西部地区间的发展不平衡,高收入和低收入群体间的收入不平衡,美好生态环境期待与现实环境破坏之间的不平衡等,为解决这些矛盾我国政府制定了西部大开发等区域发展战略、共同富裕奋斗目标、污染防治攻坚战等重大方针政策。企业履行社会责任对于实现上述战略、目标和政策都有着直接关联。例如,企业积极履行治理责任、股东责任、员工责任、公益责任等,都能有助于区域发展战略、共同富裕奋斗目标的实现;而企业积极履行环境责任、社区责任等,也能助推顺利打赢污染防治攻坚战。因此,我国制定中国特色企业社会责任评价体系时,应充分考虑企业履行社会责任对于国家重大方针政策的推动作用,将企业对党和政府方针政策的积极响应,纳入企业社会责任评价体系中,并赋予较高权重。

深刻回应社会公众关切原则。社会发展的根本目的在于促进人的发展,企业作为我国社会主义市场经济的主要参与主体,理应为我国公民的全面发展贡献力量。因此,建立中国特色企业社会责任评价体系,应坚持深刻回应社会公众关切原则,把公众对企业履行社会责任的期待纳入评价体系中。当前,我国改革开放以来的一个鲜明对比是,经济在快速发展,环境污染问题却依然严重,而企业作为环境污染物的主要排放主体,社会公众对于企业履行环境责任有着极高期待。能否共享国民经济发展红利,也是社会公众的重大关切。我国国民收入分配由改革开放前的共同贫困,到现在的一部分人先富起来,显然已经向发展目标迈出了重要一步,而接下来如何使先富带动后富,最终实现共同富裕则是我国经济社会发展的主要方向。此外,中美两国的战略竞争关乎中国国运,当前主要涉及经济领域的竞争,正是我国企业需要努力的方向。包括企业科技创新、经济韧性、成长活力等,既是企业自身发展的动力来源,也是构筑我国经济防火墙,促进经济长远健康发展的关键。为了促进企业社会责任更好地满足社会公众需要,中国特色企业社会责任评价体系应注重引导企业积极履行环境责任、员工责任、公益责任等诸多方面责任。

分类与总体评价相结合原则。企业社会责任评价过程中，由于企业所处生命周期、行业、地区、股权结构等特征差异，不同企业履行社会责任的重点并不一致。在进行企业社会责任评价时，应坚持分类评价原则，按照不同的社会责任项目进行分类评分，使企业在不同社会责任项目的履行水平上具有可比性。同时，为了更好地推动我国企业履行社会责任，还应建立社会责任总体评价指标，使不同类型企业也能进行社会责任水平的横向对比。

三、中国特色企业社会责任评价体系框架

根据中国国情下我国企业履行社会责任的重点，以及建立企业社会责任评价体系的基本原则，本书尝试构建中国特色企业社会责任评价体系框架如表11-1所示。

表11-1　　　　中国特色企业社会责任评价体系框架

利益关系	社会责任项目	具体内容	权重占比（%）
本体利益	治理责任	代理成本控制；内部控制体系；外部监督	10
	股东责任	盈利能力；股东回报；创新效率	10
	员工责任	硬环境；软环境；劳动报酬；成长空间	20
外部利益	价值链责任	供应商权益；客户权益；消费者权益；债权人权益	10
	环境责任	污染物减排和治理；资源能源使用效率；"双碳"目标；生物多样性	20
	社区责任	依法纳税；社区建设；社区融入	10
超越利益	公益责任	公益捐赠；慈善事业	20

首先，与GB/T 36000-2015标准、ISO 26000：2010标准等不同，本书将股东责任纳入中国特色企业社会责任评价体系框架中。原因在于，以企业为主体的社会责任评价体系，理应将企业为股东创造价值纳入社会责任项目中，如果一家企业不能为股东创造价值，那么也就失去了在激烈市场竞争中立足的根本，也就不可能有实力去履行其他社会责任项目。

其次，根据社会责任项目与企业利益的关系，将所有企业社会责任项目分成本体利益、外部利益和超越利益三种类型。企业作为资本与劳动的结合体，积极履行股东责任和员工责任，并通过加强企业内部治理履行治理责任，有助于提升企业自身以及劳资双方的本体利益。企业履行价值创造链条上的价值链责任，与自然生态环境相关的环境责任，以

及所处人文社区环境相关的社区责任,有助于提升与企业直接相关的外部多方主体利益。企业履行公益责任,则是企业基于自愿原则将自身财富用于社会公益活动,超越了企业自身利益范畴。各项企业社会责任项目的具体内容如表11-1所示。

最后,在不同企业社会责任项目的权重设置上,结合我国现实国情、党和国家的方针政策等,将员工责任、环境责任、公益责任作为我国企业社会责任评价的重点内容,分别给予20%的权重,它们对于我国促进人的全面发展、创造美好自然生态环境、实现共同富裕等都有着极为重要的促进作用。同时,治理责任、股东责任、价值链责任、社区责任等,也都是企业应当积极履行的社会责任项目,分别给予10%的权重。

由于上市公司的企业规模比较大、股权由社会公众所有,在社会责任履行上理应主动承担更多责任,发挥带头示范作用。因此,关于企业社会责任评价的组织工作,建议由证监会牵头制定企业社会责任评价办法,由上海证券交易所和深圳证券交易所组建联合专家组,根据上市公司每年发布的社会责任报告,对当年度社会责任履行状况进行评分,并及时向社会公布。通过建立中国特色的企业社会责任评价体系,对中国上市公司的社会责任履行情况进行滚动评估,既能够抓社会责任表现优秀的典型企业,又能够促社会责任表现较差的后进企业,有效提升我国企业社会责任水平。

第二节 完善企业社会责任制度保障

一、不同企业社会责任项目分类管理

企业社会责任内容层次丰富,不同社会责任项目在制度保障建设上存在不同要求。例如,对于员工责任而言,为了保障企业员工的基本休息和健康权利,需要通过强制性立法形式进行规范。《劳动法》第三十六条规定,国家实行劳动者每日工作时间不超过八小时、平均每周工作时间不超过四十四小时的工时制度。一方面,明确的法律规范可以使包括企业管理层、员工、社会公众在内的各方人员形成关于劳动时间的公共意识。当企业给员工安排的劳动时间超过法定标准时,劳资双方都会形成应当按照法律规定支付更高标准劳动报酬的心理预期,从而助推企业积极履行员工责任。另一方面,当企业劳动时间远超法定标准时,经过新闻媒体报道后将

会给企业形成较大舆论压力,并给企业形象带来负面影响,从而督促企业在劳动者权益保护上做出更多努力。甚至,当劳资双方在劳动时间和报酬标准上产生争议时,法律法规也成为评判双方是非曲直的唯一标准,当企业侵害劳动者合法权益行为时,劳动者可以通过法律途径为自己争取利益。

但是,为员工提供业务能力培训、广阔晋升空间等员工责任,却无法通过法律法规形式要求企业强制执行,而只能通过制定相关激励政策或社会舆论进行引导。例如,《企业所得税法实施条例》第四十二条规定,除国务院财政、税务主管部门另有规定外,企业发生的职工教育经费支出,不超过工资、薪金总额2.5%的部分,准予扣除;超过部分,准予在以后纳税年度结转扣除。软件生产企业等特定行业发生的职工教育经费中的职工培训费用,可以全额在企业所得税前扣除。在税收制度设计上,允许企业将特定标准的职工教育经费在企业所得税前扣除,一方面规避企业通过职工教育经费进行激进避税的可能性;另一方面也保护了企业开展员工教育培训的积极性。同时,部分地方政府还通过设立"职工职业培训财政补贴""以训兴业培训补贴"等各种名目的员工培训财政补贴政策,为企业开展员工就业技能培训提供配套财政补贴,分摊企业员工培训成本,一方面助推企业积极履行员工责任;另一方面也通过提高员工劳动技能提升生产效率,提升地区经济活力。

可见,为了完善企业社会责任制度保障,有必要根据企业社会责任具体内容进行分类管理。可以将企业社会责任具体内容分成强制型社会责任和引导型社会责任,强制型社会责任应通过法律法规形式明确底线,要求企业必须满足法律法规所限定的最低要求,并鼓励企业在此基础上提高社会责任履行标准,找到企业履行社会责任成本与社会公众期待之间的最佳平衡点。实际上,除了上述员工责任所述内容外,其他社会责任项目也都存在强制型内容。例如,治理责任中,要求企业大股东不得侵占中小股东利益、建立基本的内部控制制度;股东责任中,要求企业不存在利润造假行为;价值链责任中,要求企业保障债权人的债权安全、为消费者提供符合安全标准的产品;环境责任中,要求企业按照国家标准排放环境污染物、使用必要的环境污染处理设施;社区责任中,要求企业依法纳税等。为企业履行强制性社会责任建立完善的法律保障体系,是加强企业社会责任制度建设的基础内容。此外,还需通过政府行政执法部门严格执行相关法律法规,对于违反法律法规而拒不履行社会责任的企业,通过行政、司法等途径坚决予以纠正,提高企业履行强制性社会责任的外部约束力。

对于引导型社会责任,主要通过制定税收优惠、财政补贴、政策指导等方式进行引导,以提升企业履行社会责任的内在驱动力作为政策落脚点。引导型社会责任对企业提出了更高层次的要求。例如,治理责任中,要求企业建立完善的内部控制制度、信息披露制度、民主决策制度等;股东责任中,要求企业提高盈利能力、加大科技创新投入和产出等;价值链责任中,要求企业提高产品质量、为价值链上各方主体创造更多价值等;环境责任中,要求企业实现更高水平的节能减排、进一步提高资源能源使用效率等;社区责任中,要求企业参与社区建设等;公益责任中,要求企业参与更多的公益事业活动等。此外,对于引导型社会责任,也有必要通过新闻媒体等外部监督机制,形成督促企业积极履行社会责任的外部舆论氛围,为企业提供更加及时有效的市场反馈。

二、上市公司企业社会责任强制披露

上市公司作为在证券交易市场公开挂牌交易的公众公司,生产经营活动和社会责任履行情况都会受到社会公众的广泛关注,并且上市公司规模往往比较庞大,在行业中大多处于领头羊地位,一举一动都会给其他企业带来较强的示范效应。因此,我国应大力推进上市公司企业社会责任强制披露制度,通过上市公司为全国企业积极履行社会责任树立榜样力量。目前,企业社会责任报告是上市公司披露社会责任履行情况的重要方式,但我国并未建立上市公司社会责任报告强制披露制度,深圳证券交易所2006年发布的《深圳证券交易所上市公司社会责任指引》、上海证券交易所2008年发布的《上海证券交易所上市公司环境信息披露指引》,都是上市公司社会责任信息披露的指导性文件。

上述指导性文件遵循分类管理原则。例如,上海证券交易所《关于做好上市公司2008年年度报告工作的通知》中要求,"上证公司治理板块"样本公司、发行境外上市外资股的公司、金融类公司,应披露社会责任报告。深圳证券交易所《关于做好上市公司2008年年度报告工作的通知》中要求,纳入"深证100指数"的上市公司应当披露社会责任报告。同时,上海和深圳证券交易所也鼓励其他公司披露社会责任报告。上述指导性文件的制定,对于促进我国上市公司发布社会责任报告起到了极大的推动作用,2006~2019年的14年时间里,我国披露社会责任报告的上市公司数量从19家逐年递增至992家,且每年都有新增企业加入披露社会责任报告的行列中。通过编制和披露社会责任报告,可以使企业在报告编制过程中不断反思自身履行社会责任存在的不足,提高企业为树立良好社会形象而加强社会责任履行的内驱力,并给其他企业树立良好榜样,有效推动我国企业积极履行社会责任。

除社会责任报告外,企业每年定期发布的年度报告也是披露社会责任信息的重要途径。中国证监会于2021年6月28日发布的《公开发行证券的公司信息披露内容与格式准则第2号——年度报告的内容与格式(2021年修订)》对年报中涉及企业社会责任的内容做了相关要求,包括强制披露和自愿披露两部分。其中,属于环境保护部门公布的重点排污单位的公司或其主要子公司,应强制披露排污信息、防治污染设施的建设和运行情况、建设项目的环评和环保行政许可情况、突发环境事件应急预案、环境自行监测方案、环境问题相关行政处罚以及其他应当公开的环境信息。同时,鼓励上市公司自愿披露有利于保护生态、防治污染、履行环境责任的相关信息,以及减少碳排放所采取的措施和效果等。此外,鼓励上市公司结合自身行业特点,自愿披露公司履行社会责任的宗旨和理念,股东和债权人权益保护、职工权益保护、供应商、客户和消费者权益保护、环境保护与可持续发展、公共关系、社会公益事业等方面情况,巩固拓展脱贫攻坚成果、乡村振兴等工作具体情况等。同时,为了避免重复披露的问题,规定企业已披露社会责任报告全文的,在年报中仅需提供相关查询的索引。

可以看到,由于生态环境保护是当前我国社会公众极为关注的社会问题,证监会将重点排污企业的环境责任信息披露作为强制披露项目,促使此类企业更多地关注于节能减排等环境保护事业。但是,考虑到我国企业社会责任报告编制给企业带来的成本压力等因素,并未要求所有企业强制披露所有社会责任信息。在前期上海和深圳证券交易所要求部分企业披露社会责任报告的基础上,随着自愿披露社会责任报告的企业数量越来越多,我国有必要制定企业社会责任信息强制披露工作的时间表,逐步建立起企业社会责任报告的强制披露制度。同时,鉴于我国上市公司并无统一的社会责任信息披露规范,许多企业在编制社会责任报告时往往参考诸多不同来源的编制规范。例如,中国石油(601857)主要按照国务院国有资产监督管理委员会的《关于国有企业更好履行社会责任的指导意见》、全球报告倡议组织的《可持续发展报告指南(G2016版)》、国际石油行业环境保护协会和美国石油学会联合发布的《油气行业可持续发展报告指南(2010版)》、国际标准化组织的ISO 26000《社会责任指南》、联合国《2030可持续发展议程》、中国国家标准化管理委员会发布的GB/T 36001-2015《社会责任报告编写指南》、中国社会科学院《中国企业社会责任报告编写指南（CASS-CSR2.0）》等多个规范编制社会责任报告。有必要由中国证监会牵头制定统一实施的《上市公司社会责任报告编写指南》，对社会责任报告的内容和格式进行规范，在提升企业社会责任信息披露遵从度、降低遵从成本的同时，也提高不同企业间的社会责任信息横向可比性。

此外，企业社会责任信息的零披露制度也应同步建立。由于企业社会责任层次丰富，内容繁多，在一个报告年度内并不是所有企业都会涉及社会责任项目的所有内容，报告中有可能出现某些重要社会责任信息缺失的问题，甚至当个别企业存在社会责任负面信息时，选择不披露该项信息，而社会公众无法得知该项信息缺失是由于无数据还是企业故意隐瞒。因此，在制定企业社会责任报告内容与格式规范时，应将一些重要的社会责任内容设置成表格形式，即使企业当年度未履行该社会责任项目，也必须在社会责任报告中披露其数值为0。例如，在治理责任中披露大股东占款，员工责任中披露日均和周均工作时间，环境责任中披露"三废"排放情况等，使社会公众充分掌握企业社会责任履行情况，并接受新闻媒体的外部监督。当然，企业社会责任信息强制披露和零披露制度的建立需要循序推进，可以用五年左右时间先在亟须履行环境责任、员工责任的制造业企业实施，再用五年左右时间在全部A股上市公司实施。

三、建立企业社会责任外部审计制度

从制度上保证上市公司发布社会责任报告信息的准确性、完整性、可比性等必要特征，也是建立和完善我国企业社会责任制度保障的重要内容。由于我国尚未建立起统一的上市公司社会责任信息披露制度，除了部分企业由证券交易所规定应当披露社会责任报告外，绝大多数企业并无强制性社会责任报告披露要求，同时也并未规定社会责任报告必须经过注册会计师审计。因此，在制定统一的上市公司社会责任信息披露制度基础上，还应进一步规定社会责任报告在发布前应经过注册会计师审计。实际上，由于上市公司每年都需要接受财务报告审计工作，为了降低社会责任报告的审计成本，提高审计工作便利性，可以将社会责任报告作为年度财务报告的附件之一，在年报审计过程中同步开展社会责任报告审计工作。

我国上市公司中存在大量的国有控股公司，且本书第四章的实证研究表明，审计署开展的中央企业政府审计工作能够有效提升国有控股上市公司的社会责任履行水平，因此我国也有必要建立起各级审计部门对各级政府控股的国有上市公司发布社会责任报告的政府审计工作。鉴于政府审计

与事务所审计在工作性质、人员安排、业务流程等方面的差异,政府审计工作宜采用随机抽样方式,每年根据各级政府所属国有控股上市公司的数量抽取20%左右的上市公司开展政府审计工作,且审计时间可以安排在社会责任报告发布之后。同时,政府审计与事务所审计的目标也应当存在差异:事务所审计主要对社会责任报告是否按照适用的报告编制指南编制、是否在所有重大方面真实反映被审计单位的社会责任履行情况等方面发表审计意见;政府审计则主要对被审计单位的社会责任履行情况存在哪些问题、应做哪些改进等方面发表审计意见。

对于政府审计结果的运用,各级国资委作为国有控股上市公司的实际控制人,在政府审计发现企业履行社会责任方面存在问题后,应积极运用政府审计结果,督促所属上市公司认真整改政府审计报告中指出的问题,并将整改报告作为政府审计报告的后续跟踪材料进行公示。社会责任报告的政府审计结果和整改成效,也作为国企高管业绩考核与职位升迁的重要依据,促使高管不断重视并积极改进社会责任履行程度。同时,政府审计结果和整改报告的公开,也有利于发挥新闻媒体、社会舆论的监督作用,提高国有控股上市公司履行社会责任的主动性,并为其他类型企业树立榜样。

四、建立企业社会责任内部治理制度

基于企业社会责任需求层次理论,不同生命周期企业的社会责任内在需求也各不相同,而企业是否履行社会责任、履行哪些社会责任、履行多大程度的社会责任等,都是由企业管理层作出决策。因此,除了建立外部社会责任制度保障外,还需要建立企业内部的社会责任治理制度。企业社会责任委员会是加强社会责任内部治理制度建设的关键环节,应鼓励企业在董事会下设立社会责任委员会,作为董事会的功能性委员会,专门负责协助董事会指导和监督本公司及下属子公司的社会责任履行工作。在人员构成上,可以由董事会中具有较强企业决策影响力的执行董事或具有较高社会威望的独立董事担任主任委员,委员则应包括董事长或总经理、部分董事会成员、部分监事会成员以及在本行业具有较高社会影响力和威望的专家学者等。社会责任委员会的主要职责可以包括审议企业社会责任的战略规划、年度规划和具体项目规划;监督企业各项社会责任规划的落实情况,并组织开展社会责任内部评估工作;审议企业每年编制的社会责任报告等。

同时,根据本书实证研究结论,为加强企业社会责任内部治理,还需

要从如下方面进一步推进：(1) 注重高管经历的多样性。高管的成长经历、求学经历、工作经历等个人特质，会对企业不同社会责任项目履行情况产生差异化影响，且高管经历多样性有助于提高企业生产经营决策的科学性和有效性。企业在高管选拔时应将高管经历多样性的增量改进，作为每次高管选拔的重要参考依据。(2) 注重选拔德才兼备的高管。一直以来，我国在人才选拔标准上存在"唯才是举"还是"德才兼备"的争议，高管才能对于企业经营业绩有着极为关键的作用，而本书研究发现较高的管理层道德有助于企业履行公益责任，且高管超额在职消费也存在示范效应，因此在高管选拔过程中应重点考核高管个人道德水平，注重选拔德才兼备的管理层。(3) 根据本书关于企业社会责任的基础理论分析，不同生命周期阶段企业的社会责任需求存在差异，不管企业自身还是外部监管部门，都应充分把握企业在履行社会责任上的异质性特征，实现全部社会责任项目的同步推进。例如，成长期企业基于生理需求和安全需求，有更多的内在动力履行股东责任和治理责任，那么不管是企业管理层还是监管部门，都应对此有充分认知，并注重其他社会责任项目的履行情况。(4) 由于企业社会责任存在空间互动效应，会与其他企业通过业务交流、新闻媒体报道等多种途径，对各自承担的社会责任情况进行沟通交流，并对各自的社会责任履行情况相互攀比。其背后关键在于，企业自身具有乐于履行社会责任的企业文化。因此，为了共同推进企业社会责任履行，我国企业还需加强社会责任文化建设，将履行社会责任根植于每一个员工的潜意识之中。

第三节 优化企业社会责任政策支持体系

一、鼓励企业履行社会责任的财税政策

财税政策是政府引导企业行为的重要手段，主要包括财政补贴和税收优惠两种，前者通过向企业提供财政补贴来增加企业收入，后者通过向企业提供税收优惠来减少企业支出，最终提升企业税后净利润，从而引导企业开展财税政策所指向的特定行为。基于政策目标差异，财政补贴和税收优惠政策所面向的社会责任项目也不尽相同。财政补贴是政府将自身拥有的财政资金转移支付给企业，一般对资金用途有较为明确的限定，往往要求企业将补贴资金直接用于补贴政策所指向的特定行为；与此相反，税收

优惠政策是符合政策条件的企业可以向政府少缴税款，但并不会对少缴税款部分限定具体用途。我国可以进一步优化财税政策来促进企业开展科技创新、员工培训、节能减排、公益捐赠等社会责任活动。

科技创新不管对于企业还是国家发展都极为关键，激励企业积极开展科技创新是我国政府财税政策的重要目标。当前我国科技创新财税政策的主要问题在于，不管是财政补贴还是税收优惠政策，都以促进企业加大科技创新投入规模为直接目标。但是，科技创新投入方向和产出规模实际上更为重要：电子芯片、智能制造、生物医药、新能源、新材料等关键领域的科技创新水平，是我国能够在激烈国际竞争中胜出的关键，科技创新活动的创新成果产出和产业化产出则是科技创新活动的根本目标。因此，我国科技创新财税政策的大方向应有所调整，在政策支持方向上，一方面向关乎国家发展的关键领域倾斜；另一方面向企业科技创新的专利产出和产业化产出倾斜，提高我国企业科技创新活动的整体效率。

提高劳动者素质，对国家而言能够提升整体社会生产力水平；对企业而言能够形成自身竞争优势；对劳动者而言能够提高劳动生产效率。因此，员工培训是企业社会责任的重要内容，也应当是我国激励企业社会责任财税政策的重要着力点。问题在于，员工个人是员工培训最大的受益方，在传统观念中劳动技能培训成本应由员工自行负担。但是，不管是政府还是企业，都应该看到员工素质水平提高对于国家和企业带来的积极意义，我国政府应通过财政补贴加大企业员工培训的支持力度，对于提升员工核心业务能力、受益面较广的劳动培训，不仅应在企业所得税前据实扣除，还应给予一定比例的加计扣除，提高企业员工培训积极性。同时，在个人所得税的专项附加扣除方面，也应进一步扩大继续教育培训支出范围和税前扣除金额。

重污染企业开展科技创新来提高资源和能源使用效率，降低污染物排放水平，是企业积极履行环境责任的重要内容，可以通过科技创新财税政策予以引导。根据本书实证研究结论，外部审计有助于提升重污染企业科技创新投入、产出和成功率，我国应积极发挥外部审计在促进重污染企业履行环境责任上的推动作用。同时，我国从 2008 年开始征收环境保护税，该税种由排污费平移而来，尽管在税制设计上无重大变化，但部分省份在税率上有一定幅度提升，征管机制上也有重大改变。并且，环境保护税影响效应的发挥前提是税负高于企业排污成本，否则企业宁愿通过缴税来扩大排污规模。因此，在开征环境保护税多年后，当务之急是推进环境保护税实施效果的政策效应评估，及时纠正环境保护税实施过程中存在的问题，确保环境保护税政策效应的有效发挥。

公益捐赠是企业践行公益责任的主要形式，目前我国财税政策中关于公益捐赠的激励政策主要来自企业所得税，规定企业发生的公益性捐赠支出，在年度利润总额12%以内的部分，准予在计算应纳税所得额时扣除；超过年度利润总额12%的部分，准予结转以后三年内在计算应纳税所得额时扣除。一方面，公益捐赠税前扣除的规定是对企业公益捐赠的正向肯定，在一定程度上能够激励企业积极履行公益责任。但是，另一方面，当我国某些地区出现重大自然灾害，或者出现某些重大事项亟须获得社会各界帮助时，最需要企业作出大额捐赠决定。但是，企业所得税中只准予三年内结转的规定，显然会令企业不得不精心计算捐赠额度，使企业不得不产生捐赠是否受到国家政策鼓励的疑问。因此，公益性捐赠的企业所得税税前扣除政策可以考虑适当延长结转年限，使企业不必顾虑捐赠规模问题。此外，我国增值税规定，企业以公益事业为对象的无偿提供应税服务、无偿转让无形资产或者不动产，不需要视同销售缴纳增值税，但却规定为公益事业捐赠物资需要视同销售缴纳增值税，这显然抑制了企业对公益事业进行实物捐赠的积极性，应进一步考虑优化公益性捐赠的增值税免税政策。

二、支持企业履行社会责任的金融政策

金融政策是一国政府引导企业市场行为的另一重要政策工具，包括货币政策、利率政策和汇率政策三大政策类型。企业资金除了来自股东的权益资本投入外，还可能需要通过贷款形式向银行获取债务资本投入，政府则通过制定金融政策来调节商业银行的贷款业务，从而发挥对企业行为的引导作用。为了保证借贷资金安全，银行对借贷资金用途一般都有明确限制，往往要求企业将资金用于未来能够产生现金流入的投资性用途，而非消耗性用途。因此，政府应用金融政策支持企业履行社会责任的原则是，支持能够为企业未来带来现金流入的社会责任项目，主要包括如下两个方面。

通过金融政策支持企业加大科技创新投入来履行股东责任。企业科技创新投入规模受限于每年的利润积累规模，只有当企业具有较高的利润水平、持续的正向现金流入时，企业才能有充足的资金持续投入研发活动中。否则，面对高风险、收益不确定的研发活动，在企业利润为负、现金流入为负的情况下，更多的是考虑如何节省资金维持生存，从而减少科技创新资金投入。但是，如果企业能够获得较为充足的银行贷款，那么即使在现金流捉襟见肘的情况下，基于创新投入能够带来创新产出预期，企业

也会通过银行贷款等方式筹集资金，主动将更多资金投入创新活动中。因此，一方面，我国政府应通过中国人民银行等行政主管部门，积极引导商业银行加大对企业科技创新资金的贷款发放，尤其是对电子芯片、智能制造、生物医药、新能源、新材料等关键领域。对于部分风险较大的战略性新兴行业的科技创新贷款项目，应由政府牵头国有大型保险公司建立贷款保险制度，共担可能带来的贷款风险。另一方面，对于亟须加大科技创新投入的关键领域，还需建立起由政府主导的产业发展基金，对企业给予股权和债权方面的资金支持，共担战略性新兴产业发展过程中面临失败风险的同时，也共享产业转型升级带来的发展红利。

通过金融政策支持企业绿色发展来履行环境责任。我国企业加大环境保护、节能减排、清洁能源、绿色交通、绿色建筑等领域的投融资、项目运营和风险管理，能够实现环境持续改善、全球气候稳定和资源高效利用，而金融机构对于企业上述活动提供金融服务即为绿色金融。我国当前在绿色金融发展方面，存在的问题包括环保信息不透明，缺乏企业环境违法违规信息的发布机制，金融机构难以获得企业环境违法违规信息，对于企业环境保护领域信息高度不对称，使得金融机构难以根据企业具体情况实施绿色金融政策。同时，我国绿色金融发展战略存在短板，当前的绿色金融政策主要还停留在对高能耗、高污染、资源性的"两高一资"企业的贷款限制和节能减排的短期目标上，对于如何实现国民经济的粗放型向集约型转变，发展绿色产业项目等缺乏明确的战略安排和制度保障。金融机构应对准备不充分，在组织制度、业务流程、人才储备等方面还未能适应绿色金融发展需要。因此，为了积极应用绿色金融政策促进企业履行环境责任，我国应当：（1）加快绿色金融法律法规建设，通过立法确立节能减排约束性指标，建立企业环境违法信息公开披露制度，使金融机构的绿色金融差异化政策能够有法有规可依。（2）加强绿色金融政策引导，由国家金融监管部门联合科技部、生态环境部等部门建立绿色金融行业指引目录，确立我国经济绿色发展的关键产业、主要产业和支撑产业分级目录，制定差异化的绿色金融政策。（3）加大金融机构改革力度，在组织制度、业务流程等方面嵌入绿色观念，加强员工的环保意识和绿色金融业务能力培养，尤其是对绿色产业发展、绿色环保业务等实际业务的深刻认知。

最后，金融机构作为企业债权人，其金融政策还需要根据企业履行债权人责任的情况进行调整。金融机构应定期对包括贷款资金是否用于绿色发展用途，贷款资金产生的绿色发展绩效水平，贷款资金的安全性等方面进行评估，对企业绿色金融政策进行动态调整。

三、褒扬企业履行社会责任的舆论政策

我国应积极采用褒扬企业履行社会责任的舆论政策，树立和宣传社会责任典型企业和典型案例。首先，加强新闻媒体的引领作用。传统大众传媒包括纸质的报刊媒体和电子的广播电视媒体，新媒体则是以互联网为传播途径的包括资讯网站、微博、公众号等新兴媒体。当前，新闻媒体在企业社会责任宣传上存在的问题包括新闻寻租现象时有发生，部分新闻媒体和自媒体在对企业社会责任的新闻监督过程中，为谋求自身利益而接受企业提供的宴请、礼金等，甚至以是否收到企业"公关费"作为是否进行新闻报道的判断标准，乃至设立社会责任奖项评选活动，参加评选的企业既是获奖者也是活动资助者，丧失了新闻媒体该有的公正和权威。新闻炒作现象屡禁不止，许多新闻媒体为了提高自身收视率，对部分企业可能存在的社会责任问题进行夸张报道。例如，将产品中存在少量不利于身体健康物质描述为"有毒""致癌"而大肆宣传，语不惊人死不休，缺乏新闻媒体该有的客观立场。新闻媒体监督缺位，当本地企业发生环境污染或其他损害社会公众利益的行为时，当地新闻媒体本该最早也最容易获得相关新闻素材，却经常出现新闻媒体监督缺位的问题。因此，新闻媒体应将客观报道企业社会责任行为作为首要职责，将企业履行社会责任的实际情况真实地展现给社会公众。

其次，发挥民间奖励的榜样作用。为提升企业履行社会责任的内在驱动力，有必要通过设立社会责任奖项，评选出各行业年度最佳社会责任典范企业。需要注意的是，在奖项设立和评选过程中，应避免企业既当裁判员又当运动员的情况发生。因此，在奖项设立上，可以由行业协会牵头，联合行业内龙头企业、行业指导部门、科研院所共同设立社会责任相关奖项，具体奖项名称可以结合行业特点确定。在评奖标准上，应事先制定并公开奖项评选标准，鼓励制定可量化的评选指标，并通过量化指标公平、公正地评选获奖企业。在评奖流程上，设立奖项评选委员会，主要由行业内龙头企业负责人、科研院所专家学者等参与，且评委所在企业当年度不得参评，关键评选材料应接受社会公众监督。同时，应加大对社会责任典范企业的宣传力度，尤其是典型人物和事迹，鼓励科研院所对其开展案例研究，挖掘事迹背后更深层次的发展规律。

最后，强化社会主义精神文明建设的推动作用。社会主义精神文明建设是我国实现第二个百年奋斗目标，实现中华民族伟大复兴的重要内容和重要保证，主要包括思想道德建设和科学文化建设，根本目标在于培育有

理想、有道德、有文化、有纪律的社会主义公民，提高整个中华民族的思想道德素质和科学文化素养。通过社会主义精神文明建设，将使我国全体社会公众更加明确地认知企业履行社会责任的重要意义，并自觉将自身统一到共促社会责任履行的行动中。随着社会主义精神文明建设的不断推进，不履行社会责任的企业将会越来越受到社会公众的厌恶，而积极履行社会责任的企业，将会得到社会公众更多的积极反馈，从而不断强化社会责任履行。

四、引导企业履行社会责任的市场政策

企业作为市场经济的主要参与主体，还可以通过制定有效的市场政策来引导企业履行社会责任。首先，各级政府应严格落实产权保护法律法规。产权是经济所有制关系的法律表现形式，包括物权、债权、股权、知识产权和其他无形财产权等。严格的产权保护制度有利于明确企业财产的权责利关系。例如，国家对于债权、股权的严格保护，有利于提高企业对债权人责任、股东责任重要性的认知，当企业未履行社会责任而出现侵害债权人或股东利益时，利益受害者也能够依靠国家法律法规维护自身利益，使企业因此付出代价。此外，知识产权保护既是我国当前产权保护工作的薄弱环节，也是我国推进企业积极履行社会责任的重要抓手。科技创新对一般企业而言是在履行股东责任，对污染型企业而言更是在履行环境责任，但科技创新形成的专利等知识产权却具有非排他性特征，需要通过知识产权保护制度将其收益排他化，使创新企业在一定时期内独享创新带来的收益，充分保护创新企业的创新积极性，也倒逼更多企业投入科技创新活动中。一方面，需要加大知识产权侵权惩戒力度，对发明专利等重要创新成果实施侵权惩罚性赔偿制度，大幅提高侵权企业的赔偿标准，并对涉及刑事责任的相关人员依法采取刑事惩罚措施。另一方面，也需加强知识产权保护的国际合作，指导国内企业全面了解外国知识产权保护制度，建立海外知识产权纠纷预警机制，并支持国内企业海外知识产权的获权和维权。

排污权交易是引导企业履行环境责任的重要市场政策，为了降低环境污染物的排放规模，我国早在2007年开始即已在部分省份开展排污权有偿使用和交易制度，目前试点范围已经扩充到全国28个省份，其中12个省份为财政部、生态环境部、发改委批复的国家级试点；16个省份为自行开展试点。在行业覆盖上，除了浙江、重庆等省份覆盖全行业外，大部分试点省份主要选取火电、钢铁、造纸等重污染行业。当前，我国排污权

交易需要从如下方面进一步完善：首先，规范排污权交易一级市场。在当前全面开征环境保护税的制度设计下，基于总量控制的排污权有偿使用制度，企业向政府购买污染物排放权的一级市场显然涉及污染物排放的税费重复征收问题，这在加大污染企业负担的同时，也压缩了二级市场对于排污权交易价格的调整空间。因此，排污权一级市场可以在总量控制的基础上，根据企业产值、纳税贡献度等指标，建立政府无偿出让排污权的合理分配制度。其次，建立和完善排污权交易二级市场。绿色生产水平较高的企业，可以将未使用的排污权拿到二级市场进行交易，而污染严重的企业则必须购买排污权才能获得额外的污染物排放指标，充分发挥价格机制对企业污染物排放行为的调节作用。再次，排污权交易政策效应的发挥，还依赖于地方政府的严格环境执法，对企业无排污权排放的环境污染物收取高额的惩罚性罚款，打击污染物的非法排放行为。最后，排污权交易应当全国一盘棋，在地方政府充分试点的基础上，建立全国性的排污权交易制度，使企业为自身的污染排放行为负担污染成本，推动企业通过节能减排积极履行环境责任。

参 考 文 献

[1] 蔡春,李江涛,刘更新.政府审计维护国家经济安全的基本依据、作用机理及路径选择[J].审计研究,2009(4):7-11.

[2] 蔡春,郑开放,陈晔,等.政府环境审计对企业环境责任信息披露的影响研究——基于"三河三湖"环境审计的经验证据[J].审计研究,2019(6):3-12.

[3] 蔡宏标,饶品贵.机构投资者、税收征管与企业避税[J].会计研究,2015(10):59-65.

[4] 蔡利,马可哪呐.政府审计与国企治理效率——基于央企控股上市公司的经验证据[J].审计研究,2014(6):48-56.

[5] 曹亚勇,刘计含,王建琼.企业社会责任与融资效率[J].软科学,2013,27(9):51-54.

[6] 曹洋洋.企业社会责任与税收规避[D].厦门:厦门大学,2014.

[7] 曹越,姚位燕,张肖飞.大股东控制、股权制衡与企业公益性捐赠[J].中南财经政法大学学报,2015(1):132-140,160.

[8] 曾爱民,魏志华,李先琦.女性高管对企业税收激进行为的影响[J].财经科学,2019(8):110-122.

[9] 曾亚敏,张俊生.税收征管能够发挥公司治理功用吗?[J].管理世界,2009(3):143-151,158.

[10] 晁罡,石杜丽,申传泉,等.新媒体时代企业社会责任对声誉修复的影响研究[J].管理学报,2015,12(11):1678-1686.

[11] 陈东,法成迪.政府补贴与税收优惠并行对企业创新的激励效果研究[J].华东经济管理,2019,33(8):5-15.

[12] 陈丽红,张龙平,叶馨.产权性质、审计质量、产品类型与慈善捐赠——基于战略慈善观的分析[J].审计研究,2015(5):68-75.

[13] 陈丽红,周佳,张龙平,等.非正式审计团队规模与关键审计事项披露[J].会计研究,2022(11):139-154.

[14] 陈丽蓉,韩彬,杨兴龙.企业社会责任与高管变更交互影响研究——基于A股上市公司的经验证据[J].会计研究,2015(8):57-64,97.

[15] 陈玲芳,张慧珍.审计质量对企业创新的影响研究——基于研发操纵的视角[J].财务管理研究,2022(1):60-65.

[16] 陈胜蓝,贾思远.私利侵占抑或生存所迫:税收规避对现金持有价值的净效应[J].上海财经大学学报,2016,18(6):54-65.

[17] 陈晓峰.企业社会责任与顾客忠诚度关系的实证分析——基于牛乳制品消费者的视角[J].科研管理,2014,35(1):98-106.

[18] 陈玉清,马丽丽.我国上市公司社会责任会计信息市场反应实证分析[J].会计研究,2005(11):76-81.

[19] 陈智,徐广成.中国企业社会责任影响因素研究——基于公司治理视角的实证分析[J].软科学,2011,25(4):106-111,116.

[20] 池国华,杨金,谷峰.媒体关注是否提升了政府审计功能?——基于中国省级面板数据的实证研究[J].会计研究,2018(1):53-59.

[21] 褚剑,陈骏."严监管"下审计监督的个体治理效应——基于地方国有企业高管超额在职消费的研究[J].经济理论与经济管理,2021,41(5):85-99.

[22] 褚剑,方军雄,秦璇.政府审计能促进国有企业创新吗?[J].审计与经济研究,2018,33(6):10-21.

[23] 褚剑,方军雄.政府审计能够抑制国有企业高管超额在职消费吗?[J].会计研究,2016(9):82-89.

[24] 戴亦一,潘越,冯舒.中国企业的慈善捐赠是一种"政治献金"吗?——来自市委书记更替的证据[J].经济研究,2014,49(2):74-86.

[25] 戴亦一,彭镇,潘越.企业慈善捐赠:诉讼风险下的自我救赎[J].厦门大学学报(哲学社会科学版),2016(2):122-131.

[26] 邓博夫,刘佳伟,吉利.政府补助是否会影响企业避税行为?[J].财经研究,2019,45(1):109-121.

[27] 邓建平,曾勇.金融关联能否缓解民营企业的融资约束[J].金融研究,2011(8):78-92.

[28] 邓新明,张婷,许洋,等.企业社会责任对消费者购买意向的影响研究[J].管理学报,2016,13(7):1019-1027.

[29] 丁一兵，付林．中美大型企业社会责任对其企业效率的影响机制研究——基于 DEA - Tobit 两步法的分析［J］．产业经济研究，2015（6）：21 - 31．

[30] 董千里，王东方，于立新．企业规模、企业社会责任与企业财务绩效关系研究［J］．技术经济与管理研究，2017（2）：23 - 28．

[31] 方红星，孙翯，金韵韵．公司特征、外部审计与内部控制信息的自愿披露——基于沪市上市公司 2003 - 2005 年年报的经验研究［J］．会计研究，2009（10）：44 - 52，95．

[32] 费显政，李陈微，周舒华．一损俱损还是因祸得福？——企业社会责任声誉溢出效应研究［J］．管理世界，2010（4）：74 - 82，98．

[33] 冯丽艳，肖翔，程小可．社会责任对企业风险的影响效应——基于我国经济环境的分析［J］．南开管理评论，2016，19（6）：141 - 154．

[34] 傅超，吉利．诉讼风险与公司慈善捐赠——基于"声誉保险"视角的解释［J］．南开管理评论，2017，20（2）：108 - 121．

[35] 甘培忠，雷驰．公司社会责任的制度起源与人文精神解构［J］．北京大学学报（哲学社会科学版），2010，47（2）：119 - 125．

[36] 高汉祥．公司治理与社会责任：被动回应还是主动嵌入［J］．会计研究，2012（4）：58 - 64，95．

[37] 耿合江，韩振燕，崔伟．企业社会责任的影响因素及推进机制［J］．中国人力资源开发，2008（7）：35 - 38．

[38] 顾海峰，朱慧萍．履行社会责任是否会影响商业银行风险承担？——基于关联交易、贷款集聚及绿色信贷渠道［J］．中国软科学，2023（2）：136 - 145．

[39] 郭芮佳，池国华，程龙．公众参与对政府审计腐败治理效果的影响研究——基于国家治理视角的实证分析［J］．审计与经济研究，2018，33（2）：19 - 28．

[40] 郝秀清，仝允桓，胡成根．基于社会资本视角的企业社会表现对经营绩效的影响研究［J］．科学学与科学技术管理，2011，32（10）：110 - 116．

[41] 和欣，曾春影，陈传明．CEO 过往经历与企业利他慈善捐赠——基于烙印的动态性视角的实证研究［J］．山西财经大学学报，2021，43（5）：61 - 75．

[42] 侯丽敏，薛求知．品牌资产构建：基于企业社会责任还是企业能力？［J］．外国经济与管理，2014，36（11）：22 - 32．

[43] 胡志颖, 余丽. 国家审计、高管隐性腐败和公司创新投入——基于国家审计公告的研究 [J]. 审计与经济研究, 2019, 34 (3): 1-12.

[44] 黄灿, 李善民. 股东关系网络、信息优势与企业绩效 [J]. 南开管理评论, 2019, 22 (2): 75-88, 127.

[45] 黄荷暑, 周泽将. 女性高管、信任环境与企业社会责任信息披露——基于自愿披露社会责任报告 A 股上市公司的经验证据 [J]. 审计与经济研究, 2015, 30 (4): 30-39.

[46] 黄珺, 贺国亮. 企业社会责任、技术创新与企业价值 [J]. 软科学, 2017, 31 (7): 93-97.

[47] 黄送钦. 代理成本、制度环境变迁与企业慈善捐赠——来自中国制造业的经验证据 [J]. 上海财经大学学报, 2017, 19 (1): 75-87.

[48] 黄苏萍. 企业社会责任对企业形象影响的实证研究——来自中国银行业的经验证据 [J]. 经济与管理研究, 2012 (7): 121-128.

[49] 黄伟, 陈钊. 外资进入、供应链压力与中国企业社会责任 [J]. 管理世界, 2015 (2): 91-100, 132.

[50] 吉利, 何熙琼, 毛洪涛. "机会主义"还是"道德行为"?——履行社会责任公司的盈余管理行为研究 [J]. 会计与经济研究, 2014, 28 (5): 10-25.

[51] 金智, 黄承浩. 税收征管与企业社会责任——基于"金税三期"的证据 [J]. 会计研究, 2022 (10): 71-84.

[52] 贾兴平, 刘益, 廖勇海. 利益相关者压力、企业社会责任与企业价值 [J]. 管理学报, 2016, 13 (2): 267-274.

[53] 贾兴平, 刘益. 外部环境、内部资源与企业社会责任 [J]. 南开管理评论, 2014, 17 (6): 13-18, 52.

[54] 江新峰, 李四海. 大股东持股与企业捐赠行为——基于代理理论的研究 [J]. 经济管理, 2019, 41 (7): 154-170.

[55] 姜付秀, 张晓亮, 郑晓佳. 学者型 CEO 更富有社会责任感吗——基于企业慈善捐赠的研究 [J]. 经济理论与经济管理, 2019 (4): 35-51.

[56] 姜付秀, 申艳艳, 夏晓雪. 国际贸易与海外并购 [J]. 会计研究, 2022 (12): 161-173.

[57] 姜启军, 顾庆良. 企业社会责任和企业战略选择 [M]. 上海: 上海人民出版社, 2008.

[58] 蒋雨思. 外部环境压力与机会感知对企业绿色绩效的影响 [J]. 科技进步与对策, 2015, 32 (11): 72-76.

[59] 解学梅, 王若怡, 霍佳阁. 政府财政激励下的绿色工艺创新与企业绩效: 基于内容分析法的实证研究 [J]. 管理评论, 2020, 32 (5): 109-124.

[60] 金碚. 关于"高质量发展"的经济学研究 [J]. 中国工业经济, 2018 (4): 5-18.

[61] 靳小翠. 企业文化会影响企业社会责任吗?——来自中国沪市上市公司的经验证据 [J]. 会计研究, 2017 (2): 56-62, 97.

[62] 黎文靖. 所有权类型、政治寻租与公司社会责任报告: 一个分析性框架 [J]. 会计研究, 2012 (1): 81-88, 97.

[63] 李斌, 彭星, 欧阳铭珂. 环境规制、绿色全要素生产率与中国工业发展方式转变——基于36个工业行业数据的实证研究 [J]. 中国工业经济, 2013 (4): 56-68.

[64] 李冬伟, 吴菁. 高管团队异质性对企业社会绩效的影响 [J]. 管理评论, 2017, 29 (12): 84-93.

[65] 李歌, 颜爱民, 徐婷. 中小企业员工感知的企业社会责任对离职倾向的影响机制研究 [J]. 管理学报, 2016, 13 (6): 847-854.

[66] 李红侠. 民营企业绿色技术创新与环境税政策 [J]. 税务研究, 2014 (3): 12-15.

[67] 李慧云, 石晶, 李航, 等. 公共压力、股权性质与碳信息披露 [J]. 统计与信息论坛, 2018, 33 (8): 94-100.

[68] 李吉园, 邓英雯, 张敏. 本地CEO与企业避税: 家乡认同还是寻租? [J]. 会计研究, 2020 (7): 119-130.

[69] 李建莹, 刘维奇, 原东良. 企业社会责任与股价极端波动风险——基于企业参与贫困治理视角的研究 [J/OL]. 中国管理科学, 2023: 1-16.

[70] 李兰云, 王宗浩, 阚立娜. 内部控制与企业社会责任履行——基于代理成本的中介效应检验 [J]. 南京审计大学学报, 2019, 16 (1): 28-36.

[71] 李婉红. 中国省域工业绿色技术创新产出的时空演化及影响因素: 基于30个省域数据的实证研究 [J]. 管理工程学报, 2017 (2): 9-19.

[72] 李伟, 滕云. 企业社会责任与内部控制有效性关系研究 [J]. 财经问题研究, 2015 (8): 105-109.

[73] 李卫宁, 吴坤津. 企业利益相关者、绿色管理行为与企业绩效 [J]. 科学学与科学技术管理, 2013, 34 (5): 89-96.

[74] 李文臣. 国际劳工权益保护及其对中国企业的影响 [J]. 中国

工业经济, 2005 (4): 23-29.

[75] 李祥进, 杨东宁, 徐敏亚, 等. 中国劳动密集型制造业的生产力困境——企业社会责任的视角 [J]. 南开管理评论, 2012, 15 (3): 122-130.

[76] 李新颖. 媒体在企业社会责任传播中存在的问题 [J]. 人民论坛, 2014 (8): 96-98.

[77] 李雪, 罗进辉, 黄泽悦. "原罪"嫌疑、制度环境与民营企业慈善捐赠 [J]. 会计研究, 2020 (1): 135-144.

[78] 李增福, 汤旭东, 连玉君. 中国民营企业社会责任背离之谜 [J]. 管理世界, 2016 (9): 136-148.

[79] 李正, 向锐. 中国企业社会责任信息披露的内容界定、计量方法和现状研究 [J]. 会计研究, 2007 (7): 3-11, 95.

[80] 李正. 企业社会责任与企业价值的相关性研究——来自沪市上市公司的经验证据 [J]. 中国工业经济, 2006 (2): 77-83.

[81] 连燕玲, 李沁, 郑伟伟. 地区间制度期望落差与企业社会责任响应行为——基于中国上市公司的经验分析 [J]. 上海财经大学学报, 2022, 24 (3): 61-75.

[82] 梁建, 陈爽英, 盖庆恩. 民营企业的政治参与、治理结构与慈善捐赠 [J]. 管理世界, 2010 (7): 109-118.

[83] 廖歆欣, 刘运国. 企业避税、信息不对称与管理层在职消费 [J]. 南开管理评论, 2016, 19 (2): 87-99.

[84] 刘柏, 卢家锐. "好公民"还是"好演员": 企业社会责任行为异象研究——基于企业业绩预告视角 [J]. 财经研究, 2018, 44 (5): 97-108.

[85] 刘蓓蓓, 俞钦钦, 毕军, 等. 基于利益相关者理论的企业环境绩效影响因素研究 [J]. 中国人口·资源与环境, 2009, 19 (6): 80-84.

[86] 刘常建, 许为宾, 蔡兰, 等. 环保压力与重污染企业的银行贷款契约——基于"PM 2.5爆表"事件的经验证据 [J]. 中国人口·资源与环境, 2019, 29 (12): 121-130.

[87] 刘凤军, 李敬强, 李辉. 企业社会责任与品牌影响力关系的实证研究 [J]. 中国软科学, 2012 (1): 116-132.

[88] 刘行, 叶康涛. 金融发展、产权与企业税负 [J]. 管理世界, 2014 (3): 41-52.

[89] 刘行, 叶康涛. 企业的避税活动会影响投资效率吗? [J]. 会计研究, 2013 (6): 47-53, 96.

[90] 刘华, 魏娟, 巫丽兰. 企业社会责任能抑制盈余管理吗?——基于强制披露企业社会责任报告准实验 [J]. 中国软科学, 2016 (4): 95-107.

[91] 刘计含, 王建琼. 中国传统文化视角下的企业社会责任行为研究 [J]. 管理世界, 2017 (3): 184-185.

[92] 刘家义. 论国家治理与国家审计 [J]. 中国社会科学, 2012 (6): 60-72, 206.

[93] 刘雷, 崔云, 张筱. 政府审计维护财政安全的实证研究——基于省级面板数据的经验证据 [J]. 审计研究, 2014 (1): 35-42, 52.

[94] 刘丽萍. 完善财税政策, 引导企业社会责任的履行 [J]. 经济研究参考, 2009 (24): 10-11.

[95] 刘乾, 陈林. 富而好德, 何必曰利——论企业社会责任与经济绩效的权衡关系 [J]. 中山大学学报 (社会科学版), 2023, 63 (1): 194-206.

[96] 刘新争, 高闯. 机构投资者抱团能抑制控股股东私利行为吗?——基于社会网络视角的分析 [J]. 南开管理评论, 2021 (3): 1-26.

[97] 刘雪梅. 联盟组合: 价值创造与治理机制 [J]. 中国工业经济, 2012 (6): 70-82.

[98] 柳卸林, 杨培培, 葛爽. 互补者领导力与部件领导力对企业绩效的影响——基于生态系统视角 [J]. 科学学研究, 2019, 37 (11): 1999-2007.

[99] 龙文滨, 王周飞. 推动中小企业履行社会责任的税收政策取向 [J]. 税务研究, 2012 (3): 47-52.

[100] 卢洪友, 谭维佳. 地方财政压力对企业捐赠行为的影响研究 [J]. 当代财经, 2015 (9): 24-34.

[101] 卢洪友, 唐飞, 许文立. 税收政策能增强企业的环境责任吗——来自我国上市公司的证据 [J]. 财贸研究, 2017, 28 (1): 85-91.

[102] 罗党论, 赖再洪. 重污染企业投资与地方官员晋升——基于地级市1999-2010年数据的经验证据 [J]. 会计研究, 2016 (4): 42-48, 95.

[103] 罗良文, 梁圣蓉. 中国区域工业企业绿色技术创新效率及因素分解 [J]. 中国人口·资源与环境, 2016 (9): 149-157.

[104] 骆嘉琪, 匡海波, 沈思祎. 企业社会责任对财务绩效的影响研究——以交通运输行业为例 [J]. 科研管理, 2019, 40 (2): 199-208.

[105] 马龙龙. 企业社会责任对消费者购买意愿的影响机制研究 [J]. 管理世界, 2011 (5): 120-126.

[106] 买生, 匡海波, 张笑楠. 基于科学发展观的企业社会责任评价

模型及实证[J]. 科研管理, 2012, 33 (3): 148-154.

[107] 毛磊, 王宗军, 王玲玲. 机构投资者持股偏好、筛选策略与企业社会绩效[J]. 管理科学, 2012, 25 (3): 21-33.

[108] 潘爱玲, 刘昕, 邱金龙, 等. 媒体压力下的绿色并购能否促使重污染企业实现实质性转型[J]. 中国工业经济, 2019 (2): 174-192.

[109] 潘奇. 基于捐赠的国有企业社会责任表率性考量及其实证研究[J]. 管理学报, 2018, 15 (7): 1048-1058.

[110] 潘孝珍, 陈侨东. 高管的税收征管经历与企业避税——基于沪深A股上市公司的实证分析[J]. 税收经济研究, 2021, 26 (6): 48-58.

[111] 潘孝珍, 傅超. 政府审计能使企业社会责任表现更好吗?——来自审计署央企审计的经验证据[J]. 审计与经济研究, 2020, 35 (3): 12-21.

[112] 潘孝珍, 燕洪国. 税收优惠、政府审计与国有企业科技创新——基于央企审计的经验证据[J]. 审计研究, 2018 (6): 33-40.

[113] 潘孝珍. 企业社会责任可以相互传递吗?——基于沪深A股上市公司的空间计量分析[J]. 证券市场导报, 2019 (12): 20-29.

[114] 潘孝珍, 许耿熙. 企业数字化转型的劳动力成本影响效应[J]. 人口与经济, 2023 (1): 26-43.

[115] 潘孝珍, 魏萍. 媒体关注能否督促地方政府治理环境污染[J]. 中南财经政法大学学报, 2019 (6): 103-112.

[116] 潘孝珍. 税收优惠的科技创新激励效应存在门槛吗?——基于股权结构视角的实证分析[J]. 科研管理, 2019, 40 (10): 48-57.

[117] 彭珏, 陈红强. 内部控制、市场化进程与企业社会责任[J]. 现代财经 (天津财经大学学报), 2015, 35 (6): 43-54.

[118] 彭雪蓉, 刘洋. 战略性企业社会责任与竞争优势: 过程机制与权变条件[J]. 管理评论, 2015, 27 (7): 156-167.

[119] 齐丽云, 李腾飞, 郭亚楠. 企业社会责任对企业声誉影响的实证研究——基于战略选择的调节作用[J]. 科研管理, 2017, 38 (7): 117-127.

[120] 齐丽云, 魏婷婷. 基于ISO 26000的企业社会责任绩效评价模型研究[J]. 科研管理, 2013, 34 (3): 84-92.

[121] 齐丽云, 张碧波, 郭亚楠. 消费者企业社会责任认同对购买意愿的影响[J]. 科研管理, 2016, 37 (5): 112-121.

[122] 钱丽, 肖仁桥, 陈忠卫. 我国工业企业绿色技术创新效率及其

区域差异研究——基于共同前沿理论和 DEA 模型 [J]. 经济理论与经济管理, 2015 (1): 26-43.

[123] 秦德智, 邵慧敏, 苏琳淳. 技术创新对股权结构与企业绩效的中介效应——来自创业板上市制造企业的实证 [J]. 科技进步与对策, 2019, 36 (16): 77-83.

[124] 秦续忠, 王宗水, 赵红. 公司治理与企业社会责任披露——基于创业板的中小企业研究 [J]. 管理评论, 2018, 30 (3): 188-200.

[125] 权小锋, 吴世农, 尹洪英. 企业社会责任与股价崩盘风险: "价值利器"或"自利工具"? [J]. 经济研究, 2015, 50 (11): 49-64.

[126] 阮刚铭, 魏宇方舟, 官峰. 慈善捐赠、社会资本与融资约束 [J]. 会计与经济研究, 2019, 33 (3): 79-91.

[127] 山立威, 甘犁, 郑涛. 公司捐款与经济动机——汶川地震后中国上市公司捐款的实证研究 [J]. 经济研究, 2008, 43 (11): 51-61.

[128] 邵邦, 何元增, 程诚. 中国企业社会责任公共政策问题研究 [J]. 北京航空航天大学学报 (社会科学版), 2015, 28 (3): 39-43.

[129] 沈红波, 谢越, 陈峥嵘. 企业的环境保护、社会责任及其市场效应——基于紫金矿业环境污染事件的案例研究 [J]. 中国工业经济, 2012 (1): 141-151.

[130] 沈鹏熠, 范秀成. 在线零售企业社会责任行为与消费者响应——基于中国背景的调节效应模型 [J]. 中国软科学, 2016 (3): 96-106.

[131] 宋建波, 盛春艳. 基于利益相关者的企业社会责任评价研究——以制造业上市公司为例 [J]. 中国软科学, 2009 (10): 153-163.

[132] 宋岩, 滕萍萍, 秦昌才. 企业社会责任与盈余管理: 基于中国沪深股市 A 股制造业上市公司的实证研究 [J]. 中国管理科学, 2017, 25 (5): 187-196.

[133] 苏冬蔚, 贺星星. 社会责任与企业效率: 基于新制度经济学的理论与经验分析 [J]. 世界经济, 2011, 34 (9): 138-159.

[134] 苏冬蔚, 连莉莉. 绿色信贷是否影响重污染企业的投融资行为? [J]. 金融研究, 2018 (12): 123-137.

[135] 睢文娟, 谭劲松, 张慧玉. 企业社会责任行为中的战略管理视角理论综述 [J]. 管理学报, 2012, 9 (3): 345-355.

[136] 谭瑾, 罗正英. 高管变更、竞争战略与企业社会责任——基于战略耦合的视角 [J]. 山西财经大学学报, 2017, 39 (5): 82-93.

[137] 谭维佳, 徐莉萍. 代理成本、治理机制与企业捐赠 [J]. 经济

管理，2015，37（9）：51-62.

[138] 唐鹏程，杨树旺. 企业社会责任投资模式研究：基于价值的判断标准 [J]. 中国工业经济，2016（7）：109-126.

[139] 唐伟，李晓琼. 抑制还是促进——民营企业的社会责任表现与税收规避关系研究 [J]. 科学决策，2015（10）：51-65.

[140] 田虹，姜雨峰. 企业社会责任履行的动力机制研究 [J]. 审计与经济研究，2014，29（6）：65-74.

[141] 田虹，袁海霞. 企业社会责任匹配性何时对消费者品牌态度更重要——影响消费者归因的边界条件研究 [J]. 南开管理评论，2013，16（3）：101-108.

[142] 涂咏梅，张楠. 地区经济发展、慈善捐赠与企业绩效关系的实证检验 [J]. 统计与决策，2019，35（18）：173-176.

[143] 汪方军，孙俊勤，邓杰丹. 企业社会责任与实际税负的相关性研究 [J]. 税务研究，2016（10）：87-91.

[144] 汪猛，徐经长. 企业避税、通货膨胀预期与经营业绩 [J]. 会计研究，2016（5）：40-47，95.

[145] 王锋正，陈方圆. 董事会治理、环境规制与绿色技术创新——基于我国重污染行业上市公司的实证检验 [J]. 科学学研究，2018（2）：361-369.

[146] 王锋正，姜涛，郭晓川. 政府质量、环境规制与企业绿色技术创新 [J]. 科研管理，2018（1）：26-33.

[147] 王海兵，刘莎，韩彬. 内部控制、财务绩效对企业社会责任的影响——基于A股上市公司的经验分析 [J]. 税务与经济，2015（6）：1-9.

[148] 王海妹，吕晓静，林晚发. 外资参股和高管、机构持股对企业社会责任的影响——基于中国A股上市公司的实证研究 [J]. 会计研究，2014（8）：81-87，97.

[149] 王晶晶，杨洁珊，胡成宝. 企业社会责任的研究现状及未来研究展望——基于CSSCI来源期刊中经济学、管理学类期刊上文章的分析 [J]. 管理评论，2010，22（8）：96-102.

[150] 王娟，潘秀丽. 慈善捐赠对审计意见的影响——基于慈善捐赠利己动机视角的实证分析 [J]. 审计研究，2018（3）：87-94.

[151] 王琦，王孔文，徐鹏. 董事网络下企业社会责任模仿行为与股价崩盘风险的研究 [J/OL]. 管理学报，2023：1-9.

[152] 王琦，吴冲. 企业社会责任财务效应动态性实证分析——基于

生命周期理论 [J]. 中国管理科学, 2013, 21 (S2): 542-548.

[153] 王清刚, 徐欣宇. 企业社会责任的价值创造机理及实证检验——基于利益相关者理论和生命周期理论 [J]. 中国软科学, 2016 (2): 179-192.

[154] 王士红. 所有权性质、高管背景特征与企业社会责任披露——基于中国上市公司的数据 [J]. 会计研究, 2016 (11): 53-60, 96.

[155] 王文娜, 胡贝贝, 刘戒骄. 外部审计能促进企业技术创新吗？——来自中国企业的经验证据 [J]. 审计与经济研究, 2020, 35 (3): 34-44.

[156] 王霞, 徐晓东, 王宸. 公共压力、社会声誉、内部治理与企业环境信息披露——来自中国制造业上市公司的证据 [J]. 南开管理评论, 2013, 16 (2): 82-91.

[157] 王小鲁, 樊纲, 胡李鹏. 中国分省份市场化指数报告 (2018) [M]. 北京: 社会科学文献出版社, 2019.

[158] 王小鲁, 樊纲, 余静文. 中国分省份市场化指数报告 (2016) [M]. 北京: 社会科学文献出版社, 2017.

[159] 王晓巍, 陈慧. 基于利益相关者的企业社会责任与企业价值关系研究 [J]. 管理科学, 2011, 24 (6): 29-37.

[160] 王晓艳, 温东子. 机构投资者异质性、创新投入与企业绩效——基于创业板的经验数据 [J]. 审计与经济研究, 2020, 35 (2): 98-106.

[161] 王雄. 审计委员会能抑制企业避税吗？ [J]. 财经问题研究, 2018 (3): 109-115.

[162] 王雁南, 李自杰, 张般若. 区域多元化与企业绩效间的关系——基于中国制造业上市公司数据 [J]. 经济问题, 2019 (5): 75-82.

[163] 王艺明, 刘一鸣. 慈善捐赠、政治关联与私营企业融资行为 [J]. 财政研究, 2018 (6): 54-69.

[164] 王菅, 曹廷求. 董事网络下企业同群捐赠行为研究 [J]. 财经研究, 2017, 43 (8): 69-81.

[165] 魏锋. 外部审计和现金股利的公司治理角色: 替代抑或互补 [J]. 审计研究, 2012 (4): 76-82.

[166] 魏志华, 夏太彪. 社会保险缴费负担、财务压力与企业避税 [J]. 中国工业经济, 2020 (7): 136-154.

[167] 温素彬, 方苑. 企业社会责任与财务绩效关系的实证研究——利益相关者视角的面板数据分析 [J]. 中国工业经济, 2008 (10): 150-160.

[168] 温忠麟, 张雷, 侯杰泰, 刘红云. 中介效应检验程序及其应用 [J]. 心理学报, 2004 (5): 614-620.

[169] 文雯, 宋建波. 高管海外背景与企业社会责任 [J]. 管理科学, 2017, 30 (2): 119-131.

[170] 吴超, 杨树旺, 唐鹏程, 等. 中国重污染行业绿色创新效率提升模式构建 [J]. 中国人口·资源与环境, 2018, 28 (5): 40-48.

[171] 吴德军. 公司治理、媒体关注与企业社会责任 [J]. 中南财经政法大学学报, 2016 (5): 110-117.

[172] 吴联生. 国有股权、税收优惠与公司税负 [J]. 经济研究, 2009, 44 (10): 109-120.

[173] 武恒光, 郑方松. 审计质量、社会信任和并购支付方式 [J]. 审计研究, 2017 (3): 82-89.

[174] 肖海林, 薛琼. 公司治理、企业社会责任和企业绩效 [J]. 财经问题研究, 2014 (12): 91-98.

[175] 谢玲玮. 重污染企业绿色并购驱动因素及其绩效研究 [D]. 杭州: 杭州电子科技大学, 2021.

[176] 辛杰, 吴创. 企业家文化价值观对企业社会责任的影响机制研究 [J]. 中南财经政法大学学报, 2015 (1): 105-115.

[177] 辛杰. 企业社会责任驱动因素研究——以山东省2200家企业调查为例 [J]. 预测, 2008 (6): 6-11.

[178] 辛杰. 企业文化对企业社会责任的影响: 领导风格与高管团队行为整合的作用 [J]. 上海财经大学学报, 2014, 16 (6): 30-39.

[179] 修宗峰. 地区幸福感、市场化进程与企业社会责任——基于我国民营上市公司的经验证据 [J]. 证券市场导报, 2015 (2): 15-23.

[180] 徐畅, 呼建光. 研发审计专长与关键审计事项披露特征 [J]. 南京审计大学学报, 2021, 18 (5): 44-52.

[181] 徐朝阳. 作为政策工具的国有企业与国企改革: 基于预算软约束的视角 [J]. 中国软科学, 2014 (3): 32-44.

[182] 徐飞. 银行信贷与企业创新困境 [J]. 中国工业经济, 2019 (1): 119-136.

[183] 徐建中, 王曼曼. 绿色技术创新、环境规制与能源强度——基于中国制造业的实证分析 [J]. 科学学研究, 2018 (4): 744-753.

[184] 徐经长, 汪猛. 企业创新能够提高审计质量吗？ [J]. 会计研究, 2017 (12): 80-86, 97.

[185] 徐莉萍, 辛宇, 祝继高. 媒体关注与上市公司社会责任之履行——基于汶川地震捐款的实证研究 [J]. 管理世界, 2011 (3): 135-143, 188.

[186] 徐珊, 黄健柏. 媒体治理与企业社会责任 [J]. 管理学报, 2015, 12 (7): 1072-1081.

[187] 徐珊. 资源型企业社会责任对资本成本的影响研究 [D]. 长沙: 中南大学, 2014.

[188] 徐智, 郭芙蓉, 干胜道. 管理层自利、产权性质与企业慈善捐赠 [J]. 软科学, 2021, 35 (3): 49-54.

[189] 许年行, 李哲. 高管贫困经历与企业慈善捐赠 [J]. 经济研究, 2016, 51 (12): 133-146.

[190] 颜爱民, 李歌. 企业社会责任对员工行为的跨层分析——外部荣誉感和组织支持感的中介作用 [J]. 管理评论, 2016, 28 (1): 121-129.

[191] 杨北京, 冯璐. 国有股权、企业社会责任与信贷约束 [J]. 金融论坛, 2019, 24 (2): 27-39.

[192] 杨兵, 杨杨. 企业家市场预期能否激发税收激励的企业研发投入效应——基于上市企业年报文本挖掘的实证分析 [J]. 财贸经济, 2020, 41 (6): 35-50.

[193] 杨春方. 中国企业社会责任影响因素实证研究 [J]. 经济学家, 2009 (1): 66-76.

[194] 杨慧辉, 潘飞, 胡文芳. 股权激励对企业科技创新能力的影响 [J]. 科研管理, 2020, 41 (6): 181-190.

[195] 杨理强, 陈爱华, 陈菌. 社会责任披露与税收规避 [J]. 投资研究, 2018, 37 (8): 4-25.

[196] 杨艳, 兰东. 企业社会责任对公司特有风险的影响——基于利益相关者视角 [J]. 软科学, 2015, 29 (6): 60-64.

[197] 杨杨, 汤晓建, 杜剑. 企业社会责任信息披露抑制还是促进了税收规避——基于我国深交所中小板民营上市公司数据检验 [J]. 税务与经济, 2015 (4): 88-96.

[198] 姚立杰, 付方佳, 程小可. 企业避税、债务融资能力和债务成本 [J]. 中国软科学, 2018 (10): 117-135.

[199] 姚立杰, 夏冬林. 我国银行能识别借款企业的盈余质量吗? [J]. 审计研究, 2009 (3): 91-96.

[200] 衣凤鹏, 徐二明. 高管政治关联与企业社会责任——基于中国

上市公司的实证分析[J]. 经济与管理研究, 2014 (5): 5-13.

[201] 尹建华, 王森, 弓丽栋. 重污染企业环境绩效与财务绩效关系研究: 企业特征与环境信息披露的联合调节效应[J]. 科研管理, 2020, 41 (5): 202-212.

[202] 尹开国, 刘小芹, 陈华东. 基于内生性的企业社会责任与财务绩效关系研究——来自中国上市公司的经验证据[J]. 中国软科学, 2014 (6): 98-108.

[203] 于连超, 张卫国, 毕茜, 等. 政府环境审计会提高企业环境绩效吗?[J]. 审计与经济研究, 2020, 35 (1): 41-50.

[204] 袁蓉丽, 李瑞敬, 夏圣洁. 战略差异度与企业避税[J]. 会计研究, 2019 (4): 74-80.

[205] 苑泽明, 王培林. 负面事件的传染效应影响了受波及企业捐赠吗?[J]. 中南财经政法大学学报, 2021 (2): 17-27, 158-159.

[206] 岳鸿飞. 基于环境规制的我国绿色技术创新效率测算[J]. 统计与决策, 2018 (8): 100-104.

[207] 翟华云. 产权性质、社会责任表现与税收激进性研究[J]. 经济科学, 2012 (6): 80-90.

[208] 翟淑萍, 顾群. 融资约束、代理成本与企业慈善捐赠——基于企业所有权视角的分析[J]. 审计与经济研究, 2014, 29 (3): 77-84.

[209] 张多蕾, 许少山, 薛菲, 等. 战略激进度与企业社会责任履行——基于资源获取的视角[J]. 中国软科学, 2022 (6): 111-123.

[210] 张杰, 陈志远, 杨连星, 等. 中国创新补贴政策的绩效评估: 理论与证据[J]. 经济研究, 2015, 50 (10): 4-17, 33.

[211] 章君瑶, 强皓凡, 俞舒涵, 等. 中国企业社会责任约束商业信用之谜[J]. 会计研究, 2022 (6): 106-119.

[212] 张凯凯. 税收优惠政策与企业社会责任研究[D]. 北京: 北京交通大学, 2015.

[213] 张岭. 股权与债权融资对技术创新绩效的影响研究[J]. 科研管理, 2020, 41 (8): 95-104.

[214] 张敏, 马黎珺, 张雯. 企业慈善捐赠的政企纽带效应——基于我国上市公司的经验证据[J]. 管理世界, 2013 (7): 163-171.

[215] 张楠. 政府审计对企业社会责任承担的提升作用探析[J]. 财政监督, 2019 (12): 73-77.

[216] 张萍, 梁博. 政治关联与社会责任履行——来自中国民营企业

的证据 [J]. 会计与经济研究, 2012, 26 (5): 14-23.

[217] 张琦, 谭志东. 领导干部自然资源资产离任审计的环境治理效应 [J]. 审计研究, 2019 (1): 16-23.

[218] 张倩, 何姝霖, 时小贺. 企业社会责任对员工组织认同的影响——基于CSR归因调节的中介作用模型 [J]. 管理评论, 2015, 27 (2): 111-119.

[219] 张晓亮, 文雯, 宋建波. 学者型CEO更加自律吗?——学术经历对高管在职消费的影响 [J]. 经济管理, 2020, 42 (2): 106-126.

[220] 张长江, 陈良华, 黄寿昌. 中国环境审计研究10年回顾: 轨迹、问题与前瞻 [J]. 中国人口·资源与环境, 2011, 21 (3): 35-40.

[221] 张兆国, 靳小翠, 李庚秦. 企业社会责任与财务绩效之间交互跨期影响实证研究 [J]. 会计研究, 2013 (8): 32-39, 96.

[222] 张兆国, 梁志钢, 尹开国. 利益相关者视角下企业社会责任问题研究 [J]. 中国软科学, 2012 (2): 139-146.

[223] 张正勇, 邓博夫. 企业社会责任、货币政策与商业信用融资 [J]. 科研管理, 2018, 39 (5): 94-102.

[224] 赵纯祥, 张敦力, 杨快, 等. 税收征管经历独董能降低企业税负吗 [J]. 会计研究, 2019 (11): 70-77.

[225] 赵胜民, 于星慧. 企业社会责任对企业创新的影响研究——来自中国上市公司的经验证据 [J]. 科研管理, 2023, 44 (4): 144-153.

[226] 郑冠群, 宋林, 郝渊晓. 高管层特征、策略性行为与企业社会责任信息披露质量 [J]. 经济经纬, 2015, 32 (2): 111-116.

[227] 郑志刚, 牟天琦, 黄继承. 存在退市风险公司的救助困境与资本市场的"预算软约束" [J]. 世界经济, 2020 (3): 142-166.

[228] 周波, 张凯丽. 促进慈善捐赠的企业所得税政策探析 [J]. 税务研究, 2020 (5): 49-55.

[229] 周宏, 建蕾, 李国平. 企业社会责任与债券信用利差关系及其影响机制——基于沪深上市公司的实证研究 [J]. 会计研究, 2016 (5): 18-25, 95.

[230] 周建, 王文, 刘小元. 我国上市公司社会责任与企业绩效的实证研究——基于沪深两市上市公司的经验证据 [J]. 现代管理科学, 2008 (11): 3-6.

[231] 周黎安. 中国地方官员的晋升锦标赛模式研究 [J]. 经济研究, 2007 (7): 36-50.

[232] 周微, 刘宝华, 唐嘉尉. 非效率投资、政府审计与腐败曝光——基于央企控股上市公司的经验证据 [J]. 审计研究, 2017 (5): 46-53.

[233] 周阳敏, 赵亚莉, 桑乾坤. 企业家特质、企业创新与自创区高新技术企业盈利能力的实证研究 [J]. 工业技术经济, 2019, 38 (9): 9-17.

[234] 周怡, 胡安宁. 有信仰的资本——温州民营企业主慈善捐赠行为研究 [J]. 社会学研究, 2014, 29 (1): 57-81, 243.

[235] 朱红军, 何贤杰, 陈信元. 金融发展、预算软约束与企业投资 [J]. 会计研究, 2006 (10): 64-71.

[236] 祝丽敏, 赵晶, 孙泽君. 党组织建设对企业社会责任承担的影响机理研究 [J]. 经济理论与经济管理, 2023, 43 (3): 54-68.

[237] 朱乃平, 朱丽, 孔玉生, 等. 技术创新投入、社会责任承担对财务绩效的协同影响研究 [J]. 会计研究, 2014 (2): 57-63, 95.

[238] 朱松. 企业社会责任、市场评价与盈余信息含量 [J]. 会计研究, 2011 (11): 27-34, 92.

[239] 朱文莉, 邓蕾. 女性高管真的可以促进企业社会责任履行吗?——基于中国 A 股上市公司的经验证据 [J]. 中国经济问题, 2017 (4): 119-135.

[240] 朱信永, 刘诚. 激励企业捐赠的税收政策取向 [J]. 税务研究, 2015 (6): 106-108.

[241] 邹萍. "言行一致"还是"投桃报李"?——企业社会责任信息披露与实际税负 [J]. 经济管理, 2018, 40 (3): 159-177.

[242] Abbott W. F., Monsen R. On the Measurement of Corporate Social Responsibility: Self-reported Disclosure as a Measure of Corporate Social Involvement [J]. Academy of Management Journal, 1979, 22 (3): 501-515.

[243] Amable B., Ledezma I., Robin S. Product Market Regulation, Innovation and Productivity [J]. Research Policy, 2016, 45 (10): 2087-2104.

[244] Amore M. D., Bennedsen M. Corporate Governance and Green Innovation [J]. Journal of Environmental Economics and Management, 2016, 75: 54-72.

[245] Andrews K. R. The Concept of Corporate Strategy [M]. Homewood: Dow Jones-Irwin, 1971.

[246] Armstrong C. S., Blouin J. L., Larcker D. F. The Incentives for Tax Planning [J]. Social Science Electronic Publishing, 2012, 53 (1-2):

391 -411.

[247] Batson C. D., Batson J. G., Slingsby J. K., et al. Empathic Joy and The Empathy-altruism Hypothesis [J]. Journal of Personality and Social Psychology, 1991, 61 (3): 413 -426.

[248] Baumann J., Kritikos A. S. The Link between R&D, Innovation and Productivity: Are Micro Firms Different? [J]. Research Policy, 2016, 45 (6): 1263 -1274.

[249] Bejaković P. The Financing of Research and Development [J]. Oxford Review of Economic Policy, 2002, 18 (1): 35 -51.

[250] Bowen H. R. Social Responsibilities of the Businessman [M]. New York: Harper and Row, 1953.

[251] Carey P., Liu L., Qu W. Voluntary Corporate Social Responsibility Reporting and Financial Statement Auditing in China [J]. Journal of Contemporary Accounting and Economics, 2017, 13 (3): 244 -262.

[252] Carroll A. B. A Three-Dimensional Conceptual Model of Corporate Performance [J]. Academy of Management, 1979, 4 (4): 497 -505.

[253] Carroll A. B. Social Responsibility and Strategic Management [J]. Journal of Modern Optics, 1991, 59: 245 -249.

[254] Chau G. K., Gray S. J. Ownership Structure and Corporate Voluntary Disclosure in Hong Kong and Singapore [J]. International Journal of Accounting, 2002, 37 (2): 247 -265.

[255] Chen K. P. and Chu C. Y. Internal Control versus External Manipulation: A Model of Corporate Income Tax Evasion [J]. Rand Journal of Economics, 2005, 36 (1): 151 -164.

[256] Cheng B., Ioannou I., Serafeim G. Corporate Social Responsibility and Access to Finance [J]. Strategic Management Journal, 2004, 35 (1): 1 - 23.

[257] Clarkson M. B. A Stakeholder Framework for Analyzing and Evaluating Corporate Performance [J]. Academy of Management Review, 1995, 20 (1): 92 -117.

[258] Cook A., Glass C. Women on Corporate Boards: Do They Advance Corporate Social Responsibility [J]. Human Relations, 2018, 71 (7): 897 -924.

[259] Cornell B., Shapiro A. C. Financing Corporate Growth [J]. Journal of Applied Corporate Finance, 1988, 1 (2): 6 -22.

[260] Desai M. A., Dharmapala D. Corporate Tax Avoidance and High-Powered Incentives [C]. American Law and Economics Association Annual Meetings, 2016, 70 (2): 193 -225.

[261] Desai M. A., Dyck A., Zingales L. Theft and taxes [J]. Journal of Financial Economics, 2007, 84 (3): 591 -623.

[262] Donaldson T., Preston L. E. The Stakeholder Theory of the Corporation: Concepts, Evidence and Implications [J]. Academy of Management Review, 1995, 20 (1): 65 -91.

[263] Dweck C. S., Chiu C., Hong Y. Implicit Theories and Their Role in Judgments and Reactions: A Word from Two Perspectives [J]. Psychological Inquiry, 1995, 6 (4): 267 -285.

[264] Dyreng S., Hanlon M., Maydew E. The Effects of Executives on Corporate Tax Avoidance [J]. The Accounting Review, 2010, 85 (4): 1163 -1189.

[265] Elçi M., Sener İ., Alpkan L. The Impact of Morality and Religiosity of Employees on Their Hardworking Behavior [J]. Procedia-Social and Behavioral Sciences, 2011, 24: 1367 -1377.

[266] Frank M., Lynch L. J. and Rego S. O. Tax Reporting Aggressiveness and Its Relation to Aggressive Financial Reporting [J]. The Accounting Review, 2009, 84 (2): 467 -496.

[267] Freeman R. E., Evan W. M. Corporate Governance: A Stakeholder Interpretation [J]. Journal of Behavioral Economics, 1990, 19 (4): 337 -359.

[268] Freeman R. E. Strategic Management: A Stakeholder Approach [M]. Boston: Pitman, 1984.

[269] Friedman M. Capitalism and Freedom [M]. Chicago: University of Chicago Press, 1962.

[270] Friedman M. The Social Responsibility of Business Is to Increase Its Profit [J]. New York Times Magazine, 1970, 32 (13): 173 -178.

[271] Galashiewicz J. An Urban Grants Economy Revisited: Corporate Charitable Contributions in The Twin Cities, 1979 -1981, 1987 -1989 [J]. Administrative Science Quarterly, 1997, 42: 445 -471.

[272] Goins S., Gruca T. S. Understanding Competitive and Contagion Effects of Layoff Announcements [J]. Corporate Reputation Review, 2008, 11 (1): 12 -34.

[273] Graham J. R., Tucker A. L. Tax Shelters and Corporate Debt Policy [J]. Journal of Financial Economics, 2006, 81 (3): 563 -594.

[274] Griffin J. J., Mahon J. F. The Corporate Social Performance and Corporate Financial Performance Debate Twenty-five Years of Incomparable Research [J]. Business and Society, 1997 (1): 5 -31.

[275] Gu H., Ryan C., Li B., et al. Political Connections, Guanxi and Adoption of CSR Policies in the Chinese Hotel Industry: Is There a Link? [J]. Tourism Management, 2013 (34): 231 -235.

[276] Hall B. H., Oriani R. Does the Market Value R&D Investment by European Firms? Evidence from a Panel of Manufacturing Firms in France, Germany, and Italy [J]. International Journal of Industrial Organization, 2006, 24 (5): 971 -993.

[277] Hambrick D. C., Mason P. A. Upper Echelons: The Organization as A Reflection of Its Top Managers [J]. Academy of Management Review, 1984, 9 (2): 193 -206.

[278] Hanlon M., Heitzman S. A Review of Tax Research [J]. Journal of Accounting and Economics, 2010, 50 (2 -3): 0 -178.

[279] Harjoto M. A., Jo H. Corporate Governance and CSR Nexus [J]. Journal of Business Ethics, 2011, 100 (1): 45 -67.

[280] Hasan I., Kobeissi N., Liu L., et al. Corporate Social Responsibility and Firm Financial Performance: The Mediating Role of Productivity [J]. Journal of Business Ethics, 2018, 149 (3): 671 -688.

[281] Hill C. W. L., Gareth R. J. Strategic Management: An Integrated Approach [M]. USA: Houghton Mifflin Company, 2007.

[282] Himmelberg C. P., Petersen B. C. R&D and Internal Finance: A Panel Study of Small Firms in High-tech Industries [J]. Review of Economics and Statistics, 1994, 76 (1): 38 -51.

[283] Huang G., Song F. M. The Determinants of Capital Structure: Evidence from China [J]. China Economic Review. 2006, 17 (1): 14 -36.

[284] Ilg P. How to Foster Green Product Innovation in an Inert Sector [J]. Journal of Innovation and Knowledge, 2019, 4 (2): 129 -138.

[285] Jizi M., Salama A., Dixon R., et al. Corporate Governance and Corporate Social Responsibility Disclosure: Evidence from the US Banking Sector [J]. Journal of Business Ethics, 2014, 125 (4): 601 -615.

[286] Jones D. A. Does Serving the Community also Serve the Company? Using Organizational Identification and Social Exchange Theories to Understand Employee Responses to a Volunteerism Programme [J]. Journal of Occupational and Organizational Psychology, 2010, 83 (4): 857-878.

[287] Kao E. H., Yeh C. C., Wang L. H., et al. The Relationship between CSR and Performance: Evidence in China [J]. Pacific Basin Finance Journal, 2018, 51: 155-170.

[288] Kawai N., Strange R., Zucchella A. Stakeholder Pressures, EMS Implementation, and Green Innovation in MNC Overseas Subsidiaries [J]. International Business Review, 2018, 27 (5): 933-946.

[289] Kim C., Kim J., Marshall R., et al. Stakeholder Influence, Institutional Duality, and CSR Involvement of MNC Subsidiaries [J]. Journal of Business Research, 2018, 91: 40-47.

[290] Koehn D., Ueng J. Is Philanthropy Being Used by Corporate Wrongdoers to Buy Good Will? [J]. Journal of Management & Governance, 2010, 14 (1): 1-16.

[291] Kurihama R. Role for Auditing in Corporate Social Responsibility and Corporate Governance: Under New Corporate View [J]. Corporate Ownership and Control, 2007, 5 (1): 109-119.

[292] Lanis R., Richardson G. Corporate Social Responsibility and Tax Aggressiveness: An Empirical Analysis [J]. Accounting and Public Policy, 2012, 31 (1): 86-108.

[293] Law K. F., Mills L. F. Taxes and Financial Constraints: Evidence from Linguistic Cues [J]. Journal of Accounting Research, 2015, 53 (4): 777-819.

[294] Lee E., Walker M., Zeng C. Do Chinese State Subsidies Affect Voluntary Corporate Social Responsibility Disclosure? [J]. Journal of Accounting and Public Policy, 2017, 36 (3): 179-200.

[295] Lee L., Yu J. Some Recent Developments in Spatial Panel Data Models [J]. Regional Science and Urban Economics, 2010, 40 (5): 255-271.

[296] Leung S., Parker L., Courtis J. Impression Management through Minimal Narrative Disclosure in Annual Reports [J]. British Accounting Review, 2015, 47 (3): 275-289.

[297] Li D., Zheng M., Cao C., et al. The Impact of Legitimacy Pressure

and Corporate Profitability on Green Innovation: Evidence from China Top 100 [J]. Journal of Cleaner Production, 2017, 141: 41 - 49.

[298] Li F., Chao M. C., Chen N. Y., et al. Moral Judgment in A Business Setting: The Role of Managers' Moral Foundation, Ideology, and Level of Moral Development [J]. Asia Pacific Journal of Management, 2018, 35 (1): 121 - 143.

[299] Li T., Belal A. Authoritarian State, Global Expansion and Corporate Social Responsibility Reporting: The Narrative of a Chinese State-Owned Enterprise [J]. Accounting Forum, 2018, 42 (2): 199 - 217.

[300] Linthicum C., Reitenga A. L., Sanchez J M. Social Responsibility and Corporate Reputation: The Case of the Arthur Andersen Enron Audit Failure [J]. Journal of Accounting and Public Policy, 2010, 29 (2): 160 - 176.

[301] Ma D., Parish W. L. Tocquevillian Moments: Charitable Contributions by Chinese Private Entrepreneurs [J]. Social Forces, 2006, 85 (2): 943 - 964.

[302] Mcwilliams A., Fleet D. D., Cory K. D. Raising Rivals' Costs through Political Strategy: An Extension of Resource-Based Theory [J]. Journal of Management Studies, 2002, 39 (5): 707 - 724.

[303] Mcwilliams A., Siegel D. Corporate Social Responsibility and Financial Performance: Correlation or Misspecification? [J]. Strategic Management Journal, 2000, 21 (5): 603 - 609.

[304] Miao C., Fang D., Sun L., et al. Natural Resources Utilization Efficiency Under the Influence of Green Technological Innovation [J]. Resources, Conservation and Recycling, 2017, 126: 153 - 161.

[305] Moskowitz M. Choosing Socially Responsible Stocks [J]. Business and Social Review, 1972, 1 (1): 71 - 75.

[306] Murillo-Luna J. L., Garcés-Ayerbe C, Rivera-Torres P. Why do Patterns of Environmental Response Differ? A Stakeholders' Pressure Approach [J]. Strategic Management Journal, 2008, 29 (11): 1225 - 1240.

[307] Murray E. A. The Social Response Process in Commercial Banks: An Empirical Investigation [J]. Academy of Management Review, 1976, 1 (3): 5 - 15.

[308] Nazari J., Hrazdil K., Mahmoudian F. Assessing Social and Environmental Performance through Narrative Complexity in CSR Reports [J]. Jour-

nal of Contemporary Accounting and Economics, 2017, 13 (2): 166-178.

[309] Nelling E., Webb E. Corporate Social Responsibility and Financial Performance: The "Virtuous Circle" Revisited [J]. Review of Quantitative Finance and Accounting. 2009, 32 (2): 197-209.

[310] O'Sullivan N. The Impact of Board Composition and Ownership on Audit Quality: Evidence from Large UK Companies [J]. British Accounting Review, 2000, 32 (4): 397-414.

[311] Palmer L. Considering Bias in Government Audit Reports: Factors that Influence the Judgments of Internal Government Auditors [J]. Journal of Business Communication, 2008, 45 (3): 265-285.

[312] Pan X., Tang H. Are Both Managerial Morality and Talent Important to Firm Performance? Evidence from Chinese Public Firms [J]. International Review of Financial Analysis, 2021, 73: 101602.

[313] Porter M. E., Kramer M. R. Strategy and Society [J]. Harvard Business Review, 2006, 84 (12): 78-92.

[314] Porter M. E., Kramer M. R. The Link Between Competitive Advantage and Corporate Social Responsibility [J]. Journal of Business Systems, Governance and Ethics, 2010, 5 (3): 7-22.

[315] Reinhardt F. Market Failure and the Environmental Policies of Firms: Economic Rationales for "Beyond Compliance" Behavior [J]. Journal of Industrial Ecology, 1999, 3 (1): 9-21.

[316] Rhou Y., Singal M., Koh Y. CSR and Financial Performance: The Role of CSR Awareness in the Restaurant Industry [J]. International Journal of Hospitality Management, 2016, 57: 30-39.

[317] Rosenbaum P. R., Rubin D. B. The Central Role of the Propensity Score in Observational Studies for Causal Effects [J]. Biometrika, 1983, 70 (1): 41-55.

[318] Rupp D. E., Shao R., Thornton M. A., et al. Applicants' and Employees' Reactions to Corporate Social Responsibility and Organizational Commitment Responsibility: The Mode Rating Effects of First-Party Justice Perceptions and Moral Identity [J]. Personnel Psychology, 2013, 66 (4): 1-39.

[319] Saiia D. H. Philanthropy and Corporate Citizenship: Strategic Philanthropy is Good Corporate Citizenship [J]. Journal of Corporate Citizenship, 2001 (2): 57-74.

[320] Sanchez C. Ties that Bind: A Social Contracts Approach to Business Ethics [J]. Academy of Management Perspectives, 1999, 13: 109 – 110.

[321] Saunila M., Ukko J., Rantala T. Sustainability as a Driver of Green Innovation Investment and Exploitation [J]. Journal of Cleaner Production, 2018, 179: 631 – 641.

[322] Segarra A., Teruel M. High Growth Firms and Innovation: An Empirical Analysis for Spanish firms [J]. Small Business Econimics, 2014, 43 (4): 805 – 821.

[323] Seman N., Zakuan N., Jusoh A., et al. The Relationship of Green Supply Chain Management and Green Innovation Concept [J]. Procedia-Social and Behavioral Sciences, 2012, 57: 453 – 457.

[324] Sharfman M. Changing Institutional Rules: The Evolution of Corporate Philanthropy, 1883 – 1953 [J]. Business & Society, 1994, 33 (3): 236 – 269.

[325] Sheldon O. The Philosophy of Management [M]. London: Sir Isaac Pitman and Sons, 1923.

[326] Show W. Marxism, Business Ethics, and Corporate Social Responsibility [J]. Journal of Business Ethics, 2009, 84 (4): 565 – 576.

[327] Snider K. F., Halpern B. H., Rendon R. G., et al. Corporate Social Responsibility and Public Procurement: How Supplying Government Affects Managerial Orientations [J]. Journal of Purchasing and Supply Management, 2013, 19 (2): 63 – 72.

[328] Stiglitz J. E. Information and Economic Analysis: A Perspective [J]. The Economic Journal, 1985, 95: 21 – 41.

[329] Stucki T., Woerter M., Arvanitis S., et al. How Different Policy Instruments Affect Green Product Innovation: A Differentiated Perspective [J]. Energy Policy, 2018, 114: 245 – 261.

[330] Tang Y., Mack D., Chen G. The Differential Effects of CEO Narcissism and Hubris on Corporate Social Responsibility [J]. Strategic Management Journal, 2018, 39 (5): 1370 – 1387.

[331] Teece D. J., Pisano G., Shuen A. Dynamic Capabilities and Strategic Management [J]. Strategic Management Journal, 1997, 18 (7): 509 – 533.

[332] Teoh S., Wong T. Perceived Earnings Auditor Response Quality and the Coefficient [J]. Accounting Review, 1993, 68 (2): 346 – 366.

[333] Vukic N., Omazic M., Aleksic A. Exploring the Link between Corporate Stakeholder Orientation and Quality of Corporate Social Responsibility Reporting [J]. Interdisciplinary Description of Complex Systems, 2018, 16 (2): 275 -288.

[334] Waddock S. A. The Multiple Bottom Lines of Corporate Citizenship: Social Investing, Reputation, and Responsibility Audits [J]. Business and Society Review, 2000, 105 (3): 323 -345.

[335] Wang H., Qian C. Corporate Philanthropy and Corporate Financial Performance: The Roles of Stakeholder Response and Political Access [J]. Academy of Management Journal, 2011, 54 (6): 1159 -1181.

[336] Warhurst A. Corporate Citizenship and Corporate Social Investment: Drivers of Tri-Sector Partnerships [J]. Journal of Corporate Citizenship, 2001, 1: 57 -73.

[337] Wartick S. L., Cochran P. L. The evolution of the corporate social performance model [J]. Academy of management review, 1985, 10 (4): 758 -769.

[338] Werbel J. D., Carter S. M. The CEO's Influence on Corporate Foundation Giving [J]. Journal of Business Ethics, 2002, 40 (1): 47 -60.

[339] Wood D. J., Jones R. E. Stakeholder Mismatching: A Theoretical Problem in Empirical Research on Corporate Social Performance [J]. International Journal of Organizational Analysis, 1995, 3 (3): 229 -267.

[340] Xiao J. Z., Yang S., Zhang X., et al. Institutional Arrangements and Government Audit Independence in China [J]. Abacus, 2016, 52 (3): 532 -567.

[341] Xu N., Li X., Yuan Q., et al. Excess Perks and Stock Price Crash Risk: Evidence from China [J]. Journal of Corporate Finance, 2014, 25: 419 -434.

[342] Zeng S. X., Xu X. D., Yin H. T., et al. Factors That Drive Chinese Listed Companies in Voluntary Disclosure of Environmental Information [J]. Journal of Business Ethics, 2012, 109 (3): 309 -321.

[343] Zhang A., Zhang Y., Zhao R. A Study of the R&D Efficiency and Productivity of Chinese Firms [J]. Journal of Comparative Economics, 2003, 31 (3): 444 -464.

[344] Zhang R., Zhu J., Yue H., et al. Corporate Philanthropic Giving,

Advertising Intensity, and Industry Competition Level [J]. Journal of Business Ethics, 2010, 94 (1): 39 - 52.

[345] Zhu Q., Liu J., Lai K. H. Corporate Social Responsibility Practices and Performance Improvement among Chinese National State-Owned Enterprises [J]. International Journal of Production Economics, 2016, 171 (3): 417 - 426.

图书在版编目（CIP）数据

中国企业社会责任的空间互动、影响因素与推进机制研究／潘孝珍著．—北京：经济科学出版社，2023.12
国家社科基金后期资助项目
ISBN 978－7－5218－5422－0

Ⅰ.①中… Ⅱ.①潘… Ⅲ.①企业责任－社会责任－研究－中国 Ⅳ.①F279.2

中国国家版本馆 CIP 数据核字（2023）第 248115 号

责任编辑：白留杰　凌　敏
责任校对：隗立娜
责任印制：张佳裕

中国企业社会责任的空间互动、影响因素与推进机制研究
潘孝珍　著
经济科学出版社出版、发行　新华书店经销
社址：北京市海淀区阜成路甲 28 号　邮编：100142
教材分社电话：010－88191309　发行部电话：010－88191522
网址：www.esp.com.cn
电子邮箱：bailiujie518@126.com
天猫网店：经济科学出版社旗舰店
网址：http：//jjkxcbs.tmall.com
北京季蜂印刷有限公司印装
710×1000　16 开　18.25 印张　318000 字
2023 年 12 月第 1 版　2023 年 12 月第 1 次印刷
ISBN 978－7－5218－5422－0　定价：75.00 元
（图书出现印装问题，本社负责调换。电话：010－88191545）
（版权所有　侵权必究　打击盗版　举报热线：010－88191661
QQ：2242791300　营销中心电话：010－88191537
电子邮箱：dbts@esp.com.cn）